# 基于文化自信视域下优秀传统文化的传承与发展研究

李瑞娟　著

中南大學出版社
www.csupress.com.cn
·长沙·

**图书在版编目（CIP）数据**

基于文化自信视域下优秀传统文化的传承与发展研究/李瑞娟著. —长沙：中南大学出版社, 2022.7

ISBN 978-7-5487-4985-1

Ⅰ.①基… Ⅱ.①李… Ⅲ.①中华文化—研究 Ⅳ.①K203

中国版本图书馆CIP数据核字(2022)第121595号

**基于文化自信视域下优秀传统文化的传承与发展研究**

**JIYU WENHUA ZIXIN SHIYU XIA YOUXIU CHUANTONG WENHUA DE CHUANCHENG YU FAZHAN YANJIU**

李瑞娟　著

□出 版 人　吴湘华
□责任编辑　沈常阳
□封面设计　优盛文化
□责任印制　唐　曦
□出版发行　中南大学出版社
社址：长沙市麓山南路　　邮编：410083
发行科电话：0731-88876770　　传真：0731-88710482
□印　　装　石家庄汇展印刷有限公司

□开　　本　710 mm × 1000 mm　1/16　□印张 13.5　□字数 233 千字
□版　　次　2022 年 7 月第 1 版　□印次 2022 年 7 月第 1 次印刷
□书　　号　ISBN 978-7-5487-4985-1
□定　　价　78.00 元

# 前言

文化自信是对于文化的价值以及发展适应性的认同、认知和践行，是将文化内涵不断内化于心、外化于行的重要表现。中华优秀传统文化是中国文化的精髓，是民族精神、民族意识和民族品格在文化层面的集中表达，集中体现了中华民族的精神世界和中国人的精神家园。中华优秀传统文化作为文化自信的重要传统资源之一，充分挖掘中华优秀传统文化的各种文化资源和精神基础并对其进行创造性转化和创新性发展，把中华优秀传统文化与现实文化有机结合起来，有利于中国优秀传统文化更好地继承和发展，有利于加强中国优秀传统文化与现代性的融合，有利于更好地促进社会主义文化现代化建设，有利于更加坚定我国的文化自信。

全书在文化自信视域下探究中华优秀传统文化的传承与发展，共分为八章。第一章明晰了中国社会主义文化自信的内涵特征和动力机制，以及坚定中国社会主义文化自信的三个维度与重要意义；第二章分析探讨了中华优秀传统文化的内涵、主要特征、时代价值及发展现状；第三章深入分析了中华优秀传统文化中仁爱、民本、诚信、正义、和合、大同精神所形成的文化软实力；第四章充分发掘了由经济、政治、社会、艺术、民俗等方面组成的绚丽多彩的中华优秀传统文化；第五章探讨了中华优秀传统文化与道路自信、理论自信、制度自信、文化自信之间的关系；第六章对文化自信视域下中华优秀传统文化根脉有效延续和传承的相关内容进行了分析研究；第七章对文化自信视域下中华优秀传统文化的创造性转化和创新性发展的必要性与可行性、目标任务、原则要求和实现路径进行了探索；第八章立足坚定文化自信，探讨了推动中华优秀传统文化“走出去”的重要意义、基本历程、主要成就和未来展望。

文化自信是一个政党、一个国家、一个民族对自身理想、学说、价值观等发自内心的敬畏和尊崇，以及由此产生的积极向上的心理状态。文化自信是最广泛、最基础、最深厚的自信。提升文化自信，是实现中华民族伟大复兴的前提和保障。提升文化自信可以凭借多种资源，中华优秀传统文化是其中重要的方面。习近平总书记指出，中华文化源远流长，积淀着中华民族最深层的精神追求，代表着中华民族独特的精神标识，为中华民族生生不息、发展壮大提供了丰厚滋养。培育和提升文化自信，必须立足于中华优秀传统文化。可以说，中华优秀传统文化是文化自信的基石。

由于本书涉及的研究内容广泛，具有较强的综合性和应用性，加之编者水平有限，时间仓促，书中缺漏之处在所难免，敬请读者批评指正。

编者

2021 年 10 月

# 目录

**第一章　中国社会主义文化自信** …… 001

第一节　中国社会主义文化自信的内涵特征 …… 001

第二节　中国社会主义文化自信的动力机制 …… 007

第三节　坚定中国社会主义文化自信的三个维度 …… 017

第四节　坚定中国社会主义文化自信的重要意义 …… 028

**第二章　走进中华优秀传统文化** …… 034

第一节　中华优秀传统文化的内涵 …… 034

第二节　中华优秀传统文化的主要特征 …… 036

第三节　中华优秀传统文化的时代价值 …… 044

第四节　中华优秀传统文化的发展现状 …… 055

**第三章　中华优秀传统文化的软实力研究** …… 059

第一节　中华优秀传统文化中仁爱、民本精神研究 …… 059

第二节　中华优秀传统文化中诚信、正义精神研究 …… 068

第三节　中华优秀传统文化中和合、大同精神研究 …… 080

**第四章　绚丽多彩的中华优秀传统文化** …… 093

第一节　中华传统经济文化 …… 093

第二节　中华传统政治文化 …… 095

第三节　中华传统社会文化 …… 106

第四节　中华传统艺术文化 …… 111

第五节　中华传统民俗文化 …… 116

第五章　中华优秀传统文化与“四个自信” ………………………… 128
第一节　中华优秀传统文化是道路自信的逻辑支撑 ……………… 128
第二节　中华优秀传统文化是理论自信的坚固底气 ……………… 132
第三节　中华优秀传统文化是制度自信的深厚根基 ……………… 137
第四节　中华优秀传统文化是文化自信的丰富源泉 ……………… 141
第六章　文化自信视域下中华优秀传统文化根脉的有效延续及其传承 … 145
第一节　从深厚历史底蕴追溯中华优秀传统文化与文化自信的关系……… 145
第二节　中华优秀传统文化与文化自信在马克思主义中国化中的结合 …… 150
第三节　基于文化自信传承中华优秀传统文化的相关内容…………… 158
第四节　文化自信背景下的优秀传统文化传承——以《国家宝藏》为例 … 162
第七章　文化自信视域下中华优秀传统文化创造性转化和创新性发展 … 165
第一节　中华优秀传统文化创造性转化和创新性发展的必要性与可行性… 165
第二节　中华优秀传统文化创造性转化和创新性发展的目标任务 ………… 168
第三节　中华优秀传统文化创造性转化和创新性发展的原则要求 ……… 174
第四节　文化自信视域下中华优秀传统文化的创造性转化和创新性发展的基本路径 …………………………………………………………………… 178
第八章　坚定文化自信，推动中华优秀传统文化“走出去” ………… 190
第一节　推动中华优秀传统文化“走出去”的重要意义 ………………… 190
第二节　推动中华优秀传统文化“走出去”的基本历程 ………………… 193
第三节　推动中华优秀传统文化“走出去”的主要成就 ………………… 198
第四节　推动中华优秀传统文化“走出去”的未来展望 ………………… 204
参考文献…………………………………………………………………… 207

# 第一章　中国社会主义文化自信

## 第一节　中国社会主义文化自信的内涵特征

明确中国特色社会主义文化自信的基本概念，把握其主要特征，厘清主要相关的外部关系，是我们分析和研究中国特色社会主义文化自信问题的基本前提。

### 一、基本概念

在对中国特色社会主义文化自信这一论题进行深入研究之前，需要对书中涉及的一些主要概念做一个基本界定。

#### （一）文化

《易经》有云："观乎人文，以化成天下。""文化"一词最早来源于此。文化起源于劳动，是人类在长期演进过程中对世界进行认识和改造的成果。文化，可以从广义和狭义两方面来理解。广义的文化，是指人类自产生以来所创造的所有财富的总和，包括物质财富和精神财富。一般来说，广义的文化主要包括三个方面的内容：一是物质性文化，指人类创造的所有物质财富，如吃的粮食、穿的衣物等；二是制度性文化，指人类在长期的生存和发展过程中形成的一系列对人具有约束和限定作用的行为规范，如风俗习惯、法律法规等；三是观念性文化，指人类在长期社会生活中所产生的思想观念和意识形态，如哲学、政治、道德、宗教等。狭义的文化，往往是指人类自产生以来所创造的精神财富的总和。我们通常所说的文化指的是狭义的文化，本书所指的文化自信，也是取其狭义。

#### （二）自信

自信，从字源上看，"自"就是"自己、己身"，"信"就是"信从、信任”；自信，简单来说，就是自己相信自己。在英语中，“self-confidence”指的就是主体信赖自己的一种情绪或自觉。自信是一个具有多维度的概念，它包含自我认同、情感体验、态度与评价等方面。一般来说，自信，就是指一定主体对于自身的能力、价值等做出的肯定和确认以及客观、积极的认知与评价。自信是外力强加不了的，它是一种发自内心、充满热情的对自身的尊敬、信任和坚守。同时，它又离不开与其他主体的比较，只有在与异己的比较中，才能对自己进行正确的认知，才能真正发现自身的特质和优势，也才能激发自身在诸变量作用下形成价值判断、获得创造能力。作为一种相对稳定的心理状态，自信是人们心理活动的重要品质，是自我意识的重要组成部分，在主体发展中具有重要意义。只有具备自信，人们才能保持心理健康，处理好人际交往，实现自我需要，进行社会创造。

### （三）文化自信

文化自信，就是指一定的文化主体对自身文化价值的总体认可和充分肯定，是对自身文化生命力的一种自豪感和坚定信念。它与文化认知、文化能力和文化价值等密切相关。

从结构要素上讲，文化自信包括主体、客体和主客体关系三个方面。一是主体。文化自信的主体，可以分为个人主体、集团主体和社会主体。个人主体，就是现实存在的相对独立的个人；集团主体，就是按照一定的思想文化、意识形态、价值观念等组织起来的群体，如企业、学校等；社会主体，就是以共同的思想体系、价值观为基础而联系起来的人的总体，包括一定社会的全体公民，如国家、民族等。五四新文化运动时期，出了很多大思想家，如梁启超、王国维、鲁迅、胡适等，他们架构中西、别立新宗，显示出新文化的宏大气象。一方面，这体现了他们作为民族文化精英的主体自信；另一方面，他们展现出的新文化得到了中国知识界的普遍认同，中国知识界乃至广大民众对新文化产生了很大的自信，这又体现了集团主体乃至社会主体的文化自信。在云杉同志所给的定义中，文化自信的主体，则强调的是社会主体，即国家、民族和政党。

二是客体。文化自信的客体，可以是各种类型的文化，比如中华文化、中国传统文化、中国特色社会主义文化等。五四新文化运动时期，人们对新文化创造产生很大的自信，这里自信的客体，就是新文化。当前，我们强调文化自信，应该强调的是对中国特色社会主义文化的自信。这里，中国特色社会主义文化，就是自信的客体。

三是主客体关系。这一关系主要表现为三层关系，即实践关系、认识关系和价值关系。文化自信的实践关系，就是主体基于对文化的认识和自身需要，运用一定中介，遵循文化发展规律，实现对文化的改造，以及文化被改造的关系。文化自信的认识关系，就是主体与文化之间反映与被反映的关系。主体认识文化，并根据需要对文化进行选择和加工，形成了对文化的反映和把握。文化自信的价值关系，就是主体对文化的自信需求以及文化满足主体这一需求的关系。这三层关系密切联系，有机统一。实践关系是其中的最基本方面，价值关系则是其中的最高层次，它是主体进行文化实践和认识活动的内在尺度、目的和动力。

### （四）中国特色社会主义文化

中国特色社会主义文化，是马克思主义文化理论的基本原则与中国实际的结合，既体现了社会主义的基本性质，又具有鲜明的中国特色。它是一代又一代中国共产党人立足实际努力探索的结果，随着改革开放和现代化建设的实践不断创新、丰富和发展。

中国特色社会主义文化形成和发展的历程，体现了党高度的文化自觉。

毛泽东的文化理念和实践为中国特色社会主义文化的形成与发展做了初步探索，奠定了坚实基础；邓小平关于建设社会主义精神文明的思想是这一理论的初步形成；江泽民对建设有中国特色社会主义文化理论的系统阐述是这一理论的进一步发展；胡锦涛关于社会主义核心价值体系和建设和谐文化的深刻论述丰富和发展了这一理论；习近平关于实现中华民族伟大复兴的中国梦、增强国家文化软实力等重要论述必将书写这一理论的新篇章。①

中国特色社会主义文化来源多样，主要包括“五四”以前中国悠久的传统文化、马克思主义文化、外来文化（主要是西方文化）、改革开放以来的新文化。当然，中国特色社会主义文化绝不是这些文化的简单相加和粗糙糅合，而是古为今用、洋为中用，批判继承、推陈出新，有机整合、提炼新质，创造转型、创新发展。

中国特色社会主义文化内涵丰富。党的十五大报告对“建设有中国特色社

---

① 俞思念．社会主义文化建设的历史、理论与实践[M]．北京：中国社会科学出版社，2008.

会主义的文化”做了简明概括，之后历经党的十六大、十七大、十七届六中全会、十八大、十八届三中全会、十九大等重要会议，内容进一步丰富，综合起来可以表述为：建设中国特色社会主义文化，就是以马克思列宁主义、毛泽东思想和中国特色社会主义理论体系为指导，以培育有理想、有道德、有文化、有纪律的公民为目标，弘扬中华优秀传统文化，建设社会主义核心价值体系，培育和践行社会主义核心价值观，发展面向现代化、面向世界、面向未来的，民族的、科学的、大众的、和谐的社会主义文化，推动社会主义文化大发展、大繁荣，增强国家文化软实力。①

### （五）中国特色社会主义文化自信

从基本内涵上讲，中国特色社会主义文化自信，是指对中国特色社会主义文化的自信，就是指主体对中国特色社会主义文化价值的充分肯定，对中国特色社会主义文化能力的坚定信念。中国特色社会主义文化自信，是对中国特色社会主义文化的高度自觉，是建设社会主义文化强国、实现文化发展繁荣的前提和基础。文化的核心是价值，文化自信的核心是价值观自信，中国特色社会主义文化的核心是社会主义核心价值观，那么，中国特色社会主义文化自信的核心就是社会主义核心价值观自信。

从结构要素上讲，中国特色社会主义文化自信相应地包括主体、客体和主客体关系三个方面。一是主体。中国特色社会主义文化自信的主体，从大的方面说，可以是中华人民共和国、中华民族、中国共产党等；从小的方面说，可以是每一个存在的个人。二是客体。中国特色社会主义文化自信的客体，只能是中国特色社会主义文化，它既不同于封建主义、资本主义的文化，也与社会主义的一般文化有所区别。它虽然离不开中国传统文化、外来优秀文化等内容，但它是对这些文化的有机整合、创造性发展。三是主客体关系。在中国特色社会主义文化自信主客体关系的三个方面中，实践关系是指主体围绕文化自信建设和改造中国特色社会主义文化这一客体以及中国特色社会主义文化被建设和改造的关系；认识关系是指主体与中国特色社会主义文化之间产生的反映和被反映的关系；价值关系是指中国特色社会主义文化这一客体满足主体自信的需要，从而产生了有用性和效益的关系。在三个关系中，实践关系是基础，认识关系是桥梁，价值关系是目的。价值关系渗透于前两个关系之中，是其中

---

① 毕京京．坚定不移走中国特色社会主义文化发展道路[J]. 求是，2012(17)：28-31.

最重要、最核心的关系，处于最高层次。

## 二、基本特征

主体性、时代性、阶级性、包容性、民族性、现实指向性特征是中国特色社会主义文化自信的基本特征，详细了解这些特征，更加有助于归纳出文化自信的结构、价值和功能。

### （一）主体性

人作为社会实践活动的主体，在改造客观世界和主观世界的历程中，逐渐形成了对自身所处文化环境和精神世界的构建。文化从本质上看是人的精神追求和创造的最终产物的外在表现。而人的主体精神以及本质力量的自信是构成文化自信的重要核心。

一方面，精神文化作为人的客观活动的观念表达或者价值呈现，其本质就是“人化”，也就是人的本质力量的对象化以及非对象化的有机耦合。所以，人们改造客观世界的实践活动的发展从本质上来看就是人的主体性功能得到不断发挥的发展历程。可以说，人既是文化的主体也是文化的目的，它的最高本质也就是实现人“自由而全面的发展”。中国特色社会主义文化自信是对人在实践中所呈现出的能动性作用和主体性特征的最大化的彰显。

另一方面，随着人类实践能力的提升和人类日益增长的物质文化需求的改变，人也会逐渐地通过实践活动获得对文化的一种主体性认可和心理倾向，从而实现主体性和社会性的统一。

### （二）时代性

时代性特征意味着中国特色社会主义文化自信的内容、主客体以及标准都要随着时代的变化而变化。譬如，就内容而言，当前主要是要引导国民坚定对适合当下现代化建设需要的中华传统优秀文化的认可和理解，坚定对中国化马克思主义的信仰，坚定对当前的改革开放和现代化建设当中形成的文化成果的认同和热爱。然而对这些内容的自信，会因时代的发展和变革不断地变化。

每个时代都有不同的文化主旋律，中华人民共和国成立初期以国家建设为文化的主旋律，改革开放时期以经济建设为文化的主旋律，现在则以实现全面建成小康社会和实现中华民族伟大复兴为文化的主旋律。由此看来，中国特色社会主义文化自信具有时代性的特点。

### （三）阶级性

文化自信具有阶级性，是指在不同的社会，不同的阶级有着自己所认可和创造出的特定的思想文化成果。不同阶级的社会所谈到的文化自信的内核和指向是不同的。

在一定的阶级所代表的社会中，主流的思想文化成果和文化自信的对象都是在一定的社会中处于统治地位的这些阶级所决定的。譬如，美国也谈文化自信，但是他们所自信的对象是代表美国资产阶级整体利益的思想文化成果。而我们讲增强中国特色社会主义文化自信，是指中国共产党人所提出的、具有中华民族风格以及适合我国现代化建设实际情况的思想文化成果。所以，阶级性也是中国特色社会主义文化自信的一大特征。

### （四）包容性

文化在人类社会生活中发挥了非常重要的作用。随着人类文化的交流、碰撞和融合的加快，文化对人们的生活起到越来越重要的作用。亨廷顿曾提出了“文明冲突论”的思想，认为不同的思想文化之间存在着差异，这种差异也是不可弥合的。

冷战的结束和后冷战时代到来之后，文明程度不高背景下诞生的民族和国家的思想文化与高度文明的民族和国家的思想文化之间的差异更是拉大了。而整个人类是一个命运共同体，必须坚持尊重文明的多样性和文化的多元性，人类社会才可以持续健康发展。同时，不同的文化也需要文化主体和世界上各个民族的异质文化进行相互的交流、碰撞和交融，才可以以理性心态来对待，从而客观地吸收世界上各个国家和各个民族的优秀文化成果。任何一个国家的强盛和民族的兴旺都离不开对其他文明和其他国家优秀思想文化成果的学习、借鉴和吸收，所以，以包容的心理和兼收并蓄的心态对待不同民族的文化，就成为现实之必须。从这个角度来看，中国特色社会主义文化自信具有包容性特征。

### （五）民族性

习近平总书记重视转化和发展优秀传统文化，并在此基础上提出了中国特色社会主义文化自信这一重要课题，既体现了时代和现代化建设的要求，也符合中华民族文化自身的发展规律。

文化自信最为主要的来源就是一个民族自己的独特的优秀文化传统。中华文化绵延上下五千年，进而形成了具有中国独特标识的、符合现代需要的文化传统。我国文化体系中包含着儒、道、法等主要的思想体系，塑造着中华民族独特的、丰富的民族智慧、价值理念和精神传统。这些宝贵资源和财富展现着中华文化的博大精深和深厚的底蕴，成为中华文化传统先进性和独特性的重要体现。

中华文化的“符号”——汉字、绘画、建筑、饮食等成为在世界文化中别具一格的宝贵财富。这些宝贵的思想文化财富已经深深地融入人们的生活，渗透到人们的日常生活和行为之中，也成为我们中华民族奋发前行的重要内生力量，构成了文化自信坚持和发展的深厚文化根基。可以说，中国特色社会主义文化自信具有深刻的民族性特质。

### （六）现实指向性

当前我们谈中国特色社会主义文化自信是有着现实的针对性的。其提出有着自身独特的内在逻辑。习近平总书记近些年对中国特色社会主义文化自信的重要论述蕴含着他对当代中国改革发展实践和我国文化最深层的民族自信意识和自觉理念，也是实现中华民族伟大复兴的内在要求。

我们讲的文化自信其本质上是价值观自信，而价值观自信也是为了给改革开放和现代化建设提供价值引领和思想支撑的，总之，都是为现代化建设服务的。所以，文化自信的提出就是为了实现中国特色社会主义现代化建设和中华民族伟大复兴的中国梦的伟大目标。现代化建设就是文化自信的最为重要的现实指向。从这个角度看，现实指向性是中国特色社会主义文化自信的重要特征。

## 第二节　中国社会主义文化自信的动力机制

探究中国特色社会主义文化自信的动力机制，首先要明确动力机制的科学意蕴。“动力”一词原是物理学学科的基本范畴，意指使机械做功的各种作用力。现代意义上的动力泛指对事物运动、变化和发展起到推动作用的一切力量。动力是一个多层次、丰富性的概念，动力要素和类型的多重性，使动力发挥作用必然存在一个多重要素的协同运作问题，这就涉及动力要素的作用机制问题。从系统论角度出发，机制指系统内各要素之间相互联系和相互作用的关系及方式。动力机制指的是事物“赖以运动、发展、变化的不同层级的推动力量，以及它们产生、传输并发生作用的机理和方式”①。

作为对文化体系肯定性评价从无到有、从萌芽到形成、从低级到高级的转变过程，中国特色社会主义文化自信的生成离不开强大的动力支持。况且，在中国特色社会主义文化自信生成的过程中，为应对内外部因素的消极影响，也需要稳定持续的动力供给。在这里，所谓中国特色社会主义文化自信生成的动力，指的是引导、激发和驱使主体不断建构中国特色社会主义文化自信的要素条件。这些要素条件是文化自信生成过程中不可或缺的因素，而且，这些要素条件的完备程度决定了能否生成中国特色社会主义文化自信以及中国特色社会主义文化自信能否持续生成而不变质。引导、激发和驱使主体不断建构中国特色社会主义文化自信的动力要素是一个多维性的结构系统，因而也将涉及动力要素的具体构成以及作用方式问题。作为动力机制的特殊类型，中国特色社会主义文化自信生成的动力机制是指，在中国特色社会主义文化自信的产生和发展过程中，各动力要素由于某种机理的作用而形成的因果联系和运行方式。

作为一个复杂的结构系统，中国特色社会主义文化自信生成的动力要素包括本源性动力（文化体系原生力、利益需求内驱力）、激发性动力（理想目标引领力、实践发展支撑力）、运动性动力（宣传教化引导力、环境规制约束力）。每一要素都以其独特的作用方式推动着中国特色社会主义文化自信的生成，而这些要素也是推动中国特色社会主义文化自信生成的着力点。

## 一、本源性动力

### （一）文化体系原生力

一种文化能够深入人心并成为主体自信的源泉，其中一个必要的条件就是这一文化体系应具有丰富的科学意蕴、强大的理论魅力和深远的价值旨归。“从文化本身的性质来说，由于文化本身强大，影响力、渗透力和引导力较为显著，这种文化必将唤起人们的文化自觉，增进人们的文化自信，激励人们的文化自强。”②因而，从这一意义上讲，在文化自信生成的动力要素体系中，文

① 李忠杰．论社会发展的动力与平衡机制[J]．中国社会科学，2007(1)：4-15，205.

② 胡文明．文化的认同与认同的文化——社会主义文化大发展大繁荣应关注的两个维度[J]．中国浦东干部学院学报，2012，6(4)：101-104.

化体系自身的固有属性究竟在何种程度上被大众所认可，无疑将成为推进文化自信生成的最基础的动力。对于中国特色社会主义文化而言，其之所以能够为广大民众所认可、接受和践行，也是由其自身所蕴含的内在特质决定的。中国特色社会主义文化以其科学性、民族性、大众性、时代性等本质特征催生出社会群体成员对其生命力和发展前景的强大信心。

1. 科学性

指导思想的求真性、内容体系的合理性以及价值旨归的先进性，从根本上决定了中国特色社会主义文化的科学性是毋庸置疑的，并且这种科学性在中国特色社会主义文化的建设实践中得到了全面彰显。这一鲜明的科学性特质，使其具备了催生广大人民群众对其展现强大信心的前提条件。

2. 民族性

“一个民族，一个国家，必须知道自己是谁，是从哪里来的，要到哪里去，想明白了，想对了，就要坚定不移朝着目标前进。”① 中华民族五千年文明所孕育的中华优秀传统文化，是中国特色社会主义文化自信形成和发展的“根”与“魂”；在艰苦卓绝的革命斗争中孕育的革命文化，是中国特色社会主义文化自信生成的红色基因。如果无法充分认识本民族的文化价值，跟在别人背后亦步亦趋或在多元文化激荡大潮中丧失自我，便难以产生真正的文化自信。对中华优秀传统文化的敬畏感和使命感，对继承革命文化的责任意识和担当意识，是中国特色社会主义文化自信生成的力量源泉。

3. 大众性

人民群众既是中国特色社会主义文化的主体，也是中国特色社会主义文化发展的目的。一方面，中国特色社会主义文化来自大众。中国特色社会主义文化由广大人民群众所创造，它的产生和发展深深地植根于大众的经验、智慧和实践中。另一方面，中国特色社会主义文化为了大众。中国共产党“以人民为中心”的发展思想决定了中国特色社会主义文化发展的终极目的是满足人民群众的精神诉求。人民群众在共建共享中必然会产生更多的获得感和幸福感，也能深刻体悟到中国特色社会主义文化的魅力，进而产生对其发展前景的坚定信心。

4. 时代性

文化自信具有动态性的现实特点，与时俱进是保持文化生命力的重要法

① 中共中央文献研究室．十八大以来重要文献选编(中)[M]. 北京：中央文献出版社，2016.

宝，如果一种文化体系缺乏有序发展，则必然僵化而死，进而被大众所抛弃，就更谈不上对其生命的高度自信了。“中国特色社会主义文化以我国改革开放和社会主义现代化建设实践为源泉，孕育形成了以改革创新为核心的时代精神，在不断解决当今时代的各种思想热点难点问题中创新发展，具有鲜明的时代性。”[①]这种时代性特征，为中国特色社会主义文化自信的生成提供了现实可能，使得广大人民群众可以在不同的历史时期、不同的现实境遇下认同中国特色社会主义文化的价值旨归，信任中国特色社会主义文化的发展前景。

### （二）利益需求内驱力

作为个体行为的驱动力和内因以及人类实践的源泉和动力，需求是人们感到某种缺乏并力求得到满足而产生的心理状态。利益与需求存在契合之处，指向需求的满足。因此，利益需求是促使个体趋向某一行为的内在力量，而且其内在生发特性使催生的力量强度巨大。“不是思想，而是利益（物质的和思想的）直接支配人的行为。”[②]人民群众之所以认同、接受和信任一种文化，最根本的驱动力在于这一文化能够反映和满足自身的根本利益。人们会根据自己的需要和利益对某一文化体系做出选择与评价，而是否可以满足自身需要成为其决定是否认同并遵奉一种文化体系的现实基础。如若一种文化体系能够满足人们的需求，那他们就会认同，并且会主动去践行；反之，如果文化体系背离了他们的诉求，不能使他们从中获益，那他们就会排斥。因此，自信主体的内在主动力很大程度上来源于主体自我需要的满足程度，需要则成为文化自信生成的另一基本动力。要使人民群众生成对中国特色社会主义文化自信的动力，就必须使这一文化形态能够真正反映人们的利益诉求，这是文化自信动力能否生成的根本所在。

中国特色社会主义进入新时代，不平衡不充分的发展现实制约着文化对人民群众需求的满足，致使文化自信生成的利益需求内驱力弱化。一方面，利益需求满足不充分。不充分主要是指一些地区、一些领域和一些方面的发展还远远不够。改革开放以来我国在各领域取得的成就显著，广大人民群众在生活水平、消费水平等方面都有了跨越式的提高，这为中国特色社会主义文化自信的生成提供了物质前提。但是，在“速度为王”的思想指引下，发展过程中积累

---

① 高宁，刘绛华．论中国特色社会主义文化的基本属性[J]．求实，2013(12)：90-93.

② 苏国勋．理性化及其限制——韦伯思想引论[M]．上海：上海人民出版社，1988：84.

了许多关涉人民群众切身利益的问题，这些利益矛盾成为妨碍利益需求得到充分满足的顽瘴痼疾。近年来，从旅游业以及电影等文化产业产值持续增长的现象可以看出，人民群众对精神文化的需求空前强烈，迫切需要丰富多样的精神食粮。经过长期积累，人民群众的需求已经从单纯的物质需求变为物质与精神的双重需求。另一方面，利益需求满足不平衡。不平衡主要是指各区域、各领域和各方面的发展失衡，整体发展水平不高。站在新的历史方位上，发展不平衡的问题尖锐地摆在全党和全国各族人民面前，这一问题在文化领域集中表现为明显拉大的城乡文化差距和地区文化差距，部分人民群众的利益需求和人民群众的部分利益需求难以得到满足。

面对复杂的社会背景，在非主流文化的诱导下，单靠理论传授可能无法使人们生成对中国特色社会主义文化的自信。在一定意义上可以说，最广大人民群众的根本利益问题就是中国特色社会主义文化自信的生发点。作为有目的、有意识的人的活动的产物，文化最为突出的价值就是致力于人的需要的满足。中国特色社会主义文化具有鲜明的无产阶级性质，旨在最大限度地满足广大人民群众的根本利益，最大化地反映广大人民群众的现实需要，从而奠定人民群众生成文化自信的坚实基础。在把握人民利益诉求、契合人民利益诉求、满足人民利益诉求中实现文化发展，是中国特色社会主义文化自信生成的重要驱动力。

## 二、激发性动力

### （一）理想目标引领力

理想是人特有的存在方式，制约着人的价值选择和行为取向，既能为人的发展指引方向，又能为人的进步提供源源不断的动力。目标是个体在活动开始前就预先设定的期望达到并争取达到的结果。目标的确立往往基于个体对现实不满并力求做出改变的内在愿望，科学合理的目标能够激励个体为之实现而努力奋斗。理想与目标紧密相连，确立崇高的理想目标具有重要意义。对个人而言，理想目标是对未来的向往和希望；对国家和民族而言，理想目标则凝聚共识，引领方向，蕴含着为实现理想目标而生发的渴望和动力。

文化自信从根本上来说是一种文化心态，是对文化价值和生命力的追寻和确证，也是对文化发展前景的坚信和憧憬，自然需要理想目标的引领作用。理想目标以极强的感召力和凝聚力特性成为文化自信的催化剂，追求与中国特色社会主义文化精神内核相一致的理想目标的实现，是文化自信生成的重要动力。理想目标是动态变化的而非静止僵化的，在不同的阶段有不同的表现形式。中国特色社会主义进入新时代，对实现中国梦这一宏伟理想目标的渴望，成为中国特色社会主义文化自信最高层次的引领动力。

习近平总书记在参观《复兴之路》展览时提出，实现中华民族伟大复兴是近代以来中华民族最伟大的梦想，从而发出了引领当代中国前进的时代号召。自此，中国梦成为党领导全党全国各族人民团结奋斗的宏伟理想目标。党的十九大报告强调："永远把人民对美好生活的向往作为奋斗目标，以永不懈怠的精神状态和一往无前的奋斗姿态，继续朝着实现中华民族伟大复兴的宏伟目标奋勇前进。"① 中国梦对中国特色社会主义文化自信的引领主要体现在两个方面：一是中国梦的实现内在要求树立中国特色社会主义文化自信，二是中国梦的实现表现为物质丰富、精神充盈和文化繁盛。

从古到今，任何一个政权的强大无一不伴随着文化的兴盛，任何一个国家的崛起无一不需要首先树立起对本民族文化的自信。一方面，中华民族伟大复兴必然包含中华文化的复兴，没有文化的繁荣发展自然没有中国梦的实现；另一方面，中国梦的实现需要发挥中国特色社会主义文化自信的精神支撑作用。对实现中国梦而言，困难阻碍和风险挑战并不是不可战胜的强敌劲旅，最可怕的是缺失自信导致的不击自垮。

中国梦的实现需要凝聚起强大的精神力量，文化以极强的凝心聚力作用成为人们思想的指引、情感的支柱和行动的导向。文化自信是对本民族文化的高度认同感和强烈自豪感，宏大的目标和美好的蓝图需要文化自信这一精神依托。如果没有中国特色社会主义文化自信，就不会有开拓中国特色社会主义事业的主体意识，也不会有应对现实发展问题的文化定力。因而，实现中国梦的宏伟理想目标，引领着中国特色社会主义文化自信的生成。广大人民群众必须首先树立中国特色社会主义文化自信，才能获得为实现中国梦团结一心、和衷共济、接续奋斗的强大精神力量。

### （二）实践发展支撑力

"物质生活的生产方式制约着整个社会生活、政治生活和精神生活的过

① 习近平．决胜全面建成小康社会 夺取新时代中国特色社会主义伟大胜利——在中国共产党第十九次全国代表大会上的报告[M]．北京：人民出版社，2017：1.

程”“不是人们的意识决定人们的存在，相反，是人们的社会存在决定人们的意识。”[①]文化自信的生成动力除了文化本身的魅力之外，还取决于社会生产力的状况，而且其最深层次的动力必须到社会存在中去探寻。况且，人民群众需求的最大限度满足必然建立在社会物质充盈的基础上，切身利益得以实现的获得感会使人民群众更倾向于认同建立在这一物质基础之上的文化。因而，作为一种自我意识和心理样态，中国特色社会主义文化自信的生成光靠“批判的武器”是远远不够的，还必须诉诸“武器的批判”。也就是说，中国特色社会主义文化自信不仅仅来自内心的坚定信仰，也来源于中国特色社会主义建设的成功实践。改革开放以来，党和人民在世界舞台上创造历史的伟大实践是中国特色社会主义文化自信最为坚实的现实基础。

一种理论“无论多么吸引人、假设多么大胆，只有当经验可以支持它们时，换句话说，只有根植于事实上的证明可以支持它们时，这些观点在科学上才有价值”[②]，也才能得到人们的认可和接受。古往今来，任何国家发展的历史都表明，经济、政治等硬实力落后于人，文化自信无异于“痴人说梦”。中国特色社会主义事业显现出的蓬勃生机，为中国特色社会主义文化自信生成提供了强大的实践支撑力。

改革开放以来，我们在正确的理论路线方针政策的指引下，以加速度模式用短短几十年时间跃升为全球第二大经济体，在方方面面都取得了令世界刮目相看的辉煌成就。而且，人民群众在这场历史洪流中深有体会，无论是生活水平的改善还是精神文明的进步，都是他们在发展中共建共享的印证。党的十八大以来，以习近平同志为核心的党中央洞察国内外发展大势，团结带领全党全国各族人民砥砺前行，取得了全方位多领域的历史性成就，引起了全面而深刻的历史性变革。站在历史、现实与未来的交汇点上，中国特色社会主义有了新的历史方位，中华民族实现了由站起来到富起来再到强起来的一次次飞跃，伟大复兴的光明前景近在眼前。中国特色社会主义道路越走越宽，在两种社会制度的较量中产生了有利于社会主义的趋势，“历史终结论”不攻自破。这些都为广大人民群众认可、接受和践行体现社会主义发展的中国特色社会主义文化奠定了坚实的物质基础。

然而，面对实践发展中弱化文化自信生成动力的矛盾冲突，我们要有清醒

---

① 马克思恩格斯选集（第2卷）[M]．北京：人民出版社，2012：8.

② 莫斯卡．统治阶级[M]．贾鹤鹏，译．南京：译林出版社，2002：83.

的认识，并通过推动实践发展以夯实物质基础来弥合理想与现实的差距。具体来说，就是要在新的历史起点上将改革开放进行到底，着眼于增强经济实力、科技实力、国防实力和综合国力，着眼于突破利益固化的藩篱以促进社会的公平正义，为生成中国特色社会主义文化自信提供更加稳定的动力支撑。

## 三、运行性动力

### （一）宣传教化引导力

宣传指通过宣扬传播一定的理念，施加影响个体的思想和行为，其主要作用在于对人们进行知识灌输和理论普及。教化强调“教”与“化”的结合，是一个指向理想人格塑造的精神转变过程，旨在使教育对象将一定社会的思想观念、价值规范和道德要求内化于心并外化于行。无论是理论宣传还是思想教化都有其存在的必然性，二者相辅相成，共同发挥作用。正确的理论知识不可能不教而会，正确的思想观念也不可能不学而知，宣传教化是形成正确的思想认识的重要前提。对中国特色社会主义文化自信的生成而言，宣传教化发挥着至关重要的引导作用。因为人民群众与中国特色社会主义文化之间的互动关系要靠宣传教化得以维系并加以巩固。中国特色社会主义文化的宣传教化主要指通过有目的、有计划、有组织的宣传教育活动，把中国特色社会主义文化转化为社会和个体发展所需要的精神追求和价值准则。通过一系列宣传教化活动，能够传播中国特色社会主义文化理论，提升人们的理性认知，引导人们把握中国特色社会主义文化的本质；也能够展示中国特色社会主义文化的魅力，凝聚人民群众的思想共识，激发人民群众生发对中国特色社会主义文化的积极情感；还能够揭示中国特色社会主义文化的正确旨归，提供人民群众的行为规范和行动准则，从而促进文化自信的生成。

在人民群众理性、自觉地生成中国特色社会主义文化自信之前，宣传教化是必不可少的外生推力。从当前来看，人们对中国特色社会主义文化的认知存在极大的不平衡性，亟须宣传教化引导作用的有效发挥。首先，中国特色社会主义文化自信的主体是地位不同、素质各异的不同群体，他们对文化的认知表现出巨大的差异性。其次，中国特色社会主义文化是内容丰富的理论体系，人们在对文化体系的理解上存在认知不全面、认知感性化以及知行不一等问题，导致在生成文化自信时动力不足。最后，伴随着经济体制变革、社会阶层变动、利益格局调整的新形势，文化多元化已经成为我国社会发展的现实图景，打破了传统社会文化一元化的格局，对中国特色社会主义文化的发展产生了极大的冲击。多元文化极易使人们在进行文化选择时受到诱惑而陷入迷茫，中国特色社会主义文化自信的动力由此被弱化。没有强有力的动力支持，人民群众在思想活动独立性、选择性和差异性日益增强的现代社会，很难自觉生成对中国特色社会主义文化的自信。面临如此现实境遇，不得不强调宣传教化在中国特色社会主义文化自信生成中的动力作用。加大对中国特色社会主义文化的理论宣传，通过教育感化使人们认识到文化的价值、优势以及广阔的发展前景，以此强化人们对文化的认同和信心。

### （二）环境规制约束力

中国特色社会主义文化自信的环境规制，指的是中国特色社会主义文化自信生成所面对的外部客观存在。马克思指出："人们自己创造自己的历史，但是他们并不是随心所欲地创造……而是在直接碰到的、既定的、从过去承继下来的条件下创造。"[①] 作为特定历史阶段的产物，任何文化的发展总是在一定的时空背景下展开的，在其所处环境的影响下成为其所处时代的精神缩影。历史是对人类生存条件的不断改造，即使在社会主义社会中也是如此，因而人类必须不断地改造自己，以适应这些条件。这种"适应"不能放任自流，而应该始终有人来负责、指导和监督，这就涉及规范机制问题。不认同或是不遵从社会主流意识形态和核心价值观念就会遭受责难、孤立甚至惩罚。从这一意义上讲，外在规范的强制性压力也会使社会成员认可、接受、认同某种意识形态。环境规制的约束力对文化自信主体具有一定的强迫性，要求主体无论主观上愿意与否，只要处在某一群体和组织中，就必须自觉接受相应的理论灌输、思想规范和行为约束。

中国特色社会主义文化自信的生成是能动和受动的辩证统一，既离不开主体的内在能动作用，也离不开外部环境规制的受动制约。重视环境规制是生成文化自信不可或缺的要素，尤其是在主体内在理性认识水平不高的情况下，外部环境规制对文化自信生成的作用更加明显。首先，外部环境产生推动中国特色社会主义文化自信生成的约束力。文化自信是社会客观存在与主体自我意识相互作用的结果，始终是在一定的社会环境影响下潜移默化地生成的，环境的变化必然导致人们思想意识、道德水平以及心理状态的变化。环境是中国

---

① 马克思恩格斯选集（第 1 卷）[M]. 北京：人民出版社，2012：669.

特色社会主义文化自信生成无法避免也不可或缺的隐形推力。一般来说，积极健康的外部环境能够释放正能量，引导大众树立正确的价值观念和崇高的理想信念，而消极落后的外部环境伴随着社会风气的恶化，致使大众悲观沉沦甚至价值扭曲。因而，必须优化环境以使环境规约的积极影响最大化，规避消极影响的破坏性。其次，规范机制也产生推动中国特色社会主义文化自信生成的约束力。从心理学视角出发，文化自信实际上是人们对某种文化所持有的一种态度。美国学者凯尔曼认为，态度的形成要经历依从、认同和内化三个阶段，处于依从阶段的个体由于理性程度较低而经常受到外界的规范和限制①。同样，在文化自信生成的初始阶段，人们的理性认知水平未达到理想状态，规范机制便是不可或缺的重要推力，对调控人们的知行偏差有强大约束力，个人言行会以规制形成的舆论环境作为参照系及时进行调整。

中国特色社会主义文化自信生成的动力机制是作为系统而存在的，动力机制能否有序运行不仅取决于不同要素作用的各自发挥，也取决于各动力要素之间的联系与作用。文化体系原生力和利益需求内驱力是中国特色社会主义文化自信生成的本源性动力。作为中国特色社会主义文化自信生成的基础和源泉，本源性动力是文化自信生成动力要素体系中最根本的动力，对其他动力起决定性作用。如果没有本源性动力，其他动力的存在就会失去根基，文化自信自然也无从谈起。理想目标引领力和实践发展支撑力是中国特色社会主义文化自信生成的激发性动力。本源性动力与激发性动力是“源与流”的关系，二者辩证统一。宣传教化引导力和环境规制约束力是中国特色社会主义文化自信生成的运行性动力。中国特色社会主义文化自信的生成不是一成不变的，是基于现实依据的转变过程，它也不是一劳永逸的，需要在动态发展中持续进行。在文化自信生成的过程中，难免会出现动力不足、动力弱化、动力偏差等问题，需要运行性动力及时补位。

---

① 阎力．当代社会心理学[M].上海：华东师范大学出版社，2009：152-153.

## 第三节　坚定中国社会主义文化自信的三个维度

习近平总书记指出，全党一定要坚定道路自信、理论自信、制度自信、文化自信。同时他又强调："文化自信，是更基础、更广泛、更深厚的自信。"为什么说文化自信是更基础、更广泛、更深厚的自信呢？我们认为，其意有三：一是文化自信是理解和坚持中国特色的前提和基础。无论是在道路、理论还是在制度上，中国共产党一直都强调要有中国特色，这个中国特色的本质内涵就是指价值观特色。也就是说，我们不能按照西方价值观来办中国的事情。而要理解价值观层面的问题，没有对文化的深刻认同是不行的。正是从这个意义上来说，在"四个自信"中，文化自信更基础。二是文化自信的本质在于确立价值观"最大公约数"。我国是一个有着14亿多人口、56个民族的大国，需要确立一种反映全国各族人民共同认同的价值观"最大公约数"，这关乎国家的前途命运和人民的幸福安康。党和国家"倡导富强、民主、文明、和谐，倡导自由、平等、公正、法治，倡导爱国、敬业、诚信、友善，积极培育和践行社会主义核心价值观"①，正是应然之举，亦充分体现出了文化自信的"更广泛"特质。三是文化自信不仅来源于党带领人民进行的近30年的新民主主义革命实践和70多年的社会主义革命与建设实践，而且来源于中华民族绵延5000多年的文明发展史，而道路自信、理论自信和制度自信更多来源于党带领人民进行的40多年的社会主义改革开放实践。相比较而言，文化自信显得更深厚。

习近平总书记说，中华民族是最有理由自信的民族，但这并非意味着我们是天然自信的。事实上，在中华民族发展的历史长河中，在有些时候，我们对自己的文化并非那么自信，尤其在近现代发展史上，当中国发展出现危机或遭遇困境的时候，文化不自信的声音便开始"大出风头"，其中有两次大的挑战：一次是20世纪20—40年代的中西文化优劣之论争，另一次则是20世纪90年代至21世纪初的历史虚无主义沉渣泛起。这两次挑战的相同之处都在于着力探讨了中西文化的关系及孰优孰劣的问题，不同之处在于，前

① 中共中央文献研究室．十八大以来重要文献选编（上）[M]．北京：中央文献出版社，2014：25.

一次发生在国民党执政时期，结果是“全盘西化”的论调一度占据上风；后一次则发生于中国共产党执政时期，结果是马克思主义始终居于主导地位，历史虚无主义得到遏制。当前，文化全球化的浪潮此起彼伏，西方发达国家对我国的文化渗透力度越来越强，包含着欧美发达国家文化气韵的文化商品充斥着我国的文化市场，历史虚无主义、新自由主义、民主社会主义等非马克思主义思潮在我国时有“抬头”，这给我们的文化自信工程建设带来了严峻挑战。面对这一境遇，坚定中国特色社会主义文化自信，应当在以下几个方面进一步努力。

## 一、深植底蕴：弘扬中华优秀传统文化

我们的文化自信需要有“底气”，那么这个“底气”到底来自哪里呢？它就来自深厚的民族文化底蕴。习近平总书记指出：“中华文明经历了5000多年的历史变迁，但始终一脉相承，积淀着中华民族最深层的精神追求，代表着中华民族独特的精神标识，为中华民族生生不息、发展壮大提供了丰厚滋养。”中华优秀的传统思想文化是我们民族的精神命脉，也是中华文化之所以能在世界文化激荡中站稳脚跟的坚实基础。建构文化自信，首先就要打好“底子”，进一步弘扬中华优秀传统文化。

### （一）推动优秀传统文化“活起来”

习近平总书记强调，“要系统梳理传统文化资源，让收藏在禁宫里的文物、陈列在广阔大地上的遗产、书写在古籍里的文字都活起来”。为此，我们要做到以下几点：

一是要做好中华优秀传统文化资源的整理和挖掘工作。以孔子和儒家思想的整理和挖掘为重点，统筹推进包括传统思想文化的研究与阐发；系统梳理和总结古代中华儿女在科技发展和医药事业上的成果，充分宣传和展示中国古代文明对世界文明发展的重要贡献及其当代价值；在丰富和完善国家古籍、书画整理出版规划重点项目的基础上，努力抓好散失海外的古籍、书画回归出版工程，并启动一批新的古籍、书画整理重大项目；扶持建设一批地方优秀传统文化传承研究基地，加强对地方非物质文化遗产的保护，实施乡村、社区传统文化教育推进计划，注重发挥传统文化的教化功能，着力把“乡村祠堂+社区文化走廊”建成弘扬优秀传统文化的重要阵地。

二是搞好非物质文化遗产的保护与开发。修订和完善《中华人民共和国非

物质文化遗产法》《国家级非物质文化遗产保护名录》等关于非物质文化遗产的法规政策，开展贯彻落实相关法规政策的执法检查；建立健全国家级非物质文化遗产代表性项目的评估制度和监测体系；加强非物质文化遗产保护与展演的数字化技术的研发，支持有条件的地方建立非物质文化遗产数字化保护与展演示范基地；鼓励非物质文化遗产衍生品开发，提高非物质文化遗产保护单位或机构的经济自给能力和就业吸纳能力；加强非物质文化遗产传承人的谱系档案建设，构建非物质文化遗产传承人培养的长效机制。

三是大力发展文物文博创意产业。健全国家文物登录制度，建立国家文物资源总目录和数据资源库；重视城市改造和新农村建设中的文物保护，加强历史文化名城、村镇、街区和传统村落整体格局和历史风貌保护；推进拥有诸多民族民俗文化文物馆藏资源的地方图书馆、博物馆等公共文化设施的改建扩建工程和数字化工程；整合政府及社会各方面的力量，探索建立“中国文博知识产权保护利用战略联盟”，统筹协调文博知识产权的保护、利用、管理等相关事宜，研究制定文博版权交易与品牌授权的有效机制，构建中国文博知识产权交易平台；广泛吸引和撬动社会资本参与地方民族民俗文化文物馆藏资源的创意产品开发，激活那些长期处于“沉睡”状态的文化资源。

### （二）推动优秀传统文化“融进去”

所谓“融进去”，就是强调要让中华优秀传统文化融进每个中华儿女的血液里，让中华优秀传统文化成为中华儿女生存发展基因的重要组成部分，而要做到这一点，则需要做到以下几点：

一是要融进学校。学校教育在人的成长中发挥着决定性作用，推动中华优秀传统文化资源融进学校，是让传统优良素养在现代中国人身上得到沿袭的应然之举。这也就要求：在小学、中学和大学教材内容体系中应该体现中华优秀传统文化的分量，将更多的优秀文化名篇名作、科技成果和一些科技发明故事选进教材，让广大青少年学它们、熟悉它们、理解它们；在学校开展形式多样的优秀传统文化学习竞赛活动，增加对优秀传统文化学习考核的学分权重；在校园宣传栏、校园网、校园标志性建筑等场域布置优秀传统话语，陶冶学生情操，激励学生奋发上进；在教学科研中要加强优秀传统文化的学术研究，开展优秀传统文化教学比赛等活动。

二是要融进家庭。家庭教育是促进国家发展、民族进步、社会和谐的重要基点。推动中华优秀传统文化进驻家庭乃是筑基之举，这也就要求，一方面，要在亲子教育模式创新上下功夫，引导父母把优秀传统文化教育摆在突出位置，组织开展“送经典到家里”的公共文化服务活动，政府和图书教育机构要对以弘扬优秀传统文化为主题的少儿读物出版发行和购买给予免税、贴息等优惠政策，带动家长与孩子共同学习经典、践行经典，达到知行合一；另一方面，要在家风建设上下功夫，发挥社会基层组织在家风建设方面的积极作用，积极开展以弘扬“尊老爱幼”“勤俭持家”“邻里团结”等传统家庭美德为主要内容的家庭教育，在基层组织开展“五好家庭”“文明家庭”“家风家训征集”评选活动，使发扬和传承传统家庭美德成为自觉的行动。

三是要融进机关、企事业单位文化建设之中。工作环境尤其是工作的人文氛围对人的发展有重要的熏染作用，将优秀传统文化融进机关、企事业单位文化建设有助于促进人的成长和进步。这就要求，除了在机关、企事业单位文化建设中广泛开展优秀传统文化的宣传普及活动，更重要的是，要积极汲取优秀传统文化的价值理念对之进行创造性转化，形成独特的机关、企事业单位工作核心价值观，善于用传统文化经典话语来表达和阐释机关、企事业单位文化的内核。

### （三）推动优秀传统文化“走出去”

所谓“走出去”，就是要让中华优秀传统文化资源在海外出彩，被越来越多的他国人民所喜爱、肯定和认同。这种认同不仅仅是内容上的认同，更是价值观上的认同，而要做到这一点，就要做到以下几个方面：

一是要坚定“走出去”的立场。价值观是文化的内核和灵魂，文化“走出去”的本质是价值观走出去，如果中华优秀传统文化所传递的价值观不能得到他国人民的认同，那么这样的“走出去”必然是“肤浅的”，也必然会是“昙花一现”。长期以来，我国在对外传播优秀传统文化上过分重视“量”的增长，而对于海外受众是否真的懂了或者真的信了等问题相对忽视，这也是造成我国优秀传统文化传播常常停留在语言交流学习工具层面而未能真正走进他国精英文化圈层的重要原因之一。我们在推动优秀传统文化资源“走出去”的过程中，应该紧扣价值观传播这一主线，在输出那些能充分体现社会主义核心价值观的传统文化资源上下功夫，但我们的价值观输出又不能像西方大国那样搞文化霸权，而必须是在尊重前提下的互惠输出。

二是要拓展“走出去”的方式和渠道。长期以来，我们的传统文化走出去，主要依靠孔子学院、中国文化中心等官方渠道进行海外传播，在中西对立的政治语境下，这种传播实效并不是很理想。在传播媒介上，我们习惯于利用自己在海外运营和发行的媒介来传播传统文化，然而海外民众主要是通过当地传媒来获取有关中国的信息。这就说明，推动中华优秀传统文化“走出去”必须进一步开辟新的方式和渠道，这包括通过健全对外文化交流政策和设立鼓励民间力量对外文化活动的专项资助资金，培育企业、民众在弘扬优秀传统文化中的主体地位，开拓优秀传统文化“走出去”的民间渠道；努力改变文化“送出去”的尴尬局面，发展互惠互利的文化贸易，利用“一带一路”倡议机遇，大力拓展文化贸易渠道；积极树立“双主体”的传播理念，培育海外受众和海外传媒在中华优秀传统文化传播中的主体地位，充分利用当地传媒尤其是移动新媒体来传播中华优秀传统文化。

三是要完善“走出去”的扶持政策。近年来国家陆续出台了一些鼓励文化产品出口的政策措施，但还未建立起相对完善的对外文化贸易的政策扶持体制，需要在社会资金准入、财政支持、税收减免等方面加大支持力度。此外，国家还需要加强管理部门规章与相关国家政策的衔接配套，制定和完善地方性的扶持政策，制定和完善有关文化产业监管的分类标准和文化资产评估办法。

## 二、筑牢支柱：传承中国革命文化

中国革命文化具有特定的含义，它主要是指五四运动以来，中国人民在中国共产党的领导下同西方列强及国内各种反动势力“士不可以不弘毅”过程中所创造的，以马克思主义为指导，以争取民族独立和人民解放为主题，极具中国革命特色的先进文化，其中蕴含着丰富的革命精神和优良的革命传统。中国共产党从成立起就把为共产主义、社会主义而奋斗确定为自己的纲领，“我们党之所以能够经受一次次挫折而又一次次奋起，归根到底是因为我们党有远大理想和崇高追求”①。正是在体现了共产主义理想信念的革命文化的“熏染”下，中国人民重塑了民族精神，找回了民族自信，并赢得了革命的胜利。中国革命文化的形成和发展，是马克思主义文化理论中国化实践的重要胜利，它用中国人独有的革命情怀和独特的革命语言向世人表达了世界无产阶级的革命理想——建成共产主义社会，其中井冈山精神、遵义会议精神、抗战精神、延安精神、沂蒙精神、西柏坡精神等革命精神和优良革命传统不仅是激励中国人民

① 习近平．在庆祝中国共产党成立95周年大会上的讲话[N]. 人民日报，2016-07-02(02).

革命前行的不竭动力，而且也是激励当代中国人为实现中国梦而不懈奋斗的强大支撑。坚定文化自信，必须传承中国革命文化，让它在新时代继续发扬光大，激励我们奋勇前行。

### （一）促进革命文化“学术化”

所谓“学术化”，就是要加强对中国革命文化的学术性研究和理论宣传教育。相对于传统文化研究，学界对于革命文化的研究还相当薄弱，这突出地反映在三个方面：一是对中国革命文化资源缺乏系统深入的梳理和总结，对自己的“家当”尚不是很清楚；二是对中国革命文化的整体性理论建构还不够，对中国革命文化的研究对象、范畴和内容框架未能形成比较清晰的判断和架构；三是在中国革命文化研究上缺乏全球视野，对国际性的合作研究还较少。这些学术研究上的不足严重制约了中国革命文化的传承和发扬工作，亟待改善，而从某种意义上来讲，学术研究本身就是一种传承。

推进革命文化的“学术化”，可以从以下几方面开展：一是努力实现革命文化理论研究由“政府一家唱戏”向“社会共同参与”的局面转变，努力打造由高校、科研院所、企业联合参与的革命文化传承与创新理论研究高地。二是努力推进革命文化资源的挖掘和梳理工作。目前对革命历史文化资源的发掘，明显存在偏重抗日战争时期，忽视土地革命战争时期，偏重领袖人物、革命圣地、重大事件的研究，而对其他各个根据地及其创建者的研究重视不足等现象，这也就使得已有的一些革命文化资源整理工作显得“单薄”而不“丰满”，“片面”而不“全面”，甚至造成了资源的流失。要改善这一状况，就需要国家实施革命文化资源名录工程建设、革命档案保护和抢救计划等举措，并充分发挥地方和民间力量的积极作用。三是要努力推动中国革命文化研究国际化。应重视搭建和利用文化国际合作及交流平台，积极开展中国革命文化研究的海外传播工作；加强与国外相关实体性研究机构的合作，引进新的研究方法，开辟新的研究视角。

### （二）促进革命文化“现代化”

所谓“现代化”，就是要赋予革命文化的现时存在意义。在“量”的层面来说，就是要丰富革命文化的现代表现形式；在“质”的层面来说，则是要寻找到革命文化与现代价值观的契合点和共通点。实现革命文化之“量”的现代化，要求我们将革命文化的特有元素提炼出来加以符号化、数字化，并充分运用电影、电视、互联网等现代科技手段将之呈现出来，积极拓展革命文化内容的现代文化载体，从而使革命文化内容更好地符合现代人的心理和习惯。实现革命文化之“质”的现代化，关键要解决好三个方面的价值衔接问题：一是如何看待个人利益与集体利益之间的关系。在中国革命文化里彰显了大无畏的个人牺牲精神，突出了集体利益至上的原则，主张为了集体利益而不惜牺牲个人利益。在这一价值导向下，不少革命者做出了一些令当代人难以想象的壮举，因为受到现代资本文化的洗礼，在某些当代人眼里，个人利益应当被首先重视。因此，在传承和发扬革命文化中，有必要加强集体主义教育。二是如何看待物欲追求与精神追求之间的关系。中国革命文化强调意志和精神在革命进程中的重要性，宣扬艰苦奋斗的拼搏精神。这与现代人建立在必要物质基础上的幸福观有所出入，从而也使得某些当代人觉得其只能遥望而不可效仿。因此，在传承和发扬革命文化过程中，有必要加强马克思主义财富观的教育。三是如何看待“两个必然”的问题。马克思、恩格斯在《共产党宣言》中提出了“资产阶级的灭亡和无产阶级的胜利是同样不可避免的”这一体现人类社会发展规律的科学观点。中国革命文化蕴含着中国共产党对马克思主义科学真理、人类历史规律的深刻理解，蕴含着革命先烈为共产主义、社会主义崇高理想信念而奋斗的理想之光、信念之光。中国人民正是在崇高理想信念的鼓舞和指引下才取得了革命的最终胜利。

然而，在当代，资本主义发展和社会主义发展都出现了一些新的变化，资本主义社会在做出一些主动的社会改良后又呈现出了一定的生命力，相反社会主义发展却经历了严重的挫折。这就使得某些当代人对“两个必然”的真理性产生了怀疑，从而也看轻了革命文化的当代效用。因此，要凸显革命文化的当代价值，就必须结合当代世界发展新形势对“两个必然”理论做出新的正确阐释。

### （三）促进革命文化“品牌化”

革命文化作为一种独特的文化资源，不仅具有历史、文化、教育的功能，而且具有一定的经济功能。传承和发扬革命文化，需要发挥革命文化所具有的各项功能。从发挥革命文化的经济功能来看，就是要大力推进革命文化“品牌化”。

近年来，我国各地在推进革命文化产业化发展上都有所作为，取得了一定的成绩。以红色旅游业为例，据相关数据显示，全国红色文化旅游景区景点接待游客累计已达 51.7 亿人次，红色文化旅游综合收入累计达 1.35 万亿元；全国红色文化旅游直接就业 130.6 万人，间接就业 510 万人。红色旅游这种传承文明、振奋精神、增加阅历的旅游形式，正在旅游市场持续升温。然而，我国在推进革命文化产业化发展中仍存在诸多问题和不足，这包括革命文化资源过度消费，保护不力，破坏严重；产业科技含量低，创新能力较弱，同质化竞争严重，可持续发展能力不足；出现了去意识形态化的产业发展取向；等等。

要改变这些情况，一是要打造革命文化品牌，走差异化产业发展道路。各地的革命文化资源有各自的独特禀赋，要善于将这些独特的元素凸显出来，打造属于本地区独有的革命文化品牌。通过赋予品牌鲜明的革命文化背景和丰富的当地革命文化元素，建立起清晰的品牌定位，并通过创意营销促进广大消费者对品牌的认同甚至信仰。二是要推动革命文化与科技、金融、旅游融合发展。在革命文化与科技融合方面，重点要抓好革命文化的保护与展演科技创新攻关、文化航母企业和产业集群培养、革命文化传承科技服务创新体系构建等重点工作；在革命文化与旅游融合方面，则要在打造特色文化旅游产品、节庆文化品牌、园区项目建设等方面发力；在革命文化与金融融合方面，要在财政投入方式创新、文化基金效能发挥、信用担保机制建设等方面下功夫。三是要完善基础配套设施，夯实革命文化产业化发展的支撑力。这包括对一些革命文化资源藏馆和遗址的修缮，消费者参观游览交通条件的改善，消费者吃住购服务设施的升级换代，等等。

## 三、点亮未来：发展社会主义先进文化

社会主义先进文化是新时代中国特色社会主义文化的集中体现，是人类社会发展史和中华文明史上一种崭新的文化形态，是中华民族优秀文化的当代形态，是社会主义在中国建立、建设、改革中创造并不断发展完善的新文化。社会主义先进文化是文化自信的重要内容，也是文化自信的重要表现。

### （一）社会主义先进文化是发展的、人民的文化

从性质上说，社会主义先进文化是开放包容的、具有发展性和人民性的新文化，是面向现代化、面向世界、面向未来的文化。一方面，从时间维度上，社会主义先进文化是面向现代化、面向未来的文化，是中国特色社会主义“五位一体”（经济、政治、文化、社会和生态文明建设）总体布局规划蓝图中的

"一体"，实现文化现代化和建成社会主义文化强国本身便是社会主义现代化奋斗目标之一；另一方面，从空间维度上，社会主义先进文化不是盲目封闭排他的文化，而是积极倡导尊重文明多样性、面向世界各国各地区各民族开放发展的文化形态。社会主义先进文化不仅通过增强国际传播能力建设不断推动中华文化走向世界，以提升中华文化的影响力，还在对外交往中合理吸收人类文明历史上创造的各种优秀成果，以完善自我。

社会主义先进文化是民族的科学的大众的文化。民族性、科学性、人民性是社会主义先进文化的典型特征。一方面，社会主义先进文化是科学的文化，它从诞生之日就坚持以科学理论为指导，坚持马克思主义在意识形态领域的指导地位，坚持以社会主义核心价值观引领文化建设。另一方面，社会主义先进文化是民族的、人民的文化，它坚持深植于中华民族的土壤，并与革命文化一脉相承，一贯强调要牢固树立以人民为中心的文化工作导向和发展理念，始终坚持一切文化发展都应该扎根并服务于人民群众的实践，始终坚持一切文化生产活动都是为了满足人民群众的精神文化需求，始终坚持服务人民与教育引导人民相统一的原则，始终坚持在不断提升、丰富人们的精神生活质量和水平中提高人民群众的文化素养。

### （二）社会主义先进文化彰显了社会主义文化的前进方向

社会主义先进文化是当代中国社会主义文化最先进的旗帜，引领和彰显着中国特色社会主义文化的前进方向。坚定社会主义先进文化自信，体现了对中国特色社会主义文化发展方向和前进目标的自信。

第一，社会主义先进文化"通古今"。作为中华文化的现在进行时，社会主义先进文化遵从文化发展的历史逻辑而接续发展中华优秀传统文化和革命文化。具体来说有两方面：一方面"以古人之规矩，开自己之生面"。社会主义先进文化扎根于中华优秀传统文化，汲取了中华优秀传统文化的思想精华，在新时代历史条件下汇聚多方合力，深入挖掘和阐发中华优秀传统文化的时代价值，激活其生命力，以怡情养志、涵育文明，为治国理政提供思想文化支撑。另一方面，社会主义先进文化传续发扬了革命文化，革命文化是社会主义先进文化的直接文化基础。社会主义先进文化通过大力弘扬和传承革命文化，结合新时代新任务，建立起对革命文化的高度认同和自信，培育新时代的革命精神和民族精神，在社会主义建设道路的艰苦探索中，在全面深化改革的伟大实践中，将优秀革命文化转换成砥砺人们在民族复兴道路上攻坚克难的强大战斗力，如在新冠肺炎疫情防控的人民战争中，中国人民便展现出了革命文化和民族精神的磅礴力量。

第二，社会主义先进文化“贯中西”。这里的“西”，不仅仅指西方文化，而是指中华文化之外的一切外来文化。从中外文化交流传播的意义上来说，社会主义先进文化进一步拓展了坚定文化自信的发展空间。社会主义先进文化是具有开放性和包容性的现代文化。本土文化与外来文化的交流、交融与交锋是任何一个文化系统都不可避免的客观必然，中华文化亦然。近代之前，中华文化内部的多民族文化交流和对外文化交流就非常频繁，而近代以来，乃至经济全球化和文化多样化的今天，“中西之辩”更是文化领域的重要命题。社会主义先进文化以辩证的开放思维和包容思维，在中外文化交流互鉴中博采众长、积极吸纳世界文明优秀成果的同时，努力讲好中国故事、传播好中国声音，提升了中国特色社会主义文化自信。

第三，社会主义先进文化“启未来”。社会主义先进文化开创了中国特色社会主义文化自信的新境界。如果说其“通古今”是继承发展，“贯中西”是包容发展，那么“启未来”则是创新发展。社会主义先进文化的发展性还体现在其始终面向未来上。一方面，党的十八大以来，在坚持马克思主义指导思想的基础上，以不断实现人民的文化利益、不断增进人民的文化福祉为己任，社会主义先进文化在继承发展中华优秀传统文化、熔铸以爱国主义为核心的民族精神和以改革创新为核心的时代精神、构建具有强大凝聚力和引领力的社会主义意识形态、践行和培育社会主义核心价值观、规范发展文化产业、深化文化体制改革等方面已经取得显著成就。另一方面，在世界百年未有之大变局和中国特色社会主义进入新时代的历史交汇点上，以建设社会主义生活向往的需求为现实目标，不断提高国家文化软实力。这一系列发展目标体现了社会主义先进文化建设鲜明的未来视野。

### （三）坚定文化自信要充分激发和发挥社会主义先进文化的发展活力

文化的繁荣兴盛是国家、民族强盛的必要支撑和前提条件，建设繁荣的社会主义先进文化是坚定中国特色社会主义文化自信的重要路径和题中之义。因此，必须积极调动和充分激发社会主义先进文化的发展活力。

一方面，要“以先进文化塑造灵魂”①，努力构筑中国精神，特别是进一步坚持以爱国主义为核心的民族精神和以改革创新为核心的时代精神。文化在各国对外战略中的地位越来越被重视，文化领域内的斗争呈现出更加多元化、网络化和隐蔽性的新态势。全球化潮流中的文化多元交流在打破不同民族、地区间文化壁垒的同时，必然隐藏着更为激烈的文化冲突和博弈。一些国家凭借其经济、科技等方面的优势，通过不同载体输出、宣扬其核心价值理念和意识形态，特别是有针对性地夸大社会主义国家转型期出现的问题和矛盾等，使中华民族在文化认同、国家文化安全方面受到了极大挑战。当今，全媒体时代信息传播能力、速度、渠道等都发生了跨越式的发展，网络话语权趋于平民化，信息传播内容日益个性化、即时化。毋庸置疑，网络媒介的这种新态势进一步加深了以上挑战的艰巨性。因此，社会主义先进文化要承担起凝神聚魂的任务，必须坚持以马克思主义为指导，在党的领导下把握好前进方向。一旦脱离轨道，社会主义文化建设乃至整个社会主义建设就会发生偏离，甚至走上相反的道路。同时，要广泛凝聚人民精神力量，坚持发展具有开放包容性与创造创新性的文化，致力于发展能够代表中国特色社会主义最新时代特色的文化。只有这样，社会主义先进文化才能在为国家治理体系和治理能力现代化提供强力支撑的同时，实现其自我革新与繁荣发展。

另一方面，要深化文化体制改革，大力推进文化治理能力和治理体系现代化。文化体制改革既是全面深化改革的重要内容，又是社会主义先进文化建设的重要方面和增强社会主义先进文化自信的重要手段。现代化社会中，发达的文化产业是社会主义文化的产业支撑。文化产业发达与否，关系到社会主义文化是否繁荣，也关系到我们能否坚定文化自信。现在，科学技术更迭迅速、网络文化空间崛起，全球信息化发展迈向一个新的阶段，以网络信息和数字技术为代表的高新技术向文化领域扩展渗透，全球文化创新进入新时期，这为我国文化产业的升级与调整提供了重要的历史契机。因此，我们务必把握好这一趋势，在实践探索基础上系统完善社会主义先进文化的一系列制度设计、法律法规、实现路径、保障体系等，加快文化产业结构调整，盘活整个文化市场以促进文化产品优化升级，使之逐渐由文化产品制造转变为文化产品创造。同时，积极开拓国内国际市场，不断提高中国文化产业的国际竞争力和影响力。实践

① 习近平．在庆祝改革开放40周年大会上的讲话(2018年12月18日)[M].北京：人民出版社，2018：14.

证明，党的十八大以来，习近平同志带领全党和全国人民在社会主义先进文化现代化建设和对外交流传播方面取得了突出成就，提升了国家文化软实力，进一步坚定了社会主义先进文化自信。

## 第四节　坚定中国社会主义文化自信的重要意义

习近平总书记在党的十九大报告中提出，实现伟大梦想，必须推进伟大事业。全党要更加自觉地增强道路自信、理论自信、制度自信、文化自信，既不走封闭僵化的老路，也不走改旗易帜的邪路，保持政治定力，坚持实干兴邦，始终坚持和发展中国特色社会主义。文化自信，是继道路自信、制度自信、理论自信之后，中国极为重视的第四个自信。“四个自信”是习近平新时代中国特色社会主义思想的重要内容，现在已成为一种内涵丰富、内容精深的系统化理论。“坚定文化自信，是事关国运兴衰、事关文化安全、事关民族精神独立性的大问题。”[①]没有高度的文化自信，没有文化的繁荣兴盛，就没有中华民族的伟大复兴。

### 一、文化自信，凸显民族自豪感

中华文化源远流长，中华民族五千多年文明历史孕育着中华优秀传统文化。山东是中华文明的重要发祥地，春秋战国时期，一大批杰出的思想家、政治家、文学家和发明家，如孔子、孟子，创立了儒家学说；墨子、庄子、孙子等人提出了治国理念，逐步创建了博大精深的齐鲁文化，形成了中华优秀传统文化的核心内容。

人民有信仰，国家有力量，民族有希望。习近平总书记高度重视齐鲁文化建设，要求山东用好齐鲁文化资源丰富的优势，加强对中华优秀传统文化的挖掘和阐发，为做好改革发展稳定各项工作提供强大的精神力量。习近平总书记在山东视察期间到了曲阜，就继承和弘扬中华传统文化、弘扬中华传统美德发表了重要的讲话。习总书记指出，要结合对孔子及儒家思想的研究和传播，要搞好“四个讲清楚”：讲清楚每个国家和民族的历史传统、文化积淀、基本国

---

① 习近平．在中国文联十大、中国作协九大开幕式上的讲话[N]．人民日报，2016-12-01．

情不同，其发展道路必然有着自己的特色；要讲清楚中华文化积淀着中华民族最深沉的精神追求，是中华民族生生不息、发展壮大的丰厚滋养；讲清楚中华优秀传统文化是中华民族的突出优势，是我们最深厚的文化软实力；讲清楚中国特色社会主义植根于中华文化沃土、反映中国人民意愿、适应中国和时代发展进步要求，有着深厚历史渊源和广泛现实基础。

习近平总书记强调，一个国家、一个民族的强盛，总是以文化兴盛为支撑的，中华民族伟大复兴需要以中华文化发展繁荣为条件。对历史文化，特别是先人传承下来的道德规范，要坚持古为今用、推陈出新，有鉴别地加以对待，有扬弃地予以继承。国无德不兴，家无德不和，人无德不立。必须加强全社会的思想道德建设，激发人们形成善良的道德意愿、道德情感，培育正确的道德判断和道德责任，提高道德实践能力尤其是自觉践行能力，引导人们向往和追求讲道德、尊道德、守道德的生活，形成向上的力量、向善的力量。只要中华民族一代接着一代追求美好崇高的道德境界，我们的民族就永远充满希望。

经过 40 多年的改革开放，虽然国民经济得到快速发展、物质生活极大提高，我国社会主要矛盾已经由“人民日益增长的物质文化需要同落后的社会生产之间的矛盾”转变为“人民日益增长的美好生活需要和不平衡、不充分的发展之间的矛盾”，全面建成小康社会的目标已基本实现，但公民的社会道德文化水平并没有随生活质量的提升而提高，甚至出现了不升反降的趋势。主要表现为：一是社会诚信缺失。假冒伪劣商品屡禁不止，坑蒙拐骗事件时有发生，谎话连篇成为某些人的生活习惯，欺世盗名现象也偶有发生，极个别人甚至将“碰瓷”作为生财致富的手段。二是个别公民缺乏荣辱感、物质需求过于强烈，拜金主义思想有所抬头。三是“黄赌毒”沉渣泛滥，成为与社会文明不和谐的音符。四是家庭道德伦理关系物质化。例如，兄弟姐妹争利、父子争利、婚内出轨、家庭责任淡化、视婚姻如儿戏等，这些问题影响了家庭和睦，影响了社会稳定。五是教育行业时有丑闻，几乎大小丑闻都能孕育成社会舆情，个别学校还存在庸俗的师生关系。六是职业道德意识有待提高。不少人将工作视为谋生的工具，有钱就做、没钱就不做，甚至有钱什么工作都敢做、没钱什么工作都不做，职业道德无法根植于精神世界。七是榜样失范。社会知名人物，如某些电影明星、体育明星、著名人士等言行出格、生活堕落，品行不端。八是社会腐败现象加剧了道德滑坡。金钱崇拜成为某些人的精神信仰，社会腐败问题成为社会文明的绊脚石。对这些腐朽文化的放任自流，就是对国家不负责任，就是对人民不负责任。只有铲除这些腐朽文化，才能形成风清气正的社会文化环境，才能使社会公民心情舒畅，才能增强文化自信，树立民族自豪感。在物质生活极大改善时，在改革进入深水区时，我们要做好道德文化领域的防护措施，不再允许“苍蝇”“臭虫”进入我们的精神生活空间。

“一个国家、一个民族的强盛，总是以文化兴盛为支撑的。”[①] 近五年的思想文化建设取得重大进展，中国特色社会主义和中国梦深入人心，社会主义核心价值观和中华优秀传统文化广泛弘扬，群众性精神文明创建活动扎实开展。丰富的传统文化资源，赋予当代社会更大的历史责任。打造国家“道德文化高地”，有利于更好地传承中华优秀文化，有利于更好地践行社会主义核心价值观，有利于更好地培养民族自豪感，能在世界道德文化建设中起到引领示范作用。

## 二、文化自信，彰显中国力量

近年来，随着中国的快速崛起，中华文化对世界的影响越来越显著，世界上掀起了一股“中华文化热”。截至 2018 年 12 月，世界 100 多个国家和地区建立了 500 多所孔子学院、1000 多个孔子课堂和 5000 多个教学点，现有注册学员 210 万人，它们作为文化交流机构，成为世界了解中国的重要窗口[②]。孔子学院作为文化交流的平台，向世界传播了中华文化，发展了中国与世界各国的友好关系，增进了世界各国人民对中国文化的理解。在政治文化领域，中国在国际事务中的影响力越来越强大，作为拥有否决权的联合国 5 个常任理事国之一，中国成为不可忽视的重要力量。

中国的崛起，让世界对中国刮目相看，但同时世界上也有一些质疑的声音，质疑中国的经济政策，质疑中国的政治文明，质疑中国的社会文化。“文化自信作为一种精神力量，它在促进经济发展、推动社会进步、提高公民文化素质和增强综合国力方面发挥着举足轻重的作用。”[③] 文化自信是实现中华民族伟大复兴的精神动力。

文化自信，展示中华优秀传统文化，彰显中国力量。要挖掘中华优秀传统

① 中共中央宣传部．习近平总书记系列重要讲话读本 [M]. 北京：学习出版社，2014：92.

② 佚名．全球已建 548 所孔子学院 遍布 154 个国家和地区 [EB/OL].(2018-12-03)[2021-10-23].https：//www. Chinanews.com/hr/2018/12-03/8691543.

③ 李梁，王金伟．文化自信与价值观自信 [M]. 上海：上海大学出版社，2017：49.

文化中的历史事件、经典故事、优美传说、能工巧匠，以展现优秀传统文化中的思想观念、传统价值、人文精神和道德规范。近年来，越来越多的外国人喜欢中国的武术、书法、茶道、礼节、剪纸、美食、戏曲、古建筑等传统文化。展示中华优秀传统文化，就是展示中华文化的深度。

文化自信，展示中国丰富的民族文化，彰显中国力量。我国是一个多民族的国家，每一个民族都有各自的民族习俗及民族文化。在国家政策支持下，各民族都在挖掘、丰富自身的文化资源，逐渐形成各具特色的民族文化，并在民族服饰、民族歌舞、民族饮食、民族习俗、民族文学等诸多方面不断绽放光彩。展示中国民族文化，就是展示中华文化的宽度。

文化自信，展示中国的科技文化，彰显中国力量。近两年，我国在基础设施上的投资均超过 10 万亿元，这在世界上是独一无二的。一些伟大工程甚至引起了世界的关注，丰富了文化自信的内容。例如，中国有世界最长的高速公路和高速铁路，有世界最高的桥和最长的桥，有世界最长的隧道，中国的南水北调、西气东输工程、中国天眼工程、中国深海工程、中国探月工程等都能让国人为之自豪。展示中国科技文化，就是展示中华文化的厚度。

## 三、文化自信，消除西方国家的歧视

西方国家歧视中国，有其历史原因。近代中国是一个积贫积弱的国家，无国际地位、无国际话语权。世界列强瓜分中国，他们对中国的认知还停留在殖民时期，还停留在“长袍马褂”的时期。一些人还时常“关心”中国人是否吃得饱，穿得暖，看得起病，是否能吃上肉和蛋，是否仍然冥顽不化。传统观念导致部分西方人士戴着有色眼镜看中国。要消除西方国家的歧视，消除西方国家的敌视态度，就要大力宣传文明中国、宣传强盛中国。

西方国家歧视中国，有其种族原因。有些种族认为自己是世界最优秀、最文明、最先进的民族，歧视其他种族、其他肤色、其他世系或其他民族的人。在世界文明的历史长河中，每一个民族都有其辉煌的历史和先进文化，中华民族有着灿烂的文化和辉煌的成就，只是在近代被西方列强赶超了。中华人民共和国成立后，尤其改革开放以后，在一代代共产党人的不懈努力下，中华民族将重回世界之巅。曾经有一亚裔老人在公共场所便溺，一些西方媒体想当然认为是中国人，并进行大肆歪曲报道，事后证明是其他国家公民。在我国，也有不少外国人横行霸道、不讲礼貌，但都不会形成社会舆情。同样一件不文明的事情，涉及其他国家公民就是个体事件，涉及中国人却是种族事件。由于根深蒂固的种族歧视，西方国家少数人群以各种理由丑化中华民族。要消除西方国家种族歧视，就要大力宣传中华民族优秀传统文化、宣传社会主义核心价值观。

西方国家歧视中国，有其文化差异原因。文化差异应该是西方国家歧视中国的主要原因，由于西方国家不了解这些日常习惯的特定背景和环境，以自身的标准和价值观来衡量中国人，必然存在认知方面的差异。要消除西方国家对中国文化的歧视，一方面，要坚决摒弃不文明行为，了解、熟知现代文明礼仪，遵守现代文明礼仪。另一方面，要注重宣传特色国家文化，如在欣赏交响乐时，能静静地倾听；在欣赏相声小品时，能鼓掌叫好。

降低甚至消除西方国家歧视，需要“内强素质、外塑形象”。一方面，消除道德文化短板，以现代文明礼仪及社会主义核心价值观为准绳，提升国民道德素养；另一方面，让世界了解中国，了解中国的悠久历史，了解中国当代道德价值观，让世界道德文化在互融互通中共同提升。

## 四、文化自信，能助推实现中华民族伟大复兴中国梦

习近平总书记在参观《复兴之路》展览时首次提出了中国梦的概念，随后，他在一系列重要讲话中深刻阐述了中国梦的定义、基本内涵、奋斗目标和实现路径，逐步使中国梦成为一项系统的战略思想。从国家层面来说，中国梦就是强国梦，中国要成为现代化国家，并能引领世界发展；从民族层面来说，中国梦就是民族复兴梦，中华民族要实现民族振兴，重回世界之巅；从社会层面看，中国梦就是每个中国人的幸福梦、成功梦，每一个中国人要有幸福的人生，有事业成功的机会。

实现中华民族伟大复兴的中国梦是党中央治国理政的重大战略思想，是党和国家未来发展的政治宣言，是团结凝聚海内外中华儿女的一面精神旗帜。中国梦的内涵集中体现为国家富强、民族振兴、人民幸福，实现民族复兴中国梦具有极大的号召力和感染力。

增强文化自信，有利于弘扬中国精神。中国精神是中华民族在长期历史发展中所凝聚而成的伟大民族精神，集中体现为爱国主义精神、实事求是精神、团结合作精神、自强不息精神、艰苦奋斗精神和改革创新精神等具有独特内涵的精神元素。中国精神以社会主义核心价值观为核心内涵，体现了当代社会主

义荣辱观和价值观。弘扬中国精神，中国先进文化建设才能够展现出强大的生命力、凝聚力和感召力，才能够有效提升文化软实力，才能够为文化自信提供基本价值理念。培养文化自信，其核心目的是增强社会公民的民族归属感、增强社会公民的国家归属感。世界各国都在极力维护各自的国家利益，世界范围内各种价值观交融日益加剧，因此，中国需要把培育和弘扬社会主义核心价值观作为凝神聚气的核心工程，培育中国精神，展示富强、民主、文明、和谐的国家形象，树立自由、平等、公正、法治的社会形象，彰显爱国、敬业、诚信、友善的公众形象，让世界了解中国精神、认同中国精神。

增强文化自信，有利于坚定地走中国特色社会主义道路。中华优秀传统文化、革命文化和社会主义先进文化是中国特色社会主义文化的源泉，文化自信是道路自信的根脉。40 多年改革开放的实践证明，实现中华民族伟大复兴中国梦，必须坚持中国共产党的领导，必须坚定不移地走中国特色社会主义道路。只有以辩证唯物主义和历史唯物主义的态度看待中国共产党的历史，客观、公正地评价中国共产党，引导社会公民了解中国共产党的光荣历史和丰功伟绩，才能坚信马克思列宁主义和毛泽东思想、邓小平理论、“三个代表”重要思想、科学发展观和习近平新时代中国特色社会主义思想，坚持中国共产党的领导，广大党员干部和人民群众才能一心一意听党话、跟党走。总之，增强文化自信，培育中国精神，能够为社会主义核心价值观提供有力的思想支撑，并凝聚更多的社会共识，让社会各阶层对于中国特色社会主义的道路、理论、制度和文化形成内在认同，助推实现中华民族伟大复兴中国梦。

# 第二章　走进中华优秀传统文化

## 第一节　中华优秀传统文化的内涵

古今中外，人们对文化的认识不尽相同。“文化”这一概念涵盖广义以及狭义这两个维度，基于广义维度，“文化”是指人类在认识世界和改造世界过程中所创造的一切物质财富和精神财富的综合，是与动物和自然界有着显著差异的人类社会所特有的属性特征，也是主体在自然界生存的独特方式，具体涵盖精神、物质以及社会生活等诸多方面。从狭义上来看，“文化”指的是除去人类社会生活领域的物质创造部分，单纯地指精神层面的成果，是意识、观念、心态和习俗的总和。本书所重点研究的文化主要指狭义的文化，即精神层面的文化。中华民族在长期的历史发展过程中，形成了博大精深、独具魅力的文明，它们构成了中华民族特有的精神标识，激励着一代又一代中华儿女。中国特色社会主义文化建设是以马克思主义为根本指导思想的，同时又是结合中国历史和国情，对马克思主义理论的进一步丰富和发展。当前，在面临激烈的国际竞争和我国社会进入社会转型期的社会背景下，进一步挖掘优秀传统文化的现代意蕴和时代价值具有重要的意义。

### 一、中华传统文化的含义

关于“中华传统文化”的概念，虽然学术界对该问题的研究越来越多，但是不同学者所持有的观点仍存在着较大的差异。朱耀廷在《中国传统文化通论》中认为，“中国传统文化则是指我国的古代文明”①。中国传统文化是“以儒学为根本，以宗法制度、自然经济为基础，其中涉及政治、社会、自然、伦

① 朱耀廷．中国传统文化通论[M]．北京：北京大学出版社，2015：11．

理以及宗教，以天人合一、天人合德为最高价值的一套有机的世界观、人生观和价值观"①。曾凡英、王红在《中国传统文化与文化传统的现代化》一书中指出，中国传统文化，是指中华民族在漫长的历史长河中创造的独具特色的民族文化，其以封建文化为主体，上限可以追溯到遥远的原始氏族公社时期，下限一般划到 1919 年。②学者薛学共在《中国传统文化与马克思主义中国化》一书中，提出："中国传统文化代表的是中华民族在进入现代社会以前的长期历史发展中形成的传统文化。"③

中华传统文化是指中华文明经过五千年的演化而形成的具有民族思想和观念形态的一种民族特质和风貌的民族文化。具体而言，是指在中国的疆域内，中华民族经过漫长岁月逐渐积累和沉淀下来，并且为中华民族的世世代代所继承和不断发展的民族文化。中华传统文化博大精深、源远流长，是每一个中国人值得骄傲和荣耀的，也是中华民族凝聚力的来源。同时，中国传统文化是发展变化的，和现在的中国一起经历现代化，与当今社会的精神文明建设紧密相连，为精神文明建设提供参考和借鉴。

中华传统文化的涵盖范围很广，既包括诸子百家的学术研究、琴棋书画的传统艺术、蕴涵深厚的传统文学，又包括中国的汉字汉语、传统中医、宗教哲学、民间工艺、地域文化、中华武术、民风民俗、古玩器物、神话传说、音乐戏曲，甚至名川大山。这些传统文化不仅对中国古代社会影响巨大，而且在进入现代社会之后对中国人的影响也依然存在。中国在五千多年的历史长河中形成了博大精深的传统文化，这些传统文化对人的成长、社会发展的积极影响、消极影响是同时存在的，尤其是在时代不断发展与进步的背景下，必然存在着部分糟粕，因此需要本着"去其糟粕，取其精华"的原则来对传统文化进行科学的选择，发挥出优秀传统文化的作用与价值。

## 二、中华优秀传统文化的含义

中华传统文化具有精华和糟粕并存、真理和谬误混杂、进步与落后交织的双重特性。中华优秀传统文化，是隶属于传统文化的，是我们传统文化中优秀的、散发正能量的、对人类社会的发展和传承起到积极作用的文化，是传统文

① 甫艳．中国传统文化在社会主义现代化进程中的运用 [D]. 天津：天津师范大学，2012.

② 曾凡英，王红．中国传统文化与文化传统的现代化 [M]. 长春：吉林大学出版社，2017.

③ 薛学共．中国传统文化与马克思主义中国化 [M]. 长沙：湖南师范大学出版社，2010：17.

化中最具有核心价值的一部分，是纵古及今足以为大部分人所接受和认同的、积极向上的、为之自豪的我国文化。在当前新时代的背景下，能够起到强大传承力、强大自展力和承载力的文化，与现代中国社会主义特色相结合，与社会主义核心价值观相匹配的文化。

中国优秀传统文化，就是指中国传统文化的精华、精神与气魄，体现着民族精神的价值。这部分优秀文化在中华民族的发展史上，在中华民族思想发展史上起到过积极的推动作用，对现代社会来说也有其相对的价值，于文化思想层面上来说，能够促进社会进步和民族发展。归结起来，中华优秀传统文化是指在中华民族漫长的发展史中形成的，有着积极的历史推动作用，并且至今仍具有其重要价值的思想文化。

中华优秀传统文化博大精深，丰富多彩。从文化的外延来看，中华优秀传统文化既包括物质文化也包括精神文化，这里只研究精神文化；从学派来看，既包括儒家的思想也涵盖道家、法家、墨家等各家学派的思想精华；从文化内容来看，既包括优秀的政治思想，也包括以爱国主义为核心的民族精神和优秀的道德精髓。

继承和弘扬中国传统文化，必须从形式、内容、作用等多方面进行辩证的分析、挖掘、整理、阐释，在继承中进行综合创新，使之既保持传统民族特色，又体现时代精神，从而真正成为中国特色的社会主义文化的一个有机组成部分。

## 第二节 中华优秀传统文化的主要特征

由于所处地理条件、经济和政治环境等不同，不同民族创造出了不同文化。考察中华优秀传统文化的发展历程，透视中华优秀传统文化的内部构成，进行文化上的古今对比和中外对比，我们会发现中华优秀传统文化具有与其他文化不同的特征。这些特征既决定了它历史上的形态和命运，也关系着它在当代能否实现价值、实现什么价值以及怎样实现价值的重要问题。

## 一、系统性

系统是由若干要素组成的具有一定结构和功能的有机整体。从系统的观点看，世界万物无不是由若干要素组成的一个系统，无不是组成其他系统的一个要素。不同种类的文化都是一个独特的文化系统，表现出独特的系统性。中华优秀传统文化作为一个文化系统，也表现出自己的系统性特点。

第一，文化要素完备。国学大师钱穆认为，一种文化必定由七个要素构成，称为“文化七要素”，并指出：“古今中外各地区、各民族一切文化内容，将逃不出这七个要素之配合。”①这七个要素是：“经济、政治、科学、宗教、道德、文学、艺术。”②正是这七个文化要素有机组合构成了一个完整的文化系统。以这个标准评价来看，中国自从有文字记载以来，中华优秀传统文化的这七个要素都已具备。在这七个要素中，中国古代尤其在政治、道德、文学、艺术等方面水平极高、成就极大，从而大幅提升了整个文化系统的品质。

第二，文化结构稳定。中华优秀传统文化这一文化系统，由比较完备而优良的文化要素有机构成，其系统结构从一开始就表现出较强的稳定性。首先，系统中起决定作用的经济环境比较稳定。从新石器时期开始，中国就进入了农耕时代，虽经以后各代生产力不断发展，但这种以农耕经济为主的生产方式直到近代才开始逐步瓦解。其次，系统中起主导作用的思想比较稳定。先秦时期，儒家是周代封建宗法制度、礼乐文化的提倡者和支持者，成为首屈一指的思想流派。汉朝武帝年间实行“罢黜百家，独尊儒术”政策，儒家思想开始成为中国的主导思想，这一地位直到近代才受到较大冲击。最后，系统中起关键作用的政治制度比较稳定。晚清谭嗣同说：“二千年来之政，秦政也。”③毛泽东也说过：“百代都行秦政法。”④封建帝制从秦代开始到废除共实行两千多年，而宗法制度从西周开始一直影响到近代。

第三，文化功能强大。恩格斯说：“许多人协作，许多力量结合为一个总的力量，用马克思的话来说，就造成‘新的力量’，这种力量和它的一个个力

① 钱穆．文化学大义[M]．北京：九州出版社，2012：33.

② 钱穆．文化学大义[M]．北京：九州出版社，2012：34.

③ 谭嗣同．仁学[M]．郑州：中州古籍出版社，1998：169.

④ 中央文献出版社．建国以来毛泽东文稿（第13册）[M]．北京：中央文献出版社，1998：361.

量的总和有本质的差别。”[①] 中华优秀传统文化作为一个文化系统，其整体功能不是各种文化要素功能的简单相加，而是产生了巨大的“整体效应”。在中华民族的发展壮大过程中，中华优秀传统文化是增强中华儿女民族身份认同的文化标识，是抵抗外敌入侵的精神支柱，是维护民族团结统一的坚强纽带，是推进国家治理的思想源泉，是促进社会稳定有序的道德基础，是滋润人民心灵世界的精神食粮。这种强大的文化功能，直到今天还在发挥着不可替代的作用。

## 二、连续性

中华优秀传统文化作为一个文化系统，呈现出连续性的特征。文化史家柳诒征说：“实则吾民族创造之文化，富于弹性，自古迄今，俪俪相属，虽间有盛衰之判，固未尝有中绝之时。”[②] 文化系统的连续性并非普遍现象，柳诒征指出：“世界开化最早之国，曰巴比伦，曰埃及，曰印度，曰中国。比而观之，中国独寿。”[③] 实际上，人类历史上曾出现的古老优秀文明最终整体中断了的，除古巴比伦文明、古埃及文明、古印度文明外，还有玛雅文明、提奥提华坎文明、印加文明、阿兹特克文明等，古希腊罗马文明在欧洲中世纪曾一度湮灭无闻，直到文艺复兴才又重现辉煌。与这些中断的古文明比起来，中华文明表现出来的连续性确乎非常独特。

第一，源远流长，记录详细。考古学发现表明，中华文化早在距今数万年前的旧石器时代就出现了萌芽，到距今五六千年的新石器时代就已先后出现了仰韶文化、大汶口文化、红山文化、良渚文化等文化类型，可以说是世界上产生最早的文化。文字的发明是文化史的标志性事件。马克思认为，人类社会是“由于文字的发明及其应用于文献记录而过渡到文明时代”[④]。在我国，很早就有“仓颉造字”的传说，而中国已知最早的成熟文字是甲骨文。自从中国文字产生之后，中华民族的历史就有了文献记载，民族的文化就被生动详细地记录在各种文献之中，它们与流传下来的各种文物共同见证了中华文化源远流长、

---

① 中共中央马克思恩格斯列宁斯大林著作编译局.马克思恩格斯选集[M].北京：人民出版社，2012：505.

② 柳诒征.中国文化史[M].北京：中华书局，2015：2.

③ 柳诒征.中国文化史[M].北京：中华书局，2015：7.

④ 中共中央马克思恩格斯列宁斯大林著作编译局.马克思恩格斯选集（第4卷）[M].北京：人民出版社，1972：21.

绵延不绝的历史。

第二，历经曲折，坚韧顽强。中华文化源远流长、绵延不绝的历史并非总是高歌猛进、一帆风顺的，而是经历过许多曲折，甚至一度有中断的危险。第一重危险是来自内部的文化劫难。秦汉之际，中华文化经历了一场大的劫难。先是秦朝政府“焚书坑儒”“及至秦之季世，焚诗书，坑术士，六艺从此缺焉”（《史记·儒林列传》）；其后秦末汉初连年战争，造成了大量文献资料、建筑、器物等的毁灭。秦汉之后的历次国内战争，无不造成文化上的劫难。第二重危险来自少数民族入侵。西晋之后的五胡乱华，宋朝之后的元军南下，明朝之后的清军入关，由于他们来自文化较为落后的北方草原，入主中原之后对中华文化产生了不可避免的重大冲击。此外，近代以来，西方先进的工业文化侵入中国，对中国自身落后的农耕文化产生了巨大冲击，使中华文化再一次遭到了中断的危险。虽然经历了很多曲折，但由于中华儿女的坚强守护和中华文化的坚忍品质，中华文化总能化险为夷，最终渡过难关。

第三，不断发展，高峰迭出。“江山代有才人出，各领风骚数百年。”中华文化的连续不是僵化平庸的连续，而是在漫长的历史中不断发展，高峰迭出。以儒学为例，中国古代儒学由先秦孔子、孟子创立之后，虽遭秦朝的打击和汉初的冷落，但此后就进入了不断发展、高峰迭出的历程，先后出现了两汉经学、宋明理学、清代朴学等发展高峰。再以文学为例，从《诗经》《楚辞》开始，中国古代文学不断发展进步、开拓创新，创造出了汉赋、六朝骈文、唐诗、宋词、元曲、明清小说等一系列文学高峰，出现了屈原、司马迁、李白、杜甫、韩愈、苏轼、曹雪芹等一批又一批伟大的文学家。这种不断发展、高峰迭出的连续性，表现出中华文化巨大的生命力。

## 三、包容性

中华优秀传统文化能够发展不断、连绵不绝，表现出巨大生命力和创造力，这与其内在的包容性密不可分。“和实生物，同则不继。”（《国语·郑语》）文化上的包容性，催生文化的生命力和创新力。中华文化的包容性，使中华文化能够在很长时间内不断发展而又高峰迭出，从而在世界文明体系中处于领先地位。

第一，对内的包容性。考古学家发现，我国很多地方都有早期文化遗迹，这说明中华文化是多元发生的，是在融合多种不同文化的基础上形成的，中华文化从一开始就具有很强的包容性。先秦时期，中国出现了百家争鸣的生动局面，儒、墨、道、法、名、阴阳、杂、农、兵等思想流派竞相争鸣，涌现了如孔子、孟子、老子、庄子、韩非子、荀子、墨子等思想文化巨人。先秦诸子百家的思想争鸣，为中华文化的包容发展打下了坚实基础。汉代以来，虽然推行“罢黜百家、独尊儒术”政策，但道家、法家、阴阳家，乃至佛学思想并未受到绝对“罢黜”，而是继续产生深远影响，甚至出现了儒、释、道深度融合的情况。与思想上的包容性一样，中华文化在艺术上也表现出极大包容性。以文学为例，《诗经》开启了文学的现实主义，《楚辞》开启了文学的浪漫主义，这两种风格在文学史上相互激荡，碰撞出无数耀眼的火花。没有这种艺术风格的包容性，就难以出现如李白、杜甫、白居易、苏轼、曹雪芹等风格各异的文学巨匠。

第二，对外的包容性。自古以来，中华文化对外来文化都有一种兼收并蓄的包容精神，对外的包容性表现在对佛学的吸纳创新上。中华文化历史上吸纳过许多外来宗教文化，而对佛学的吸纳创新最为成功。东汉明帝时期，佛学开始传入中国，其后在中华大地上开花结果，甚至出现“南朝四百八十寺，多少楼台烟雨中”（杜牧《江南春》）的盛况。佛学的融入，对中国的语言、哲学、文学、建筑、艺术等文化样式产生了深刻影响。

## 四、民族性

文化是民族的主要标识，不同民族拥有不同文化。张岱年等认为：“文化的民族差异可以从人与自然的关系、民族关系、家庭关系、宗教关系等方面来分析。”① 本书认为，中华优秀传统文化在处理人与神关系、人与自然关系、人与人关系和民族与民族关系等方面，表现出下面几个显著特点。

第一，尊人远神。中国在远古时期也产生过原始宗教和鬼神崇拜。殷商时期，“殷人尊神，率民以事神，先鬼而后礼”。（《礼记·表记》）西周代殷，其创立者汲取殷商灭亡教训，由尊“神”转为尊“人”。《左传》上说：“国将兴，听于民；将亡，听于神。”（《左传·庄公三十二年》）孔子也说：“务民之义，敬鬼神而远之，可谓知矣。”（《论语·雍也》）这些都明确表现出重人轻神的态度。敬鬼神而远之，尊人民而近之，是西周之后的主流思想。虽然魏晋之后

① 张岱年，程宜山．中国文化精神[M]．北京：北京大学出版社，2015：40.

道教、佛教兴盛，但儒家思想一直是主流意识形态，中国始终没有出现全民性的宗教。中华优秀传统文化与世界其他文化，特别是基督教文化和伊斯兰文化相比，这种尊人远神的特点确实是一个突出的区别。

第二，崇尚自然。在处理人与自然关系问题上，“中国文化比较重视人与自然的和谐，而西方文化则强调征服自然、战胜自然”。[①]这种崇尚自然，首先表现为热爱自然。孔子说：“知者乐水，仁者乐山。”（《论语・雍也》）陶渊明说：“少无适俗韵，性本爱丘山。”（《归园田居》）李白说：“五岳寻仙不辞远，一生好入名山游。”（《庐山谣寄卢侍御虚舟》）这些都表现出他们对自然的热爱。崇尚自然，还表现为保护自然。孟子说：“不违农时，谷不可胜食也；数罟不入洿池，鱼鳖不可胜食也；斧斤以时入山林，材木不可胜用也。”（《孟子・梁惠王上》）荀子也说：“草木荣华滋硕之时，则斧斤不入山林，不夭其生，不绝其长也。”（《荀子・王制》）为了保护自然，中国古代甚至还设立了专门保护自然的官员，即所谓“薮泽之薪蒸，虞候守之”（《左传・昭公二十年》）。

第三，注重道义。在处理人与人的关系上，中华优秀传统文化表现出注重道义的特点。中国人常说“见义勇为”“仗义执言”“义不容辞”“舍生取义”等，都表现出对道义的重视。注重道义，首先是在与“利”的对比中做出的选择。“天下熙熙，皆为利来；天下攘攘，皆为利往。”（《史记・货殖列传》）但取利要有道，所以孔子说：“不义而富且贵，于我如浮云。”（《论语・述而》）清代颜元批评“义”与“利”的分裂，主张“正其谊以谋其利，明其道而计其功”（《四书正误》卷一），也是把道义放在很重要的位置。注重道义，还是在与“力”的对比中做出的选择。孟子说：“以力服人者，非心服也，力不赡也；以德服人者，中心悦而诚服也。”（《孟子・公孙丑上》）所以他赞赏“居仁由义”而且“威武不能屈”的大丈夫。当然，中华优秀传统文化也不反对使用“力”，但要师出有名、道义为先。

第四，追求和谐。“礼之用，和为贵。”（《论语・学而》）中华民族自古以来是一个爱好和平的民族，追求“百姓昭明，协和万邦”（《尚书・尧典》）的理想。“和”可以说是中华民族在处理民族与民族、国与国关系时的一种高尚的追求。春秋战国时期，各诸侯国“争地以战，杀人盈野；争城以战，杀人盈城”（《孟子・离娄上》），给国家和百姓造成深重灾难，因此许多思想家极力

① 张岱年，程宜山．中国文化精神[M]．北京：北京大学出版社，2015：40.

反对战争、呼吁和平。儒家提倡“远人不服，则修文德以来之”（《论语·季氏》）。墨家主张“非攻”，反对一切侵略战争。道家也不崇尚武力，老子说：“夫兵者，不祥之器，物或恶之，故有道者不处。”（《道德经》第三十一章）这种追求民族、国家和谐的思想，充分体现在了实际中。汉唐通过“和亲”加强与邻邦的友好关系，明代郑和七下西洋对沿途国家秋毫无犯，就是这种思想的生动反映。

## 五、时代性

文化不仅有中外之别，而且有古今之别。毛泽东指出：“一定的文化（当作观念形态的文化）是一定社会的政治和经济的反映，又给予伟大影响和作用于一定社会的政治和经济。”[①] 不同的文化产生于不同的时代，因而表现出不同的时代性。中华优秀传统文化产生、形成、繁荣、发展于中国古代，从经济土壤上说，主要是一种农耕文化；从政治环境上说，主要是一种封建文化。

第一，农耕文化。黄河、长江流域优越的自然地理条件，孕育了中华民族以农耕经济为主、游牧经济为辅的经济形态，因此中华文化可以说是典型的农耕文化。相比而言，西方文化主要是海洋商业文化。长期的农业生产，使中华文化具备了有别于海洋商业文明的特征。一是重农轻商。先秦诸子乃至后来的诸多思想家，包括孟子、韩非子、贾谊、晁错、范仲淹等在内，都有重农轻商的治国理念。士、农、工、商四个阶层，“农”在“商”之前，更受人们尊重。秦汉以来，几乎历朝历代都出台了重农轻商的国家政策。二是勤俭务实。农业生产只有勤劳才能收获，因为艰辛所以节俭。“锄禾日当午，汗滴禾下土。谁知盘中餐，粒粒皆辛苦。”（李绅《悯农》）这一千古传诵的诗篇，生动而深刻地反映了农业生产中的艰辛不易，以及对勤劳节俭的赞扬。三是安土重迁。人们的衣食住行都寄托在土地上，自然而然地产生安土重迁的倾向。《汉书》上说：“安土重迁，黎民之性。”（《汉书·元帝纪》）实际上，只有农耕文化下的民族才安土重迁，海洋商业文化下的民族则易于、乐于迁徙。上述农耕文化的几个特征，既是一种优点，同时也带来一些弊端。重农轻商，造成中国经济长期局限于农业经济，阻碍了工商业的发展；勤俭务实，造成中国古代对科学研究的轻视，习惯把一切不利于农业生产的科学技术视为“奇技淫巧”；安土

① 毛泽东．毛泽东选集（第2卷）[M]．北京：人民出版社，1991：663-664.

重迁，不利于人口流动，造成了一定程度上的经济封闭和思想僵化。

第二，封建文化。历史学家翦伯赞认为，从西周开始，“中国的历史就进入了封建社会的初级阶段，出现了封建领主制的国家”[①]。从时间上看，中华文化虽发源很早，但其发展和繁荣期无疑处于西周之后的封建社会，属于封建社会的意识形态，并服务于地主阶级的统治。中国古代封建政治有两大特征，一是宗法主义，二是专制主义。西周初年，统治者建立了以血亲关系为基础的宗法制度，成为之后几千年中国政治、社会伦理的基础。中国古代“君为臣纲、父为子纲、夫为妻纲”的“三纲”思想，“饿死事小，失节事大”的“节烈”思想，无不是宗法主义的体现。毛泽东指出：“这四种权力——政权、族权、神权、夫权，代表了全部封建宗法的思想和制度，是束缚中国人民特别是农民的四条极大的绳索。”[②]从秦始皇建立封建帝制到清朝政权覆亡，封建君主专制政体在中国实行了两千多年，作为国家治理思想的法家思想和儒家思想，都是为君主专制服务的意识形态。大多数读书人的最高理想是“学成文武艺，货与帝王家”“朝为田舍郎，暮登天子堂”。与封建专制政治配合，封建统治者还实行文化专制，甚至大兴“文字狱”。中华优秀传统文化所处的独特政治环境，决定其无可避免地带有浓郁的宗法主义和专制主义特征。

“天下大势，浩浩荡荡；顺之者昌，逆之者亡。”农业文明时代的大刀长矛抵挡不了工业文明时代的坚船利炮，封建主义时代的“宗法”和“专制”也比不上资本主义时代的“民主”和“科学”。因此，中华优秀传统文化由于时代性局限，受到了近代西方文化的猛烈冲击，也受到了近代一些知识分子的强烈质疑和批判。但是，中华优秀传统文化的这种时代性的局限，掩盖不了其系统性、连续性、包容性、民族性等优秀品质，因此不能否定它的重要历史作用，更不能否定它的巨大当代价值。中华优秀传统文化所包含的精神、制度、物质三个层面的基本内容，所具有的系统性、连续性、包容性、民族性、时代性的主要特征，使它内在地具有巨大的当代价值，对于当代中国乃至世界都具有重要意义。

---

① 翦伯赞．中国史纲要（上册）[M]．北京：人民出版社，1995：27.

② 毛泽东．毛泽东选集（第 1 卷）[M]．北京：人民出版社，1991：31.

## 第三节　中华优秀传统文化的时代价值

进入新时代，中国共产党人越来越认识到中华优秀传统文化积淀着中华民族最深沉的精神追求，包含着中华民族最根本的精神基因，代表着中华民族独特的精神标识，是中华民族生生不息、发展壮大的丰厚滋养。中华优秀传统文化在当今时代具有重要的意义，其时代意义可以概括为六个方面：中华优秀传统文化是哲学社会科学宝贵的思想资源，是民族精神的丰厚精神滋养，是社会主义核心价值观的深厚滋养，是中华民族最深厚的国家软实力，是文化自信的深厚历史来源，是全世界华人共同的思想情感认同。

### 一、哲学社会科学宝贵的思想资源

中华文化是人类文明发源和成长的重要摇篮之一。德国哲学家雅斯贝尔斯把从公元前 800 年到公元前 200 年同时出现在中国、西方和印度等地区的人类文化突破现象，称为人类文明的“轴心时代”，它是人类精神的觉醒时代。在这个时代，各个文明都出现了伟大的精神导师——古希腊有苏格拉底、柏拉图、亚里士多德，以色列有犹太教的先知们，古印度有释迦牟尼，中国有以老子、孔子为代表的诸子百家……他们提出的思想原则塑造了不同的文化传统，也一直影响着人类的生活。这一时代所创立的思想和文化成为后世文明之源，后人要不断回顾，从中寻找新问题的求解线索和答案。“直至今日，人类一直靠轴心期产生、思考和创造的一切而生存。每一次新的飞跃都回顾这一时期，并被它重燃火焰。自那以后，情况就是这样。轴心期潜力的苏醒和对轴心期潜力的回忆，或曰复兴，总是提供了精神动力。对这一开端的复归是中国、印度和西方不断发生的事情。”[①] 中国的春秋战国时代，是此轴心时代的一个重要文化代表，这一时代所创立的思想和文化成为后世文明的源头之一，成为后人求解新问题的线索。毕生研究中国古代科技的英国近代生物化学家、科学技术史专家李约瑟在 1960 年指出：“世界上其他各国都需要满怀虚心地向中国学习，不但向现代的中国学习，也要向历史上的中国学习！因为从中国人的智慧和经

① 雅斯贝斯．历史的起源与目标 [M]．魏楚雄，俞新天，译．北京：华夏出版社，1989：14.

验中，我们可以获得许多医治现代病症的良药，以及推进今后人类哲学发展的不可少的要素！”韩国学者金容沃说：“在我看来，中国古典不是中国特殊的古代文化，而是人类思考的源流。”金容沃认为“中国古典智慧，才是人类的未来”。

2017 年 5 月，中共中央印发的《关于加快构建中国特色哲学社会科学的意见》强调，坚持和发展中国特色社会主义，必须加快构建中国特色哲学社会科学。中国特色社会主义建设事业需要有自己的哲学社会科学来进行理论诠释和理论说明，我们不能用西方的理论来解释中国的事情，所以我们必须构建中国特色的哲学社会科学，为实现“两个一百年”奋斗目标、实现中华民族伟大复兴的中国梦提供强大思想理论支撑。构建中国特色的哲学社会科学，要扎根中国大地，突出时代特色，树立国际视野，继承和弘扬中华优秀传统文化；要提升学术原创能力和水平，推动学术理论中国化，要立足中国、借鉴国外，挖掘历史、把握当代，关怀人类、面向未来，充分体现继承性、民族性、原创性、时代性、系统性、专业性，创新发展哲学社会科学。总之，要继承和弘扬中华优秀传统文化，立足中国、挖掘历史，发展能够体现继承性、民族性和原创性的中国特色的哲学社会科学。

习近平同志说，传统文化思考和表达了人类生存与发展的根本问题，其智慧光芒穿透历史，思想价值跨越时空，历久弥新，其丰富的哲学思想、人文精神、教化思想、道德理念，可以为人们认识和改造世界提供有益启迪，可以为治国理政提供有益启示，也可以为道德建设提供有益启发，具有永不褪色的时代价值。实践证明，推动理论创新的动力源泉，既来源于人民实践，也来源于历史文化积淀，中华优秀传统文化是构建中国特色哲学社会科学的宝贵思想资源。

## 二、民族精神的丰厚精神滋养

中国科学院院士杨叔子说：“一个国家、一个民族，没有现代科学、没有先进技术，就是落后，一打就垮；然而，一个国家、一个民族，没有民族传统，没有人文文化，就会异化，不打自垮。”人们的日常生活必须具有终极意义，它使各方面的人生经验秩序化，同时，它也是使人们获得某种超越感的价值中心，是人生的意义之源。

“莲发藕生，必定有根。”中华文化积淀着中华民族最深沉的精神追求，是中华民族生生不息、发展壮大的丰厚滋养。习近平总书记在十八届中央政治局第十八次集体学习时强调："中华传统文化源远流长、博大精深，中华民族形成和发展过程中产生的各种思想文化，记载了中华民族在长期奋斗中开展的精神活动、进行的理性思维、创造的文化成果，反映了中华民族的精神追求，其中最核心的内容已经成为中华民族最基本的文化基因。"

中华传统文化中包含着民族精神的优秀基因。例如，刚柔相济的民族品格，张岱年先生认为，中华民族的民族精神是自强不息的进取精神和厚德载物的宽容精神。《易经》中："天行健，君子以自强不息；地势坤，君子以厚德载物。"自强不息是依靠自我实现强大，而不是依靠他人实现强大，这种自强永不懈怠、永不停息，所以中国人喜欢和佩服白手起家的事业有成者。地势坤，是说大地宽大博厚，一视同仁，滋养着生长其上的各种生物，不分厚薄，这种厚道的品格就是坤德，君子看到这种现象就要胸怀宽广，容人容物，成人成物。自强不息是中华民族的阳刚色彩和进取精神，厚德载物是中华民族的阴柔平和与宽厚包容品格。国家发展需要精神支撑，自强不息、厚德载物这种刚柔相济的品格是中华民族精神的底色与基础，体现在中华民族精神的方方面面。这种刚柔相济的品格体现为不断创新革新的民族精神。"苟日新，日日新，又日新"是盘铭，是商汤刻在洗澡用具上的箴言，意思是如果能够一天自我更新，就应保持天天自我更新，新了还要更新。不断革新成为中华民族的坚定信念和执着追求，它向上、向前的蓬勃活力、日新超越的青春品格，推动着中华民族的改革创新、求新求变。这种刚柔相济的品格也体现为以天下为己任的担当禀赋和深沉的民族忧患意识。"修身、齐家、治国、平天下"，修齐治平、家国天下，这是中国人对国家和社会抱有的责任感和使命意识。为政夙兴夜寐，心系天下，先天下之忧而忧；处事如履薄冰、如临深渊，蕴含着一种前瞻致远的理性精神。"风声、雨声、读书声，声声入耳；家事、国事、天下事，事事关心"，它所寄予的是对民族命运与国家前途的深切关注。"位卑未敢忘忧国"，这种担当情怀和忧患意识，是我们民族发展的强劲推动力，推动着中华民族生生不息，是中华民族伟大复兴的巨大力量！

中华优秀传统文化是中华民族的"根"与"魂"。中华优秀传统文化积淀着中华民族最深沉的精神追求，代表着中华民族独特的精神标识，形成了中国人的思维方式和行为方式，支撑着中华民族历经五千余年生生不息、代代相传、傲然屹立。习近平总书记指出："优秀传统文化是一个国家、一个民族传承和发展的根本，如果丢掉了，就割断了精神命脉。”[①]党的十九大报告强调，要深入挖掘中华优秀传统文化蕴含的思想观念、人文精神、道德规范，结合时代要求继承创新，让中华文化展现出永久魅力和时代风采。

## 三、社会主义核心价值观的深厚滋养

社会思想文化的任何创造和发展，都必然依赖于传统。中华传统文化在人们的意识中所起到的潜移默化作用，是人们日常思想和行为的基础，是人们进行思考的思维原型，是孕育新价值观的温床，是新观念得以生发的土壤。中华文化“讲仁爱、重民本、守诚信、崇正义、尚和合、求大同”等核心思想理念，为社会主义核心价值观建立了深厚的文化基础。中华文化强调天人合一、和而不同，强调民惟邦本、本固邦宁，强调自强不息、厚德载物，强调大道之行、天下为公，强调天下兴亡、匹夫有责，强调言必信、行必果，强调出人相友、守望相助，等等，这些具有鲜明民族特色的思想理念对社会主义核心价值观有着深刻影响，为培育和弘扬社会主义核心价值观提供了深厚滋养。

中华优秀传统文化博大精深，学习和掌握其中的思想精华，对树立正确的价值观很有益处。中国人讲厚德载物，载就是承载、能承受得起。有深厚的德行，才能容纳他人，才能承载外在的财富、地位和名声。《国语·晋语六》说：“吾闻之，唯厚德者能受多福，无福而服者众，必自伤也。”厚德和有福是一致的，厚德者才能服众。一个人没有德而得了福，本就不合情理，如果还要很多人服从，就更不合理了，最终会受到反噬。所以中国人相信，有深厚的德行修养，才能把握住自己，把握住自己获得的财富、身份、地位等；没有深厚的德行修养，即使有一些获得也只会昙花一现，不能长久。德不配位，早晚遭殃，世事早已经一遍又一遍地证明这个道理。所以，人立身处世先要修身修德。修身修德，先要求自己、修养自己，反身自求。孔子说：“躬自厚而薄责于人，则远怨矣。”孟子说：“行有不得，反求诸己。”事情做不成功，或者人际关系处得不好，要自我检省，一切先从自己身上找原因，凡是行为达不到预期的效果，都应该检讨自己，“各自责，天清地宁；各相责，天翻地覆”。许多人有了问题，不是反躬自省，而是怨天尤人。如果每一个人都能够“反求诸

---

① 习近平．从延续民族文化血脉中开拓前进 推进各种文明交流交融互学互鉴——在纪念孔子诞辰2565周年国际学术研讨会暨国际儒学联合会第五届会员大会开幕会上的讲话[N].人民日报，2014-09-25(01).

己”，那么就能够相互理解，关系和谐；如果遇事都互相埋怨、把责任往别人身上推，只会让事情变得更糟。博大精深的中华优秀传统文化富含各种思想精华，是社会主义核心价值观的深厚滋养。

2014 年 5 月 4 日，在北京大学师生座谈会上，习近平同志指出：“中华文明绵延数千年，有其独特的价值体系。中华优秀传统文化已经成为中华民族的基因，植根在中国人内心，潜移默化影响着中国人的思想方式和行为方式。今天，我们提倡和弘扬社会主义核心价值观，必须从中汲取丰富营养，否则就不会有生命力和影响力。”同年 10 月，习近平同志在文艺工作座谈会上的讲话中又指出：“中华民族在长期实践中培育和形成了独特的思想理念和道德规范，有崇仁爱、重民本、守诚信、讲辩证、尚和合、求大同等思想，有自强不息、敬业乐群、扶正扬善、扶危济困、见义勇为、孝老爱亲等传统美德。中华优秀传统文化中很多思想理念和道德规范，不论过去还是现在，都有其永不褪色的价值。”

## 四、中华民族最深厚的国家软实力

文化软实力是综合国力的重要组成部分，主要指在社会文化领域中具有精神感召力、社会凝聚力、价值吸引力、思想影响力等方面的文化精神力和竞争力。国家软实力体现为国际影响力，一个国家在国际上的影响，既靠强大的经济实力、军事实力，也靠强大的文化影响力。2010 年，上海交通大学与美国杜克大学、印第安纳大学联合组织了“中国形象全球调查”，调查显示，美国人对中国文化了解甚少，72.5% 的美国人不认为中国有非常吸引人的流行文化，但是 40.6% 的美国人认为中国有非常丰富的文化遗产。中国丰富的文化遗产，就是中国的软实力。提高中国的文化软实力，必须有中国特色，没有特色就不可能有文化魅力。

2018 年，由当代中国与世界研究院（原中国外文局对外传播研究中心）联合调查机构共同完成了《中国国家形象全球调查报告 2016—2017》，这是当代中国与世界研究院自 2012 年以来开展的第 5 次中国国家形象全球调查。调查表明：中国整体形象好感度稳中有升，内政、外交表现受好评，中餐、中医药、中国高铁等中国文化与科技元素继续成为国家形象亮点，历史悠久、充满魅力的东方大国和全球发展的贡献者成为中国最突出的国家形象。[①]2019年10月，《中国国家形象全球调查报告2018》发布会在北京举行，本次调查在全球22个国家同步展开，受访者达11000人。调查又一次表明："历史悠久、充满魅力的东方大国和全球发展的贡献者仍是中国最突出的国家形象。""历史悠久、充满魅力的东方大国，仍是海外民众对中国的突出印象。海外发展中国家受访者选择此选项的比例超过发达国家，达到62%；年龄越大的海外受访者，认为中国历史悠久、充满魅力的比例越高。""中餐、中医药、武术仍是海外受访者认为最能代表中国文化的元素。海外受访者认为，中餐（55%）、中医药（50%）、武术（46%）是最能代表中国文化的三个方面。"[②]

中国文化中什么东西最吸引外国人？有人在网上提问："想在网站上卖东西，针对外国人，不知道老外都喜欢中国的什么东西？"许多网友进行了回答，概括起来有：民族手工艺品，如中国结、刺绣、泥人、糖人、糖葫芦、民族特色饰物等；中国特色的艺术品，如瓷器、国画、书法、京剧脸谱、皮影、泥塑、紫砂壶等；丝绸、唐装、旗袍；等等。最后有人概括说"凡是有中国特色的东西都可以"。因为外国人看中国，"还是喜欢有中国特色的、传统的、原汁原味的东西，如京剧、太极拳；北京的四合院，桂林山水，大理古城，永定土楼；等等。很多边远的小城，外国人去得很多，有的一住就是半个月甚至几年，他们享受着自然古朴的文明，喜欢看精美的建筑，喜欢看他们从小所没有接触到的，如同我们喜欢看江南的水乡，岭南的热带风情一样。"中华文化能够产生世界影响的是什么？是具有明显中国风格、中国色彩的中华文化。

中华优秀传统文化独树一帜，其丰富深厚的哲学思想、人文精神、道德理念、审美品格、艺术情趣、辩证思维和科学智慧，是中华民族的宝贵精神矿藏，对于提高国家文化软实力，确立我国在世界文化格局中的独特定位，乃至实现中华民族伟大复兴的中国梦，都具有极为重要的意义。因此，习近平总书记要求"讲清楚中华优秀传统文化是中华民族的突出优势，是我们最深厚的文化软实力"。2013年12月，在中共中央政治局第十二次集体学习时，习近

① 佚名．中国国家形象怎么样？全球调查报告来了[EB/OL].(2018-01-05)[2021-11-12] http://news.sina.com.cn/gov/2018-01-05/doc-ifyqkarr7422735.shtml.

② 辛闻．新时代中国全球大国形象更加鲜明——《中国国家形象全球调查报告2018》发布[EB/OL].(2018-10-18)[2021-11-12]http://news.china.com.cn/txt/2019-10/18/content_75315805.htm.

平同志在讲话中指出："提高国家文化软实力，要努力展示中华文化独特魅力。在5000多年文明发展进程中，中华民族创造了博大精深的灿烂文化，要使中华民族最基本的文化基因与当代文化相适应、与现代社会相协调，以人们喜闻乐见、具有广泛参与性的方式推广开来，把跨越时空、超越国度、富有永恒魅力、具有当代价值的文化精神弘扬起来，把继承传统优秀文化又弘扬时代精神、立足本国又面向世界的当代中国文化创新成果传播出去。"①

## 五、文化自信的深厚历史来源

习近平总书记在党的十九大报告中指出："文化自信是一个国家、一个民族发展中更基本、更深沉、更持久的力量。必须坚持马克思主义，牢固树立共产主义远大理想和中国特色社会主义共同理想，培育和践行社会主义核心价值观，不断增强意识形态领域主导权和话语权，推动中华优秀传统文化创造性转化、创新性发展。"②

深厚的历史底蕴产生深刻的文化自信。冷战结束后，美国等西方强国文化扩张势头强劲，西方的政治理念、价值观念、意识形态和生活方式，被推销到世界各地，不自觉地形成了"西方文化中心论"。一些中国人，包括一些知识精英、干部和群众形成了思维定式，觉得自己的文化不如西方，民族自信心不足。这是一个关系国家发展的大问题，因为一旦丧失了民族自信，认为自己不如别人，那么只能跟随在别人后面，在思想观念、制度、发展道路等方面皆以西方为标准，不敢发挥自己的创造力。

"欲人勿疑，必先自信"，文化自信是一个民族、一个国家以及一个政党对自身文化价值的充分肯定和积极认同，是对其文化的生命力持有的坚定信心。只有对自己的文化有坚定的信心，才能获得坚持坚守的从容，鼓起奋发进取的勇气，焕发创新创造的活力。在2014年2月，中央政治局第十三次集体学习中，习近平提出要"增强文化自信和价值观自信"，之后习近平又对此有过多次论述："增强文化自觉和文化自信，是坚定道路自信、理论自信、制度

① 习近平谈中华优秀传统文化：善于继承才能善于创新[EB/OL].(2017-02-13)[2021-11-15]. http：//cpc.people.com.cn/xuexi/n1/2017/0213/c385476-29075643.html.

② 习近平．决胜全面建成小康社会 夺取新时代中国特色社会主义伟大胜利——在中国共产党第十九次全国代表大会上的报告[M]//党的十九大报告辅导读本．北京：人民出版社，2017：22.

自信的题中应有之义。”“中国有坚定的道路自信、理论自信、制度自信，其本质是建立在5000多年文明传承基础上的文化自信。”中华文化无比深厚的历史底蕴增强了文化自信，为道路自信、理论自信和制度自信提供了底气和支撑。

中国巨大的发展成就已经越来越得到世界的肯定。美国政治学家弗朗西斯·福山1989年曾在其《历史的终结》一书中，做出了“美国模式优于任何发展模式”“不同意识形态和社会制度之间互相竞争的历史已经终结”的断言。但20年后的2009年，福山在接受媒体专访时却修正了自己先前的判断：“客观事实证明，西方自由民主可能并非人类历史进化的终点。随着中国的崛起，所谓‘历史终结论’有待推敲和进一步完善。人类思想宝库需为中国传统留有一席之地。”哈佛大学的约瑟夫·奈坦言：“中国的经济增长不仅使发展中国家获益巨大，中国的特殊发展模式包括特殊的民主方式也被一些发达国家称为可效仿的模式，更重要的是将来，中国倡导的民主价值观、社会发展模式和对外政策做法，会进一步在世界公众中产生共鸣和影响力。”近年来，随着综合国力的不断提升，中国道路、中国智慧、中国方案、中国形象越来越散发出世界魅力和国际影响力。

文化的优秀、国家的强大、人民的力量，就是我们文化自信的强大底气，是文化自信的水之源、木之本。正如习近平同志所说：“站立在960万平方公里的广袤土地上，吸吮着中华民族漫长奋斗积累的文化养分，拥有13亿中国人民聚合的磅礴之力，我们走自己的路，具有无比广阔的舞台，具有无比深厚的历史底蕴，具有无比强大的前进定力。中国人民应该有这个信心，每一个中国人都应该有这个信心。”[①]博大精深的优秀传统文化，为中国人提供了骨气和底气，是我们文化发展的母体。

## 六、全世界华人共同的思想情感认同

2018年世界各地的华人数量超过了7000万，这些华人生活在世界上各个国家和地区，散居在世界的各个角落，是国家力量的一部分，可以在一些时候为祖国提供帮助。团结和凝聚侨心侨力，最能够引起大家共识、最能够唤起广大侨胞对祖国、祖籍国感情的，就是他们对中国历史和中国文化的归属和认同。中华文化是中华儿女共同的精神基因，无论生活在哪里，身上都有鲜明的

① 赵银平．文化自信——习近平提出的时代课题[EB/OL].(2016-08-05)[2021-11-16]http://www.xinhuanet.com/politics/2016-08/05/c_1119330939.htm.

中华文化烙印。中华优秀传统文化是海外华人华侨的精神根脉，维系着海外华人华侨对共同的民族心理和价值观念的归属和认同。我国每年举办的各种祭祀活动，如祭祀伏羲、祭祀黄帝、祭祀大禹、祭祀孔子等，都会吸引成千上万的海外华人回到祖国。

共同祭祀中华民族的人文始祖和道德始祖，这就是海内外华人共同的思想情感和文化认同。例如，黄帝是中华民族的人文始祖，每年在郑州新郑市黄帝故里举办的黄帝故里拜祖大典，就充分引起了华人世界的共鸣。大典传播的“同根同祖同源、和平和睦和谐”理念，有力地促进了中华儿女的大团结，推动了人类命运共同体的建设，世界各地华人华侨纷纷在当地与黄帝故里遥相呼应举办“三月三拜轩辕”大典，并把在当地举办大典的重要史料捐赠给郑州市政协文史馆，充分体现了世界华人华侨的伟大祖国认同、中华民族认同、中华文化认同。①

批判理性主义认为，人类的思想不是单独地、超越地或先验地以所谓纯粹理性的天赋来思考的，思想除了有意图与兴趣，还要以过去在潜移默化中所得到的东西为根据。这些东西大多如英国物理化学家和哲学家迈克尔·波兰尼所说的“隐性知识”，即“缄默知识”。隐性知识既包括那些非正式的、难以表达的技能、技巧、经验和诀窍等，也包括洞察力、直觉、感悟、价值观、心智模式、团队的默契和组织文化等。波兰尼认为，当一个人集中意识想要解决问题时，其根据是他过去在成长过程中潜移默化所得的“缄默知识”。

在科学领域，有潜移默化形成的、为某一科学传统所特有的、未可明言的隐性知识，在社会生活领域也有长期形成的为大家所默认的隐性知识。当人们要解决某一问题时，这些隐性知识便作为一种现在的根据、尺度或思想架构，引导人们沿着一条特定的思考路线去寻找答案。中华传统文化包含着中华民族的隐性知识，它所包含的知识、理论、思维方式和价值观，看似无形，却又无处不在，一直默默地指引着人们的思想和行为，这就是人们的精神“原乡”。

习近平同志强调中华优秀传统文化是“中华民族的精神命脉”，香港中文大学金耀基先生也曾经说“没有‘没有传统’的现代化”。

当代诗人于坚说：“有一些事物是人所离不开的，即便看起来你离开了，事实上，你还是无法离开……故乡不仅仅是一个地理学意义上的物质空间，它

① 佚名.推动中华优秀传统文化 创造性转化创新性发展[N].人民政协报，2018-01-13(04).

也是一个精神学意义上的想象空间，一个精神扎根的地方，一个精神的来源地。”中华优秀传统文化是所有中国人的精神故乡，是中华民族共同的精神家园！

## 七、实现中华民族伟大复兴的重要精神力量

习近平强调，要想实现中华民族的伟大复兴就必须有中国精神，要想实现中华民族的中国梦就必须有中国力量。而我们所说的这种中国力量指的不仅仅是经济力量、综合国力，更指的是精神力量、文化力量等。中华优秀传统文化在中国梦中发挥着基础作用，并且引领着民族精神的塑造、价值观念的方向。实现中华民族的伟大复兴，重点就是要实现中国传统文化的伟大复兴，进一步弘扬发展传统文化。只有中华文化大发展大繁荣，中国梦的内涵才能得以彰显；只有坚定地传承和弘扬中华传统文化，中华民族伟大复兴的中国梦才能实现。

习近平指出：“要始终把弘扬传统美德作为极为重要的战略任务来抓，为实现中华民族伟大复兴的中国梦提供强大的精神力量和有利的道德支撑。”① 这一论述，充分肯定了中华优秀传统文化中所蕴含的传统美德，是提高人们的道德修养、建设社会主义核心价值观的重要思想资源。全社会应该形成良好的道德意愿和道德情感，培育正确的道德评判标准，让人民群众自觉主动地提升自身道德水平。社会的发展不能一直以 GDP（国内生产总值）为衡量指标，因为 GDP 提升只是一方面，个人的道德水平又是一个方面，只有将更多的指标融为一体，才能更好地提高国家实力。新的历史发展阶段，思想道德建设非常重要，加大思想道德建设力度，就要从中华民族传统美德着手，依托于传统美德建设的思想道德才会更有意义。建设社会主义思想道德体系，需要与中华传统文化相融合，实现与传统美德的衔接，这样可以充分体现出传统美德与思想道德的融合性，展现出道德与美德的精髓。家庭美德、职业道德与社会公德被称为重要的三重教育，特别是对青少年进行思想道德教育，是时代发展的必然要求。由此可以了解到思想道德建设要与传统文化紧密相连，促进传统文化进一步发展。中华传统文化道德教育一直以来都是从青少年时期开始，注重青少年思想道德教育与传统文化德育教育相吻合。在发扬和传承传统文化的同时，

---

① 中共中央宣传部．习近平总书记系列重要讲话读本[M]．北京：学习出版社，2014：55.

传统思想和道德规范不能丢失，要在弘扬和发展原有文化中，创新全新的发展征程，推动新时期文化的大发展。对此，我们应该认识到中华传统文化与思想道德建设之间存在的必然联系，在尊重传统文化的同时，对传统文化取其精华去其糟粕，传承和发扬优秀传统文化，推动中华传统文化的发展。

“以人为本”同样也是中华传统文化的重要思想，这意味着中华民族从古到今都非常注重“民”的作用与价值。在社会主义现代化建设中，中国共产党一直重视人民群众的作用，如科学发展观中的“以人为本”与传统文化中的“民本”思想相一致，充分地将当前的时代精神与传统文化的深厚根基展现出来。“天人合一”不但是中国古代哲学思想的核心分支，而且在中华传统文化上同样处于重要地位，其核心思想是人属于自然界的一部分，因此人类在生产、生活期间，需要严格遵循自然规律。换个角度来说，在自然规律不断变化的背景下，人们需要根据实际情况来调整与规范自己的言行，最终达到天人和谐统一的目标。习近平新时代中国特色社会主义思想中，关于生态文明建设的内容汲取了中国传统生态文化思想“天人合一”的精华。在我国古代，就已提出“人人相亲、人人平等、天下为公”的思想，因此可以看出古人非常注重天人合一的思想，而现阶段，在构建社会主义和谐社会的过程中，同样需要将该思想融入其中。在社会主义市场经济体制不断发展与完善的进程中，必然会持续出现各种类型的矛盾与碰撞，而这些问题都可以在优秀传统文化中找到启示。

国家的兴旺发达与民族凝聚力具有直接的关系，它对推动国家繁荣发展、推动民族进步具有极大的影响力。中华民族凝聚力的重要表现就是基于我国优秀传统文化而产生，因对传统文化的内涵给予了肯定和认可，使得中华传统文化成为中华民族团结奋进的重要力量，以此产生民族凝聚力，推动了国家的繁荣与发展。在社会主义现代化建设的过程中，若想实现民族复兴，就一定要借助于全民族力量才能够得以实现，通过弘扬中华民族精神，让全民族振作起来，成为民族复兴与发展的精神力量。

# 第四节 中华优秀传统文化的发展现状

## 一、中国优秀传统文化在国内的发展概况

我国文化产业起步较晚，导致文化事业和文化产业区分不明显，文化产业道路崎岖。直到党的十六大和十七大，我国的文化产业的商业属性才被确定下来，并陆续出台了与文化产业相关的政策。国家统计局在 2006 年 5 月 19 日才第一次统计了我国文化产业的数据。数据显示，我国文化产业近年来发展十分迅速，从事文化事业的人员越来越多，占我国全部从业人员的 13%，占城镇从业人员的 38%，数据相当可观。但是在与发达国家进行的比较中显示，我国的文化产业还显得微不足道，在世界文化中的比重还很小。我国加入 WTO（世界贸易组织）后，文化产业的发展有了一些进步，其比重和国家对其重视程度也大大提高。我国文化产业的发展，可以充分利用国内与国外市场，学习发达国家在文化产业方面的经验。

但是，在文化产业发展过程中也面临着许多的困难和挑战，这主要是由文化产业的性质影响的。文化产业具有商业和意识形态的双重属性，可以促进一个国家的经济政治发展，对社会有凝聚作用。我国文化的价值主要表现在文化产品和文化服务组合的过程中。我国现在还只是发展中国家，国际地位还不够稳定，所以在文化发展过程中应该时刻警惕，防范以美国为首的一些西方发达国家的各种文化渗透和西方化的和平演变。我国在学习引进国外优秀的生产技术、管理方式、资金以及在竞争时，必须重视我国文化产业在发展过程中受到的不平等待遇和各种挑战。

在文化发展的今天，有许多跨国文化公司开始在我国摄入他们国家的文化，如美国的时代华纳公司、新闻集团、威亚康姆集团、华特迪士尼公司和德国的贝塔斯曼集团等企业。我国在进一步融入世界经济体系的过程中，西方一些国家的企业开始进军中国这个庞大的文化市场。当西方国家的企业进入中国市场后，这些企业利用自己的资金、技术、管理和市场营销等方面的优势，对我国文化市场进行挤压和控制。

我国经过长期的实践和探索，形成了自己的文化发展思路，确定了文化产业发展的基本战略，逐渐重视文化市场的主体作用，并建立了很多传媒集团，如广州日报集团、上海文广新闻传媒集团、南方报业传媒集团、北广传媒集团等，同时经过创新改革改变了“双轨制”，逐渐改善文化机构与政府之间的关系，建立起独立的市场机制。但是，在文化产业集团发展过程中，因为受到过多来自政府的干预，市场的自主竞争过少，导致市场在资源配置中的基础性作用被取代，以市场为主体的地位被削弱。另外，规范的准入和退出机制在我国当前文化市场较为缺乏，市场竞争也尚未达到公平公正。所以，能够真正适应市场环境，并按照规范的现代企业方式运作的企业，在我国文化市场上还不太普遍。

我国大批民营文化企业进入文化市场，基本形成了与国有文化企业并存的地位。但是由于我国文化体制等方面的原因，我国民营文化企业现在的发展还是比较困难的。另外，我国文化市场主体还不太健全，这是我国制定的一些特殊保护政策导致的。

## 二、中华优秀传统文化在国外的发展概况

随着我国综合国力的提升，中华文化在世界范围内的影响力与话语权亦不断提升，国外的一些学者和普通民众对中华文明的兴趣日益强烈，尤其是中华传统文化成了世界各地学者关注的焦点，研究探索中华传统文化在很多国家成为一种风尚。海外华侨和华裔也产生“寻根意识”“乡愁文化”“回归意识”。“中国文化年”活动促进了世界人民对中华文化的了解，德国、俄罗斯、法国、爱尔兰、意大利等许多国家都通过“中国文化年”活动积极参与同中国的文化交流。此外，中国艺术展示中心也在全球几十个国家出现。

中华传统文化热最具代表性的就是孔子学院在世界范围的建立。在全球100多个国家，我国建立了500多所孔子学院，1000多个孔子课堂，这些学院和学堂成为世界各国了解中华文化和学习汉语的重要平台。尤其是在中华文化圈内的日本、韩国、新加坡等国家，许多大学纷纷开办汉学系，研究孔孟思想、道家见解、孙子兵法等。汉唐时期，儒释道思想、文字、绘画、雕刻开始传往日本，陆王心学和程朱理学在日本发展为阳明学和朱子学。日本的建筑、文字深受中国古典文化的影响。儒家思想和明清以后的实学思想对韩国影响深远，儒家文化的思想精髓通过电影、电视等各种途径向民众宣传。韩国是以

儒家文化立国育民的典型代表，被学者称为“儒教国家的活化石”“典型的儒教国度”。韩国著名大学成均馆大学的思想宗旨为儒家经典思想，校训为仁义礼智。韩国人还会在每年的 2 月和 8 月按照传统方式到孔庙去祭祀孔子，还有以《四书五经》为主要教学内容的儒学学院。在中国已经绝迹的传统县学和书院，在韩国还留有 300 多所。[①] 韩国没有舍弃和否定传统文化，而是把传统文化有机地融入现代社会和现代生活中。

自 1980 年，新加坡就开始推行以儒家传统思想为核心的“文化再生”运动。1982 年，新加坡把“忠孝仁爱礼义廉耻”作为政府必须贯彻执行的“治国之道”，李光耀总理号召新加坡人民保持和发扬儒家文化的传统美德。1988 年 10 月，新加坡第一副总理吴作栋提议把儒家价值观提升为国家意识，使之成为每个公民的行动指南。1991 年，新加坡政府发表了充满儒家伦理精神的《共同价值白皮书》。该书提出的五大共同价值观为：“国家至上，社会为先；家庭为根，社会为本；关怀扶持，尊重个人；协商共识，避免冲突；种族和谐，宗教宽容。”

古往今来，国外众多名人志士向往古老神秘的中华大地，先后到中国游历、经商，甚至在中国任职，留下了宝贵、丰富的文献资料、著作，这些文献也对中华优秀传统文化走向世界做出了不可磨灭的贡献。20 世纪 80 年代美国人比尔·波特来到中国寻找隐士文化的传统和历史踪迹，探访隐居于中国各地的隐修者，借此表达对中华传统文化的赞叹和向往，并著有《空谷幽兰：寻访当代中国隐士》一书。加拿大人卜正民长期在多伦多大学教授中国历史，著有《纵乐的困惑：明代的商业与文化》，此书详尽地介绍了中国明代的商业与文明，同时著有《为权利祈祷：佛教与晚明中国士绅社会的形成》《明清历史的地理资料》，对提高中国历史与传统文化在世界上的知名度起到了很大的促进作用。法兰西学院院士佩雷菲特，其在法国政治界和学术界都有很高的知名度，并著有《停滞的帝国：两个世界的撞击》一书，讲述了英国使者马嘎尔尼到访中国，从世界的角度介绍了英国人出使“天下唯一文明的国家”“世界最强大的国家”的事件，揭示中西文明的巨大差异和冲突。但是很多国外的研究受到意识形态的限制，在研究中华传统文化的普世价值、主流价值的时候还存在一些偏见。

孔子学院正在实施新汉学计划，以便更好地传播中华民族几千年的传统文化。今后孔子学院将会再接再厉、不断创新，让亚非拉国家不仅可以学习到中

---

① 王杰．中国传统文化在国外的传播和影响 [N]. 学习时报，2006-05-29(06).

国的传统文化，还能学习中国技术。孔子学院将会办得更有特色，彰显高层次的文化。中国与世界各国之间还应该加强文化交流，这就需要我国加大开放制度，让更多的学生走出国门，将中国的优秀传统文化传播到世界各个地区，让其他国家的学生也能爱上中华文化，并能感受到中华传统文化的浓厚氛围。旅游和文化是密不可分的，在我国加大开放力度的同时，旅游文化可以把中华文化传播出去，使中华文化走出国门，与各国进行文化交流。旅游还能够让中华传统文化深入人心，使其更加立体。旅游是文化的载体，能够做到承载文化、传播文化；文化是旅游的灵魂，能够丰富旅游的乐趣和价值。此外，我国也应该利用文化带动经济的发展，使中资企业能够走出国门，与世界其他国家互相交流、互相进步。

# 第三章　中华优秀传统文化的软实力研究

## 第一节　中华优秀传统文化中仁爱、民本精神研究

### 一、仁爱精神研究

在中国思想史上，孔子首先将“仁”提升为人的最高德性，经过历史的沉淀，构成了中华文化精神中最具代表性的观念之一。随着时代的变迁，仁爱精神的内涵不断丰富，形成了颇具深度和广度的思想体系。在今天，“仁爱”精神历久弥新，是我们培育和弘扬社会主义核心价值观的重要思想资源。

#### （一）修身成己

“仁爱”的逻辑起点是“自爱”，是对自身生命价值的肯定认识。荀子认为，“仁者自爱”是最高的层级，其次是“仁者爱人”，再次是“仁者使人爱己”。“自爱”意指自我修德，儒家将其作为实践仁德的起点，反映出仁德在根源上不是指向外在对象的“为他”之德，而是指向个体自身的“为己”之德。在这个意义上，儒家经典《中庸》也指明了“成己，仁也”。汉儒扬雄指出，君子只有对自我生命价值予以肯定和珍爱，他人才有可能对自我也施与同样的关爱，在这个意义上“自爱”是实践仁德的逻辑起点。“自爱之仁”指道德完善的个体人格，这种人格必须通过自我修身的道德践履才能实现。具体来说，“个体之仁”包括珍爱身体、培护心灵和统合身心三方面。

1.珍爱身体

以儒、道两家为主体的中国本土文化非常重视身体的作用，将形躯之身视为生命存在的物质载体。老子认为生命远比声名与财富更为重要，要像重视大患那样重视自己的生命。庄子强调以自然之道颐养生命。后来产生的道教更是

重视对于形躯的修炼，道家的先驱人物杨朱提出“贵生”的思想，认为自我的身体是整合的自然生命的体现，儒家更强调身体的道德价值。儒家认为，人的身体并不是自我的私有物，而是一系列人伦关系的承载者。“我”有义务保护“我”的形躯完整无损，“我”保全身体的目的在于尽孝道和延续家族的血脉。

2.培护心灵

儒家特别强调培养心灵的道德价值，通过道德行为提升人的精神境界，而道家追求心灵的自由，追求一种脱离世俗纷扰的逍遥人生。儒家的“仁爱”一方面通过道德理性的发挥使情感趋于合理化，使之合乎伦理规范，另一方面也注重对道德情感本身的培养，追求自愿与自觉的统一，力图通过社会化的伦理规范对个体自发的情感、欲求加以约束和引导，促使个体自觉地追求更高级的道德价值。宋明理学家将“仁”称为“觉”“识痛痒”等，都旨在说明道德情感的先天性和普遍性。可见，从先秦儒学到宋明新儒学，“仁”在本质上都是一种超越性的道德情感，这种情感包含了道德理性，具有了先天性和普遍性。较之于西方哲学中的“情理二分”“崇理抑情”的立场，儒家伦理学突显出“情理合一”“摄理于情”的特征，实现了道德法则与自由意志的统一、自律与自愿的统一。

3.统合身心

历代儒者都比较关注身心关系问题，追求形神一体、知行合一的境界。孟子认为，一个道德高尚的君子内心中包含了各种美好的德性，这种修养自然而然地体现于他的面容形体之上，君子有浩然之气，一旦做了不道德的事，这种浩然之气就会消失，而且人的眼睛会变得昏暗、游移。“仁”所指示的个体修养路径是兼修身心，即通过心灵的净化进而实现形体与气质的升华。随着修身功夫的展开，个体的精神境界逐步提升，仁爱精神不再限于个体自身而向外延伸，指向他人、社会以至人类全体。

### （二）推己及人

“仁”的基本含义即是指自我将其对于生命价值的肯定推广到他人身上，进而肯定他人的生命价值。梁漱溟先生曾明确指出，中国传统社会是一个以伦理为本位的社会，其根本特征是以对方为重者。梁漱溟所讲的这种以对方为重的伦理本于儒家的仁爱精神，“仁”字的本义就代表了人与人之间互尽义务的伦理关系。由此可见，深受儒家仁爱精神影响的中华文化在伦理上更注重他人和社群的存在，这与西方近代文化所推崇的个人主义精神有着根本差异。

儒家特别强调“五伦”，即父子、君臣、夫妇、兄弟、朋友五种关系，它代表了中国传统社会中最基本的人际关系。在儒家看来，“五伦”关系在根本上都是由仁爱之情维系的，关于“五伦”的伦理要求都最终归结为“仁”的最高德性。在“五伦”之中，父子关系是人不可逃避的自然关系，儒家将其视为其他社会关系的基础。它强调做父母的对子女要慈爱，做子女的对父母要孝顺。正是在这个意义上儒家将“孝悌”视作“为仁之本”。具体而言，“孝”最基本的含义是赡养父母，完成养生送死的社会责任，还包括在“合礼”的前提下对父母之命的顺从不违逆，对父母过错的避讳和婉言劝谏，等等。再进一层，“孝”还要求继承和发扬父辈的志向、事业，自我奋斗以至彪炳史册、光耀门楣。“孝”在先秦时代主要是一个家庭伦理范畴，而在秦汉以后逐步具有了社会政治内涵，即“孝”的对象不仅是自己的父母，还包括官吏、君王。

在传统中国人的家庭关系中，兄弟关系和夫妻关系同样也体现出仁爱的精神。儒家认为兄弟之间应当互相友爱，兄长应当对弟弟妹妹友善和疼爱，而弟弟妹妹则应当对兄长恭敬和顺从。儒家在强调兄长应当友爱弟弟妹妹的基础上，更多地关注了弟对兄的恭顺问题，这种德性被称为“悌”，这说明兄弟关系在某种意义上甚至可以看作是父子关系的延伸。儒家进一步将这种年幼者对于年长者的恭敬美德扩大到全社会范围，倡导尊敬比自己年长的人，长幼有序的伦理规范造就了中国社会尊老的传统。中国人对夫妻关系非常重视，将其作为成就君子人格的重要基础。早期儒家所倡导的夫妻关系并不是单向的服从与被服从的关系，而是强调夫妻基于各自的特点进行有机结合，在分工协作的基础上达到家庭的和谐，进而维持社会的整体和谐，因此理想的夫妻关系是男女双方互相敬重，达到精神的深度沟通，共同营造和谐欢乐的家庭氛围。中国人特别强调家和万事兴，认为和谐的家庭关系是社会稳定的基础，而夫妻间的和睦是家庭和谐的根本保证，夫妻之间的互相亲爱同样也是“仁者爱人”这一精神的重要体现。

综上所述，“仁”这种本真而深厚的道德情感必然要超出个体的范围，由自我推广到自己的家庭、社群、国家，乃至于全人类。就其理想形态而言，中国文化的仁德最终落脚于“天下为公”的“大同盛世”。在大同社会中，物质财富丰富，精神风尚良好，人们都能够超越私心的局限而达到自觉利他的道德境界，人类社会是一个充满和谐仁爱的“人间天国”。

### （三）古典仁爱精神的现代意义

儒家的仁爱之情不仅是一个认识提升的过程，更主要是一个不断进行修养实践的过程。儒家之仁德起源于人内心的一种天然情感，最终指向于天人合一、物我一体的理想境界。在一定意义上，“仁”的充分发挥体现了中国文化高度的精神追求，体现了中国文化的“可久、可大”之道，在培育中华民族精神方面发挥了重要的作用。尽管近代以来中国社会经历了深刻的变革，但这种仁爱精神依然作为中华文化的根本精神特质，具有悠久绵长的历史意义。在当今中华民族迎接伟大复兴之际，传统文化中的仁爱精神越发显现出新的时代价值。儒家仁爱精神的现代意义主要体现在以下四个方面：

其一，“仁爱”精神是现代社会公德建构不可或缺的因素。以个人主义为基础的西方现代性强调个人优先于社群、权利优先于义务、自由优先于道义，显现出了严重的弊端。加拿大哲学家查尔斯·泰勒将其归结为“变态的和可悲的自我关注”“生活被平庸化和狭隘化”“对他人及社会的漠不关心”，等等。我们可以把个人主义所引发的冷漠症称之为“麻木不仁”，其显然与儒家仁爱所倡导的对他人及社群的关切之情相悖，这从另一方面反映出仁爱精神对于救治这种现代性病症所可能具有的积极作用。在当代社会，当人们整天为自己的利益而忙碌奔波、斤斤计较的时候，儒家伦理倡导一种关心他人、奉献社会的精神，这实际上指向社会公德的建构。这种公德不是个体私利的聚合，而是基于每个社会成员内心仁德的显发，是仁德由个体向群体的延伸。当代中国社会应当在继承和转化传统仁爱精神的基础上，形成一套新的人际伦理规范，以克服古代社会所受血缘、地缘、宗法等因素的局限，显现出新的全球视野和时代精神。

其二，“仁爱”精神是现代人进行自我德性修养、个体人格塑造以及内心信仰重建的重要资源。孔子指出的仁爱精神，并非只对春秋时期的人有效，亦非仅对鲁国人有效，这种精神根源于人之为人的内在本性，故超越了时空的限制，而显示出普遍性的意义。近五百年以来，人类社会在西方现代性的主导下开展了现代化进程，与物质财富的增长相伴随，也出现了道德滑坡、意义失落和信仰塌陷等一系列负面问题。在针对这些问题的多种解决方案之中，“回到孔子”的呼声日益获得全世界诸多有识之士的响应，反映出儒家元典智慧的绵长生命力和广泛影响力。儒家的仁爱精神在个体之上主张珍视生命、统合身心。一方面倡导自然生命的健全与适度，调节情感欲求使之合乎理性法则与社会规范，反对非理性地否定或扭曲生命，戒防人沦为禽兽；另一方面更为重视德性生命的培养与提升，以道德价值的实现作为人生的目的指向和意义归依，致力于塑造“进德修业”的君子人格，赋予人生一种积极向上的意义。在终极的个人信仰层面，儒家仁爱精神指向“天人合一”的超越境界，展现出人文化的宗教性精神，这在一定意义上有助于为经过启蒙理性“祛魅”之后的人类心灵重新确立终极关怀，使现代人恢复对真、善、美等价值的真诚信仰。

其三，仁爱精神能够为生态文明建设奠定价值基础。随着工业革命与经济全球化的开展，人类的生存环境面临着危机，如出现资源枯竭、环境污染、生物灭绝、全球变暖和臭氧空洞等全球性问题。以上问题的解决无疑需要现代科技手段的直接参与，但也必须借助数千年来人类积淀的思想智慧。古典儒家的“仁爱”观念内在地包含着“爱物”“利物”“成物”以及“物我一体”的生态意蕴，这与西方近代以来的“戡天役物”“以人胜天”的观念不同，反映出中华文化在根源处肯定人与自然的亲和友善关系，表现为对自然的敬畏与尊重。中国古代哲学崇尚“天人合一”的境界，该理念的含义就是人与自然的相互和谐，彰显出仁爱精神的态度。在仁爱精神的指导下，古代中国人也表现出一定的生态危机意识，产生了较为系统的生态维护机制，这为解决现代全球性生态危机提供了宝贵的思想资源和实践经验。

其四，仁爱精神对于文明之间的对话与世界新秩序的建构具有启示意义。经济全球化使世界各文明区域联结成为一个地球村，任何文明都不可能各自封闭地存在与发展，必然面对如何处理与其他文明之间的关系问题。20 世纪末，美国学者亨廷顿提出了“文明冲突论”，将冷战后世界的冲突根源归结为文明之间的冲突，并且否定了这种冲突的可调和性。亨廷顿此论一出，引发了来自多方面的批评。杜维明先生立足于儒家文化的立场对其予以批评，倡导在尊重文明多样性和平等性的基础上开展文明对话。近年来，随着世界经济政治的发展，“文明对话论”逐渐取代了“文明冲突论”，获得了越来越多有识之士的认同。杜维明的思想实际上归本于儒家的仁爱精神，具体而论可析为四个要点：仁爱精神的内在逻辑是“推己及人”，这促使文明个体超越自身的局限而与他者展开交往和对话，最终指向对全人类的博爱，亦即对于一切文明的关爱与包容。仁爱精神的实现方式是“忠恕之道”，其经典表述为“己所不欲，勿施于人”，这被世界宗教议会宣言称之为全球伦理的“金规则”，是各大宗教所共同承认的基本原则；这也构成了文明对话的共识基础，有助于化解文明之间的冲突。仁爱精神的思维模式和实践原则是“和而不同”，倡导在包容差异的基础上寻求共识，构建多元文明和谐共荣的世界新格局。仁爱精神在社会层面的终极目标是“天下大同”，即从根源上消弭了文明冲突，在深入的对话与交往中积累起更广泛的共识，指向费孝通先生所阐发的“各美其美，美人之美，美美与共，天下大同”的理想图景。

综上所论，仁爱精神是数千年来古圣先贤的智慧凝结，塑造了中华民族的文化品格，并为中国社会和文化的现代化进程提供了深厚的资源，当之无愧地成为中华传统核心价值中最具代表性和最具生命力的观念。

## 二、民本精神研究

传统民本思想精华是“以人民为中心”发展理念的重要来源。“民贵君轻”中对人民地位的重视、“民齐者强”中依靠人民安邦定国的智慧、“富民裕民”中对民众利益的关切都是新时代站稳群众立场、走好群众路线的价值遵循。习近平新时代中国特色社会主义思想在继承传统民本思想的基础上，结合新时代新要求回应了人民最深切的关注和需求，在新的实践中开拓了传统民本思想发展新境界。

### （一）从“民贵君轻”到践行好新时代群众路线

人民是国家社稷之根基，人心向背关乎国家兴衰治乱。重民顺民自然成为传统民本思想的合理内核，人民的重要地位在传统民本思想中得到了充分彰显。

《尚书·五子之歌》中记述着最早的传统民本思想，“民惟邦本，本固邦宁”道出了人民对于国家安定的重要意义。周朝深刻吸取殷商后期暴政肆虐导致人亡政息的教训，总结出了“天视自我民视，天听自我民听”（《尚书·泰誓》）这一重要结论。“天命”固然重要，但上承天命的同时必须下顺民心，统治者通过民心来体察天意、顺应民愿，传统民本思想得到了进一步丰富发展。孟子认为：“民为贵，社稷次之，君为轻。”（《孟子·尽心章句下》）对封建统治秩序下的君民地位及其关系作了直接论述，总结出了“民贵君轻”的深刻哲理；《荀子·王制》中，“水则载舟，水则覆舟”的君舟民水论可谓是对君民关系的最经典表达，对后世安民治国影响重大，唐太宗李世民直接把荀子的这一治世箴言作为自己施政治国的核心理念，开创了著名的“贞观之治”。宋明时期民本思想得到进一步完善，北宋大儒张载“民胞物与”思想进一步拉近了君与民的距离，将天下苍生都视为同胞骨肉，增进与人民之间的感情。明清之际更是涌现出了一大批进步思想家，从理性探讨的角度为争民权而激烈批判君主专制，主张“天下为主，君为客”(《明夷待访录·原君》)，这使传统民本思想更具思辨特征。尽管对于民众力量的重视没有演化成现代意义上的民主观念，但也具有重要的启蒙作用，足以表明人民在国家统治和社会治理中的地位日益凸显。

群众路线一直都是中国共产党治国理政的传家宝和生命线，中国共产党从成立之日起就把“人民”二字深深刻在党旗上、烙在内心里。党的十八大以来，以习近平同志为核心的党中央与人民同呼吸共命运，坚持围绕最广大人民根本利益制定一系列方针政策。习近平引用“政之所兴在顺民心，政之所废在逆民心”(《管子·牧民》)，说明民心依然是新时代党执政兴国的根本和关键，我们必须在充分肯定人民群众主体地位的基础上顺应人民意愿、多解民生之忧，把群众路线贯彻到治国理政全部活动之中。

人民是“载舟之水”“育种之地”“枝叶根本”，作为历史创造者的人民群众，一直以来都是我们党战胜一切困难和挑战的强大力量。针对党内存在的部分脱离群众现象，我们开展了党的群众路线教育实践活动和“不忘初心，牢记使命”主题教育活动，就是为了使广大党员干部牢记初心使命，明确人民与党的主仆关系，进一步增强党与人民的鱼水关系和血肉联系，以人民为中心之“中心”，充分显示出当代中国共产党人民至上的价值取向。人民群众始终是改革发展的“圆心”和主体，践行好群众路线就解决了发展“为了谁”这个治国理政的首要和根本问题，才能让以人民为中心的发展理念真正落到实处、取得实效，这意味着中国共产党的群众观在继承传统民本思想的基础上发展到了新的高度。

### （二）从“民齐者强”到依靠人民创造历史伟业

“民齐者强，民不齐者弱。”(《荀子·议兵》)人民在社会历史发展中的主体地位和决定作用表明，治国安邦必须用好、用活“民众”这一重要资源，依靠民众力量扩大生产、发展耕战。传统民本思想中有着丰富的“使民”“用民”“凝民”等思想，从本质上来说都是强调发挥民众在农业生产和军事斗争中的显著作用，从而实现国家发展、社会进步。

齐桓公问政于管仲“王者何贵”，管仲答曰“贵天”，此“天”即以百姓为天，并指出“百姓与之则安，辅之则强”（刘向《说苑》）。百姓的亲附会使国家摆脱危机、社会安稳有序，国家的发展强盛离不开人民的倾心辅助。《国语·鲁语上》载：“是以用民无不听，求福无不丰。”长勺之战中，曹刿在与鲁庄公探讨凭借什么与齐国开战时如是说，通过日常“惠民”从而能够战时“用民”，军民一体、上下同心才能取得战争胜利。同样是对待战争问题，荀子主张“凝士以礼，凝民以政；礼修而士服，政平而民安”。（《荀子·议兵》）他认为兼并土地易，而凝聚人心难，并且举例商汤王、周武王以方圆百里之地却能统一天下，就是因为能够凝民之才、聚民之力。孔子则主张“使民以时”（《论语·学而》），统治者征调民力建设国家应充分考虑避开农时，这是“使民”“用民”的大智慧、高境界。只有不耽误农业生产，令百姓无后顾之忧地服徭役，才能最大限度、更加合理地利用民力，实现国家发展进步。

无论是在革命战争年代、和平建设时期，还是在改革发展新时代，我们党都十分注重倾听人民呼声，汲取群众智慧，依靠人民创造历史伟业。新时代，中国共产党依然坚持“以百姓心为心”，团结带领全国各族人民顺利把中国特色社会主义事业推向前进，党与人民同心同德、攻坚克难，创造了一个又一个中国奇迹。习近平引用“民齐者强”向我们阐述实现中国梦必须万众一心、人人参与的深刻道理。只要我们上下同心，凝聚起全体中华儿女的磅礴力量，就一定能所向披靡、战无不胜。依靠人民创造历史伟业，就要充分调动亿万人民推动社会改革和创新创造的积极性、主动性和创造性，发挥出亿万人民伟大的首创精神。人民群众拥有无穷的创造力，拉开改革开放序幕的家庭联产承包责任制，就源于人民生产劳动一线的伟大实践。

今天我们全面深化改革、建设社会主义现代化强国，依然需要虚心向人民群众学习请教，深入基层调查研究，及时总结人民群众基于生产生活实践创造的新鲜经验，并激发人民在新的实践中持之以恒地进行创新创造的热情。依靠人民创造历史伟业，就要坚持让人民群众评判检验一切工作，因为人民才是我们一切工作的最高裁决者和评判者。人民事业当然应由人民自己论成败、鉴得失、提意见，坚持让人民裁决评判发展事业，不仅能够使改革发展举措充分反映人民意愿，更能在前进道路上及时发现问题、调整目标、优化路径，强化人民群众主人翁意识，共同推动党和国家事业不断发展。

### （三）从“富民裕民”到把人民对美好生活的向往作为奋斗目标

我国历代统治者和思想家大都十分重视富民利民，人民丰衣足食是安邦定国的头等大事，对人民主体地位的重视和遵从最终必须落脚到养民之欲、济世安民上来。富民思想也是我国古代最为重要的经济思想之一，最早的富民思想由上古民本思想衍生而来。

《尚书》中“裕民”“惠民”主张使西周社会生产力较夏商时期得到了极大提高。春秋战国时期，富民思想更是不断涌现，儒家学说尤甚。从孔子的“藏富于民”“足食足兵”“先富而后教”，到孟子的“制民之产”，再到荀子的“富国养民”“以政裕民”，以及墨家的“节用”思想，还有法家的“重本利农”思想，等等，历代无数思想家都在尽力勾勒出国强民富的美好蓝图。西晋思想家傅玄同样强调了富民对于国家统治的极端重要性，“民富则安，贫则危”(《晋书·傅玄传》)。如若百姓贫困，为求温饱聚众哗变，国家统治就会面临危机。清代思想家戴震主张治理天下应遂民之愿，满足人民合理欲望，“圣人治天下，体民之情，遂民之欲”(戴震《孟子字义疏证》)。可见，传统富民利民思想中一是重视农业农事，强调“王事惟农是务”(《国语·周语上》)。这是国家兴衰治乱的根本所在，要不惜一切发展农业生产，这也是增加社会物质财富的最主要来源。二是主张统治阶级应让利于民，轻徭薄赋，不可与民争利，一方面要减轻赋税徭役，不可增加农民负担；另一方面征发徭役不可有违农时，妨碍农业生产。三是富民与富国并不冲突，民富为国富之基础，国富为民富之保障。在提升社会生产力的同时，使民获利、丰衣足食，从而达到“上下俱富”。

中国共产党一直把发展作为执政兴国的第一要务，始终为谋求中华民族的伟大复兴而接续奋斗，坚定不移促改革谋发展，推动我国经济持续健康发展，使综合国力更加强盛，人民生活更加殷实，让人民能够切切实实感受到改革发展成果。习近平引用《管子·治国》中“凡治国之道，必先富民”说明为政治国必先惠及人民，以增进人民福祉作为根本指向，这是对我国传统富民利民思想的继承和发展。

党中央审时度势，做出“我国社会主要矛盾已经转化为人民日益增长的美好生活需要和不平衡不充分的发展之间的矛盾”[①]的重大判断，不断提高人民生活水平，并满足人民在各方面的需求，坚定不移把发展作为党执政兴国的第一要务。这意味着中国共产党将持续带领人民推进社会主义现代化建设，以人民

① 习近平.决胜全面建成小康社会 夺取新时代中国特色社会主义伟大胜利——在中国共产党第十九次全国代表大会上的报告[M].北京：人民出版社，2017：11.

对美好生活的向往作为奋斗目标和努力方向，不断造福百姓，最终实现全体人民共同富裕。党中央科学认识，深刻总结国内外发展大势，提出经济建设发展新理念，推动我国经济持续健康发展，使我国成功跃居世界第二大经济体进而使全体人民更多地享受到国家发展、社会进步带来的福利，物质精神生活水平不断提升，获得感、幸福感、安全感显著增强，实现了真正的国强民富。在做大“蛋糕”的同时不忘分好“蛋糕”，更加注重社会公平正义，共享发展理念能确保改革发展成果更多更公平地惠及全体人民。党的十九大提出了乡村振兴战略，这是党中央持续高度重视“三农”问题，心系人民群众的深刻体现，是对农业农村现代化、城乡一体化发展的有力探索，也是对传统富民思想中重视农业农事思想的继承和创新发展。传统富民思想本质上不过是实现有效国家统治的工具，和我们今天的惠民政策有着本质区别，也必然带有时代局限性。我们今天所讲的惠民利民是让人民实现物质富裕和精神富足的统一，以满足人民在各个方面不断增长的需要，实现了对传统富民裕民思想的创新性发展。

## 第二节　中华优秀传统文化中诚信、正义精神研究

### 一、诚信精神研究

诚信核心价值观具有深厚的传统文化根基，中国传统诚信精神文化能为培育和践行诚信核心价值观提供丰厚的精神滋养。但是，如何对传统诚信道德精神做创造性转换，更好发挥它在培育和践行社会主义核心价值观中的积极效应，是一个有待进一步思考的深层次时代问题。

#### （一）传统诚信精神的基本内容

传统诚信伦理精神在中国文化体系中占有重要的地位，深刻地烙印于民族心灵之中，成为人们的交友之道、兴业之本、立国之基。

1.诚信精神的主要内涵

在中国思想史上，诚信主要由居于主导地位的儒家加以阐发，其对诚信的探讨最为全面也最为悠久，道家、法家、墨家以及其他思想家也作了精辟阐述。下面我们将主要依据儒家诚信思想分别对“诚”“信”和“诚信”进行梳

理，以揭示中国传统诚信精神的丰富内涵。

（1）诚实不欺。中国思想家所讲的“诚”至少具有以下四种意义。

①本体论意义。诚是自我完成的始终与天地相伴随的规律和原则，它既能成就人自己又能成就外物。《孟子·离娄上》讲“诚者，天之道也；思诚者，人之道也”，诚是大自然的本真状态，而追求诚是人的主体性展现。

②生成论意义。天道与人道合一，表现在天道与人道之间具有同构性、同态性和同质性，人道来源于天道，因而可以从天道论及人道。作为中国传统思想来源的易学更多注重由“天”推及“人”，由“天道”推衍“人道”，从宇宙万物的大化流行中追溯道德的根源和依据。先秦儒家也注重从自然之天中寻找道德的形而上本体。这既为道德提供了合理性的根源，又将之置于宏观宇宙论背景下，以解释它的根基。

③德性论意义。中国历代思想家不仅从本体论和生成论双重意义上把“诚”视为天道，把“诚之”“思诚”当成人道，还进一步将“诚”作为人所应具备的基本道德实践素质加以张扬。

④功夫论意义。对如何致诚，孟子也作了多种阐释。一方面，他也认为要想取得周围人的信任，达到诚心正意，必须借助于“明善”；另一方面，他强调致诚必须依赖于“反身而诚”，通过反求诸己的功夫获得诚乐。

先秦思孟学派的重诚思想被宋明理学家加以继承和发展。如上所述，周敦颐提出了“以诚为本”的道德本体功夫论，张载则创设了诚明学说，断言“‘自明诚’，由穷理而尽性也；‘自诚明’，由尽性而穷理也”，认为修己就应实现这两种途径的有机结合，如此才能达至“天人合一”的圣人境界。程颢和程颐认为诚信是人的修身之本：“学者不可以不诚，不诚无以为善，不诚无以为君子。修学不以诚，则学杂；为事不以诚，则事败；自谋不以诚，则是欺其心而自弃其忠；与人不以诚，则是丧其德而增人之怨。”程颢主张用诚敬去存养人的仁义礼智信五常之理，程颐强调“以诚感人者，人亦诚而应”。

综上可见，历代儒家立足于“天人合一”的致思模式，不仅阐发了“诚”作为“天”和“物”真实无妄的实然状态，同时还从两个层面论述了“诚”的价值论意义：一是功能论的价值意蕴，这就是“人道”之“诚”可以成己成物、尽性化物、不勉而中、择善而从、化人致乐和达至明化等；二是规范论的价值意蕴，这就是把“诚”作为人生境界和价值追求提出了“诚意”“思诚”“自明诚”等一系列贵诚的应然要求。

（2）诚信合一。信是人内心真实无妄的态度。从思想内涵而言，“信”具有许多样态，如信用、信誉、信任、信心、信义、信仰、信念等，同时它又经常同其他道德范畴连用，如忠信、诚信等。据相关考证，“信”字最初是指祭祀上天和祖先时所说的诚实不欺之语，后逐渐脱去了宗教色彩。最早在《尚书·商书》中出现了两处“信”字：“格尔众庶，悉听朕言，非台小子，敢行称乱！有夏多罪，天命殛之……尔无不信，朕不食言。”该处的“信”字，可释为“可信、相信”。另一处为《尚书·盘庚》“古我先王亦惟图任旧人共政……今汝聒聒，起信险肤，予弗知乃所讼。”《尚书·周书》中出现了五处“信”字，如“今商王纣惟妇言是用，昏弃厥肆祀弗答，昏弃厥遗王父母弟不迪，乃惟四方之多罪逋逃，是崇是长，是信是使，是以为大夫卿士。俾暴虐于百姓，以奸宄于商邑”。该处的“信”表示“信任”之意。“民兴胥渐，泯泯棼棼，罔中于信，以覆诅盟。虐威庶戮，方告无辜于上。”“罔中于信”的“信”则是表达“诚信”的意思，即忠诚守信。

“信”与“诚”密不可分。先秦孔孟儒家尽管重视“诚”与“信”，但是这两个范畴一般分开来讲，并没有作为一个合成词使用，“信”主要与“忠”连用，构成“忠信”。犹如杜振吉所指出的，“诚”与“信”在含义上不尽相同，但又有着密切的联系，这种联系突出地反映在诚与信的互训上，即以“诚”释“信”，又以“信”释“诚”。从先秦荀子开始，“诚”与“信”开始连用。到了宋代朱熹既看到了诚与信的同一，又指明了二者之异。

当代许多学者把“诚”与“信”看成是体与用的关系，认为诚是体，信是用。实质上，信从人言，它前有心（诚心、诚意）后有行，成为心与行的中介，正因如此，心诚才信。但“诚”在逻辑上仅是“信”的必要条件，而非充分必要条件，也就是说，“诚”并不是像程颢和程颐所言必然信。因为“信”还涉及言行一致、有诺必践，光有心诚无法绝对保证“信”，要守信还要具备客观条件，有时受利益的驱使、能力的限制及外在条件的制约，一个人即使心诚也会不愿和不能守信。

一方面，就对内而言，“信”表达的是人内心的真实无妄态度，是对“忠”和“诚”的一种坚守，这就是历代儒家所极力倡导的忠心和诚心，它们均为“信”的心理基础——诚本信用和忠本信用。先秦儒家有时单独阐发“忠”的意义和要求，如曾子说：“吾日三省吾身：为人谋而不忠乎？与朋友交而不信乎？传不习乎？”他每日经常反思自己在替别人谋事时是否尽心尽力。孔子认为“居处恭，执事敬，与人忠。虽之夷狄，不可弃也”。一个人如果在待人处事时表现出“恭”“敬”“忠”的品行，那么即便到了蛮荒之地也会如鱼得水。孔子还要求一个人身处某一职位就不能懈怠，而要忠于职守：“居之无倦，行之以忠。”不过，先秦儒家更多的时候是把“忠”和“信”加以连用，并凸显“主忠信”的价值理念。孔孟儒家特别强调“忠信”的价值和作用。孔子说：“言忠信，行笃敬，虽蛮貊之邦，行矣。”在《孟子·离娄下》中孟子也是力推“忠信”，他说“君子行忠信，可以保一国”“忠信以为甲胄”“忠信以为城池”，等等。何谓忠信？忠信为何可以连为一体？邢昺在《论语注疏》中指出：“中心无隐谓之忠，人言不欺谓之信。”孔子说过：“与朋友交，言而有信。”不论是“言而有信”“言忠信”，还是下面提到的“言必信，行必果”，都表明在孔子心目中，“信”同人的言语行为密不可分。俗话说，“言为心声”。如果说“忠”是指人内心一心一意、真实无妄的态度和行为上的尽心尽力状态，那么“信”则是指有诺必践、言行一致的道德品行。“忠”和“信”互相依存，无“忠”则“信”失去了道德根基，无“信”则“忠”无以落实。

另一方面，就对外而言，信代表人的言行一致。在一定意义上说，只有涉及行动和事物，才能有诚信的恒定。只有意志坚强，才能充满智慧；只有有诺必践，才能使行动产生结果。朱熹则将“信”与“孚”略作区分，认为“伊川云：‘存于中为孚，见于事为信。’说得极好”。“信”的一个基本含义是守约，南宋袁采就指出：“有所许诺，纤毫必偿；有所期约，时刻不易，所谓信也。”不论是孔子的“言必信，行必果”、墨子的“言必信，行必果，使言行之合”，还是程朱的“存于中为孚，见于事为信”，都表明要实现诚信，必须做到知行合一，做到内化于心、外化于行。

2. 诚信精神的基本特点

（1）相对性。任何道德规范都具有相对性，诚信也不能绝对化。儒家诚然推崇诚信，强调言行一致，但又从“通权达变”角度强调不能刻板遵循它，因此，孔子认为“言必信，行必果，硁硁然小人哉！抑亦可以为次矣”。为信而信只是小信，只有“信”与“义”相结合才是大信，故而“信近于义，言可复也”，与人约信，只有合乎道义，说话才可兑现（践诺）。孔子还强调，一个人必须用诚信的态度去完成道义原则，即“信以成之”。孟子作为某种意义上的唯义主义者更是强调“信”与“义”一致，认为“大人者，言不必信，行不必果，惟义所在”。

（2）相互性。我国传统诚信精神和诚信观还具有较为显著的相互性特征，这主要表现在两个方面。一方面，诚信本身体现了相互对待、相互作用、相互转化的性质。《中庸》和《孟子》从“天人合一”的本体论和价值观出发，把“诚”既看成天之道又看成人之道，并强调成己成物，既尽人之性又尽物之性。《中庸》和宋代思想家还从自我的道德修养和社会的道德教化对应角度阐发了“自诚明”和“自明诚”的诚明学说。中国古代往往把诚信视为处理人际关系的重要规范，要求人们“言必信，行必果”，有诺必践、讲究信誉。另一方面，中国传统诚信思想把诚信规定为社会主体双方的共同义务。有的人批评我国传统诚信思想带有浓厚的政治和等级色彩，诚信双方主体义务并不对等，“诚信”不过是一种治国的手段，只不过是为了换取臣民对君主的忠贞与服从。诚然，中国传统诚信价值观带有一定的等级主义和功利主义色彩，但它客观上对不同社会主体提出了共同的诚信义务要求。《中庸》和《孟子》从社会治理维度论述了下位和上位的诚信之道，认为要建立上下和谐关系就必须“明善”。基于对“先王贵诚信。诚信者，天下之结也”“信，国之宝也，民之所庇也”“上好信，则民莫敢不用情”“宽则得众，信则民任焉”“以诚感人者，人亦诚而应”等的考量，无论是道家、法家、兵家，还是儒家，都强调君主对臣民、上级对下级需要诚信，都提出了诚信的规范要求，都把诚信上升为用以调节君民、君臣关系的基本准则。同时，历代思想家也把诚信规定为普通民众的行为规范，如孟子将“朋友有信”当作五伦之一。

### （二）诚信精神的传统文化渊源

古代先贤视“诚信”为个人的安身之本，诚信在国家进步、社会发展、个人生活等方面也发挥出重要的作用。中华优秀传统文化蕴含丰富的诚信资源，“诚者，真实无妄之谓，天理之本然也”（《中庸章句集注》）、“物格而后知至，知至而后意诚，意诚而后心正，心正而后身修，身修而后家齐，家齐而后国治，国治而后天下平”（《礼记·大学》）等内容都是对诚实守信理念的直接表达。挖掘诚信的传统文化渊源，可以从诚信思想的发展脉络出发，进行深入探寻。

诚信思想在殷商西周时期处于萌芽阶段。殷商西周时期，文字已经基本形成，加之当时周朝强调以礼乐治国，这在客观上促使“诚信思想”在这一阶段萌芽。众所周知，殷商推崇“神本”思想，“殷人尊神，率民以事神，先鬼而后礼，先罚而后赏，尊而不亲”（《礼记·表记》）。从这段文字记载中可以很直观地读出这种崇敬之情。由尊“神本”而衍生出的诚信被看作是上天的旨意，是神的要求，于是就有了“是故，贤者之祭也，致其诚信与其忠敬……此孝子之心也”（《礼记·祭统》）的观点，那时的人们认为有德能的人祭祀能够表达其诚信、忠诚和对神的敬仰，这也是真正的孝子之心。“君子不失足于人，不失色于人，不失口于人。”（《礼记·表记》）告诫人们什么才是一个君子的修为，即做到在他人面前不失体统、谨言慎行、诚实守信。“讲信修睦”（《礼记·礼运》）旨在告诉人们讲究诚信、信用才能有和睦的人际关系。总体来看，这一时期的诚信萌芽大多集中于对神灵的崇拜、君臣之间的诚信政治化、结盟示诚等。

随着经济的发展，人们的思想意识逐渐产生转变。社会发展到后来，“神本”逐渐向“人本”转化，到了春秋战国时期，诚信思想基本形成。那一时期思想领域内的百家争鸣为诚信思想提供了丰富的精神滋养，各家学派之间对诚信都有所建树，其中比较有代表性的是儒、道、墨、法四个学派对诚信思想的贡献。以孔子为代表的儒家学派认为“信乃人之根本”，无论是人际交往还是政权巩固都需要“信”作为根基，否则一切都是空谈。孔子说：“上好信，则民莫敢不用情。”（《论语·子路》）这里的“情”是民众对国家的信任，所反映出的道理是“执政者守信用，民众一定也对（他们）守信用”。孟子则注重强调身心层面上的诚信，提出“诚者，天之道也；思诚者，人之道也”（《孟子·离娄上》）的观点。荀子认为：“故君国长民者，欲趋时遂功，则和调累解，速乎急疾；忠信均辨，说乎赏庆矣；必先修正其在我者，然后徐责其在人者，威乎刑罚。”（《荀子·富国》）这段文字是荀子对国家经济的论述，其中对忠信的作用给予了充分肯定。他认为，对于一个国家的君主来说，想要对国家和百姓进行科学的治理，必须明白忠实、诚信和公平远比表彰、奖赏要令人高兴得多。更为重要的是，荀子强调执政者应当先改正自己身上的不足，然后再去责备别人身上的缺点，这比使用刑罚更有威力。这一主张也在一定程度上体现出荀子对诚信的态度以及荀子的治国观点。道家则在“天道”“自然”的角度对诚信思想进行了发展，老子从最朴实、最原始的角度对诚信进行阐述，他认为“信言不美，美言不信”（《老子》第八十一章）；墨家将诚信的重点放在践行之上，主张“重诺守信”；法家则主张在立法律令上对诚信进行规定，使民众对失信望而生畏；《吕氏春秋》将“信”作为专篇予以论述，提出“凡人主必信。信而又信，谁人不亲？”（《吕氏春秋·贵信》）的观点。春秋战国时期的诚信资源十分丰富，这一时期也是诚信思想发展较为完善的时期。

社会发展到汉唐时期，诚信思想逐步沉淀下来，并得到巩固。汉唐时期的诚信思想内涵丰富，全面地概括出诚信思想所涉及的内容：一方面，诚信被视作德行之核心、行为之规范；另一方面，人们充分肯定了诚信在国家、人、社会三个支点中所处的重要位置，而且将诚信与“忠”之间的关系作出阐述。“信，国之宝也，民之所庇也”（《左传·僖公二十五年》），这里的“信”，是对于国家而言的公信力，强调诚信对国家的重要意义。“信者，诚也，专一不移也。”（汉朝班固《白虎通义》）是诚信的直接表现，即坚定不移。董仲舒将“信”提高到与“仁、义、礼、智”并列的位置，形成了五常之道。刘向继承了儒家精髓，将“信”提升到道德准则层面而进行了规定，并提出“水倍源则川竭，人倍信则名不达”[①]的观点。魏征主张：“夫君能尽礼，臣得竭忠，必在于内外无私，上下相信。上不信，则无以使下，下不信，则无以事上，信之为道大矣！”（唐朝吴兢《贞观政要》）可以说，汉唐时期的诚信思想承袭了先秦以来诚信思想的精华，并将其进一步发展，不仅扩大了诚信的涵盖范围，而且将其从政治层面做出规定，将诚信思想提升到新的高度。

宋、元、明、清时期是诚信思想的成熟和深化阶段，宋明理学的发展对诚信思想的拓展和深化起到重要的推动作用。周敦颐认为，“诚”是天地之间一切善行的本源，是人的本性同时也是做人的最高境界，他提出“大哉乾元，万物资始，诚之源也。乾道变化，各正性命，诚斯立焉”（宋朝周敦颐《通书》）的观点；新儒学思想家程颐、程颢提出，诚信是“天理”的精神根本，也是派生出其他精神实体的道德之源，“诚者合内外之道，不诚无物”就是在阐述这一主张。朱熹是宋明理学的集大成者，他提出“诚者，合内外之道，便是表里如一，内实如此，外也实如此”[②]的观点，“信，只是实理”（《朱子语类》卷四十四）“信是信实，表里如一”（《朱子语类》卷三十五）等内容都是朱熹对诚信所持的主张的阐述。此外，明清时期的诚信较多地应用于商业活动之中，信守承诺、诚信经营，给那个时代有原则的商人们带去了巨大的经济利益。

总体而言，传统诚信思想主要以儒家的诚信思想为主体，兼容并包各家思想，在传承中发展、在发展中创新，形成了传统诚实守信的价值理念，为我们

① 卢元骏．说苑今注今译 [M]．天津：天津古籍出版社，1977：545.

② 朱熹．四书集注 [M]．北京：中华书局，1983：30.

今天在实践生活中科学定位诚信的价值选择提供了丰富的借鉴资源。

### （三）传统诚信精神的当代意义与发展

1.当代中国弘扬传统诚信精神的重大意义

讲诚信、守信誉是中华民族的传统美德，也是每个人、每个企业、每个从业者安身立命的根本所在。诚信是百德之首，也是立人之本、立事之基。古人讲“一言既出，驷马难追”，这实际上是要求人们慎待诺言、信守承诺、说话算数、言出必行，做出的承诺一定要兑现，而不能欺骗人、蒙蔽人，失信于人，做到言必信、行必果。商鞅立木取信，推动新法的实施；季布一诺千金，感动刘邦。对企业来说，诚信代表了企业的生命，是其成功的关键；对于个人来说，诚信代表了一个人的人格，是做人的根本。

（1）业无诚信不兴。讲诚信、守信誉是立企兴业的重要法宝，这印证了一句古训“诚招天下客，誉从信中来”。企业遵守诚信精神的基本要求，一是促使企业为社会、为顾客提供货真价实的产品、服务，不制假售假，不以次充优、以假充真，做到在市场交易中童叟无欺；二是推动企业在经营中讲求信誉、遵守诺言，保质、保量、按时地为社会和消费者提供满意的优质产品和服务。坚持诚信为本不仅会为企业树立良好的形象，也会为企业的可持续发展带来实实在在的好处。

一是增强企业生命力。一个不信守承诺的企业，会逐渐失去生命力，难有更大的发展。在市场竞争中欺诈、欺骗可能会收效于一时，但终究会被识破，最后只能导致失败，南京冠生园百年老字号轰然倒塌即是很好的例证。明清时的徽商，近代山东旧军孟家的祥字号等著名商家，正是以守信重信屹立于广大消费者心中，从而生意兴隆；反之，违背诚信，必定声誉自毁，丧失顾客的信任与支持，生意绝不会长久。

二是提高企业管理水平。诚信经营是企业主体的制胜法宝。企业管理者如果言而无信，就会失信于人，就不能很好地团结职工和服务消费者，使自己的企业失去竞争力。特别是在建立社会主义市场经济的今天，各行各业更要大力倡导诚信。取信于人、以诚待人，这既是管理者的美德之一，又是一项有效的管理要求和经营原则。

三是提升企业美誉度。信誉是企业巨大的无形资产，它可以大大提高企业的知名度和美誉度。企业之间在签订合约时，都会期望对方信守合约，谁的产品质量好、服务周到，谁的信誉高，谁就能在竞争中占据优势地位。信誉构成了人与人之间、单位之间、商品交易合作伙伴之间的双方自觉自愿的交往准则。《一代大商孟洛川》这部以中华老字号“瑞蚨祥”创始人孟洛川为原型的电视剧，讲述了主人公孟洛川凭借自己的胆识将其发展为民族品牌的故事，展现了一代大儒商始终坚持“至诚至上、货真价实”的经营之道。

（2）人无诚信不立。一个人只有信守承诺，言而有信，才能获得信誉，不断发展；一个人只有对己真诚，对人真诚，对事真诚，才能赢得别人的尊重和信任。一个言而无信的人难以长久在社会上立足。我们在社会生活中，每天都要与他人打交道，根据与他人、与单位达成的协议来安排自己的会议、学习、工作、劳动和其他活动。如果人人都不讲诚信，那么人与人之间的一切交往就无法进行，一切工作和劳动就无法展开，整个社会就会陷入混乱之中。

2. 实现诚信价值观的创新发展

要解决诚信缺失问题，培养人们的诚信精神，培育和践行诚信核心价值观，就应从传统诚信精神思想中汲取宝贵的资源，实现传统诚信价值观的创造性转换，立足现实进行综合性创新。

（1）实现传统诚信价值观的创造性转换。中国传统诚信价值观由于主客观条件的限制也存在某些不足，因而应根据现实社会历史背景对其加以创造性转换。

一是致力理法统一。传统中国诚信精神和价值观建立在宗法血缘和自然经济社会基础上，具有较为浓厚的伦理性。一方面，它主要体现为个人如何待人处世的道德品性，侧重于社会道德领域，对经济诚信、商业信誉等涉及不多，而现代诚信则建立在市场经济、商品经济基础之上，尤为凸显自然人和法人的自由选择和契约精神。另一方面，它以人情、习惯、传统、舆论及个人良知为保障，对失信行为主要进行道义惩罚和舆论谴责，因而只是一种软约束，不像现代诚信那样依赖于带有强制性的契约、制度等，可以通过刑罚等法律手段加以强制。因此建立在情理和义气等基础上的中国传统诚信有时难以真正落实。这大概是导致一些人往往“诚有余而信不足”、履约率不高的病因。现实生活中，许多人为人不可谓不真诚，不可谓不实在，但真正见诸实际行动往往不讲信誉。因此，必须对传统中国诚信精神和价值观进行改造，注重法律诚信建设，构建一种集伦理性和合法性于一体的诚信精神体系。

二是实现诚信统一。古代先贤深刻揭示了“诚”与“信”的同一性，这有助于启示当代人如果要在实际生活中做到言而有信、言行一致，就必须注意培养自己内心真诚的精神品格。但是古代先贤的诚信思想忽视了“诚”在逻辑上仅是“信”的必要条件，也就是说，“诚”并不必然“信”，因为“信”还涉及言行一致、有诺必践，光有心诚无法绝对保证“信”，要守“信”还要具备客观条件，有时受利益的驱使、能力的限制及外在条件的制约，一个人即使心诚也会不愿和不能守“信”。为此，现代中国诚信建设必须既要加强诚德培养又要注重信德塑造，同时还要创造良好的社会约束机制促使人们在现实生活中真正做到诚信合一。

三是普遍特殊统一。中国传统诚信精神具有较为明显的特殊主义特点，包括诚信在内的传统中国伦理文化，基本上是一种依感情关系的亲疏远近决定行为取向的人情化、特殊化的道德系统。人们在关系亲近的熟人圈中比较讲诚信，但局限于血缘、亲缘、地缘、学缘等关系网，而在与陌生人交往时往往会出现违反诚信的现象。日裔美籍学者福山在其著作《信任：社会美德与创造经济繁荣》中指出，美国、日本等属于高信任度国家，而中国、意大利、法国等属于低信任度国家；中国的信任属于一种特殊性信任，即只存在于血亲关系上，中国人倾向于信任有直接血缘关系的人，而不信任家庭和亲属以外的人。著名美国社会学家帕森斯 1951 年出版了《社会系统》一书，该书在研究社会系统变迁和社会现代化时，提出了五组区分传统社会和现代社会的模式变量：情感至上—感情中立；专门性—扩散性；特殊化—普遍化；团体取向—自我取向；先赋角色—成就角色。现代社会奉行的诚信道德原则正是普遍化的行为准则——“童叟无欺”“恪守合同”“先来者先服务”等。中国要实现诚信精神的现代化，就不能不建构一种新型的现代诚信伦理文化，就不能不促使由感情取向、特殊取向占主导的传统诚信道德向情感中立、普遍化的新型诚信道德转化，就不能不把诚信从特殊化的互动客体（如亲戚、朋友、同事、同学、亲属等）中跳脱出来，按照普遍的、规范的诚信准则一视同仁地同他人进行社会交往。

（2）立足现实进行综合性创新。当代诚信精神品格的塑造必须与时俱进，才能使诚信建设更有实效性。

一是创新表现形式。根据一些人喜好文艺的特点，可以创作出一批歌颂和展现诚信精神的诗歌、小说、书画、歌曲等文艺作品，用生动形象的作品弘扬传播诚信精神。例如，作为“鸡黍之约”的发源地，金乡县编撰了《千秋诚信文集》《诚信脊背上的故乡》等图书，创作了大型电视连续剧《信义英烈》、大型戏剧节目《诚信魂》，在全国范围内广泛征集诚信文化标识、歌曲，这些做法对人们诚信精神的养成产生了积极的作用。

二是创新现代诚信形态。当代中国既要着力于构建以经济交换为特征的经济诚信、商务诚信，使诚信成为大众化、普遍化的道德存在，又要在全社会大力倡导中华优秀传统文化所阐发的道德诚信，以弥补法律诚信和契约信用的互利性、交换性的不足，同时，致力于建立和完善以契约为基础的法律诚信和社会信用体系，克服儒家传统诚信伦理单一义务本位的偏颇，树立起权利义务对等的诚信精神，把道德诚信和法律诚信有机结合起来。

三是创新诚信激励机制。诚信养成既要注重自律性，又要注重社会激励，为此要充分发挥各类社会组织在诚信建设中的作用，通过典型示范引导和带动全社会形成诚实守信的良好风气，使人们真切感受到诚信对一个人成长的重要性，努力塑造“人人知诚信、人人讲诚信”的良好氛围。

四是创新诚信实践活动。诚信讲究言必信、行必果，它是人的出自内心真诚的言行一致的行为品格，是在长期实践活动中形成的。为树立人的诚信观，塑造人的诚信精神，就要组织和支持广大民众参与诸如“诚信中国”建设、诚信修身工程、个人信用体系建设工程等社会实践，在实际生活中理解诚信、体会诚信、运用诚信，从而逐渐养成以诚待人、以信立身的行为习惯与品质观念。

## 二、正义精神研究

“崇正义”是先哲一贯的精神追求。正义精神就是“以义为正”的精神，它要求每个社会成员皆以价值共识为尺度评判自己行为正当与否。

### （一）先秦儒家义利观

先秦儒家的义利观属于理想主义类型，主张重义轻利。儒家对正义精神的倡导对中华民族精神世界的影响力之大，超过先秦诸子百家任何一家。

先秦儒家崇尚正义的精神传统，由儒家创始人孔子开启。他把奉行正义原则视为君子必备的品格。在他看来，重利抑或重义，乃是小人和君子的分水岭。他主张见利思义，反对见利忘义，教导弟子做重正义的君子，而不做重小利的小人。孔子把正义原则概括为一个“仁”字，并找到了表达中华民族价值共识的核心范畴。孔子把“仁”视为人之所以为人的根本，视为价值共识或正义原则的担保，这对于中华民族搭建精神世界具有重大的理论意义。儒学是世界上少有的以非宗教的、内在超越的方式安顿精神世界的成功模式，它有效地组织社会、安顿人生，已形成中国人的文化基因，并具有强盛的生命力。

继孔子之后，孟子从内圣学角度发展孔子的义利观，把正义原则具体化，同“仁”紧密联系在一起。在孟子眼里，“仁”是终极的价值目标，是个体的价值安顿之所，侧重于内在性；“义”是价值实现的途径，是群体价值共识的表达，侧重于普遍性。由于政治生活是一种群体的生活，因此仁政不能直接建立在“仁”的基础之上，必须以正义为中介。执政者的责任就是管理社会群体，就是办理公共事务，因此，执政者应当站在社会群体的立场上施政，而不能站在个人的立场上施政。

执政者必须使普通民众的生活条件有基本保障，方能推行教化；倘若离开物质前提，空谈王道教化，显然无济于事。在孟子看来，正义原则以仁义为内涵；而仁义的理论支柱，就是性善论。孟子认为，人与禽兽的根本区别，就在于只有人才能达成求善的价值共识，而禽兽不可能达成任何共识。人性善是指人所共有的类本性，是相对于兽性而言的。

### （二）道家义利观

道家不认同功利主义价值观，主张淡泊名利，主张摆脱“名缰利锁”的束缚，做一个“逍遥于尘垢之外”的精神自由之人。这样的人没有任何的功利诉求，可称得上神人或圣人，他所向往的理想世界，乃是无拘无束、自在逍遥的精神境界，同功利诉求没有任何关系。在道家看来，仁义、孝慈、忠诚等儒家大力倡导的观念，其实都是大道废弛的产物，并非正义原则本身，正义原则必须建立在大道的基础上，因此主张“绝仁弃义”。

道家认同的正义原则，不同任何功利目的挂钩。老子生活在乱世，当时社会所实行的制度，存在着贫富不均的两极分化，显然有违于正义原则。他对社会的不公平表示抗议，赞赏天道公平，使正义原则的内涵更为丰富，增添了平等、公正等意思。老子认为，充分体现正义精神的社会应该是小国寡民。在这种社会里，人与自然和睦相处，与他人和睦相处，由于没有交往，因而也就没有冲突，没有君子小人之分。从表面上看，道家似乎并不积极维系社会群体，其实，他们运用“无为而无不为”的逻辑，以独特的方式表达了维系社会群体的正义愿望。

### （三）传统正义精神的现代转化

随着历史的发展，传统正义观中的某些内容已不符合现代社会的要求，但是我们可以使之实现现代转换，发挥出积极的作用。

1.存理灭欲新解

“存理灭欲”具有禁欲主义色彩。然而对于欲，不可以“禁”，也不可以“纵”，而应当加以节制。从“节欲”的意义上说，尤其在商品经济的大潮中，它提醒我们要做一个堂堂正正的人，而不做一个利欲熏心的“经济动物”。这对于生活在今天这个时代的人具有警醒的意义。

2.重义轻利新解

“义”与“利”不仅是对立的，而且是统一的。“义”作为道德价值共识来说，它实质上代表着社会群体的利益，从社会群体的角度对人们之间的利益关系加以调解，维系社会的和谐。剥削阶级只要求被剥削阶级重义轻利，而自己为所欲为，当然是虚伪的；但是站在国家和人民的立场上倡导重义轻利，又有什么不可以的呢？这是要求人们把国家和人民的利益看得高于一切。在今天，每一个共产党员都应当树立党和国家的利益高于一切、党的原则高于一切的观念，这种观念同重义轻利的原则并不矛盾。

## 第三节　中华优秀传统文化中和合、大同精神研究

### 一、和合精神研究

最深刻的文化自信是对中国传统精神的自信，对中华优秀文化的自信。和合思想一直是中国人民的处事方式，也是中华民族发展的基本构成。换言之，中国人的生活是和合的精神，中华民族的发展是和合的精神。习近平总书记在党的十九大报告中一语道破了中华优秀传统文化是带动中华民族发展的根本源泉，唯有明确传统文化的正确定位，才能充分发展中华文化的生命空间。中华传统文化中的精神性因素不仅支撑了中国五千年的文明历程，也是当代现代化建设的主要思想之源。

### （一）和合思想的主要内涵

1.天人合一的自然意涵

中华民族历来推崇天人合一的生态理念。人与自然的关系应致力于天人合一，强调天地、万物与人类是一个有机统一的整体，人与自然应和谐共生。正如《周易》所讲："刚柔交错，天文也。文明以止，人文也。观乎天文，以察时变；观乎人文，以化成天下。"人与自然相辅相成，应和谐相处，共同发展。老子指出："道大，天大，地大，人亦大。域中有四大，而人居其一焉。"（《老子》）人与天、地作为宇宙的组成部分，共存于宇宙之中，是相互联系的整体，人类的地位并不高于自然。后来，汉朝董仲舒也指出，天、地、人相当于手足，是整体中不可或缺的存在；人与自然在本质上是相通的，人类社会发展规律与宇宙万物发展规律有其内在统一性。

人在自然面前具有主观能动性，如何对待自然呢？要做到道法自然。老子谈到万事万物都有它的发展规律，人类在自然面前应遵循其法规，"人法地，地法天，天法道，道法自然"（《老子》），人类要尊重大自然，顺应自然规律。他还告诫我们开发利用自然资源，要懂得节制，不得贪得无厌，要取之有时，来保护自然资源的可持续发展，"斩伐养长，不失其时，故山林不童，而百姓有余材也。"（《荀子》）由此来看，中华民族主张用天人合一、道法自然的思维，来实现人与自然的和合，强调人与自然是一个整体，人在参与自然界的变化时应遵循自然规律，实现人与自然和谐共生，从而实现人类社会的可持续发展。

2.和睦与共的伦理精神

关于国家、民族不同文明间的和合，中华民族历来崇尚协和万邦、和睦共处。孔子主张以道德来感染民众与外邦，反对动用刑罚、武力来解决问题，万事和为贵。孟子继承了孔子的仁爱思想，提出"仁者无敌""以德服人"。道家反对战争，认为穷兵黩武必定会导致社会动荡、百姓凄苦，并且认为如果统治者喜欢上战争，就无法收复天下、治理天下，"夫乐杀人者，则不可得志于天下矣"，由此来看，战争、暴力对于国家、民众乃至世界都是有百害而无一利，而和合正相反。早在《尚书》中就写道："克明俊德，以亲九族。九族既睦，平章百姓。百姓昭明，协和万邦。"统治者亲和本族、协调各邦国及民众和睦共处，就会达到"和"。在对待邻国上，要做到亲仁善邻、和睦共处，"亲仁善邻，国之宝也"。

家庭层面的和合，中华民族致力于以和为贵。墨子认为，父子兄弟和睦、亲人间团结友爱是人和社会和合的根本要求、天下安定的重要保障。管子也认为，德育使人和睦共处、社会和谐。孔子非常重视礼仪道德的培养，认为应该“入则孝，出则悌”（杨伯峻《论语译注》），并极力推广孝道，孔子在《论语·为政》中用多章来论述孝道，从因材施教的角度对其弟子问孝告之不同。老子也认为孝慈是非常重要的，提出“六亲不和，有孝慈；国家昏乱，有忠诚”（《老子》），朱熹在《朱子语类》也写道“须是就君仁臣敬、子孝父慈与国人信上推究精微，各有不尽之理”。人生活在社会中，要实现人与社会的和合就离不开“礼”的规范。“礼”是社会制度、道德规范、行为准则，规范着人民在社会中的言行。儒家思想非常重视“礼”，认为“礼”是实现人与社会和合的重要保障。

概括来讲，中华民族致力于协和万邦、和睦共处、以和为贵的理念，来实现人与社会的和合，和合是调节各种社会关系的重要方法论原则，遵循这个原则，人们就能和睦相处，社会便能和谐、国家便能安定。人与家庭、社会、国家是一个相互联系的整体，只有通过和合，社会这个有机体才能永续运行。

3.仁爱和合的道德诉求

人际交往上，中华民族推崇和而不同、仁者爱人。每个人都是独立的个体，必定存在差异，因此在人际交往中，要做到“和而不同”。儒家认为人际关系的和合，就离不开“礼”的规范，达到“和为贵”的前提，就要符合“礼”，认为“礼”是实现人际关系和合以及社会和谐的重要保障。人是世间万物中最为重要的一个要素，荀子云“人有气、有生、有知，亦且有义，故最为天下贵也”[①]，孟子也指出人和对于社会和谐稳定是至关重要的。在人际交往上，还提倡推己及人、推恩及人，与他人交往要做到宽容待人。俗话说，“人非圣贤，孰能无过”，与他人的交往中产生矛盾和摩擦在所难免，应该做到“知常容，容乃公”，老子主张在坚持自己基本原则的前提下，主动地融入他人，达到和谐共处的境界。庄子认为真诚是人与人和谐相处的前提，如果相互之间能够真诚相待，即使两人都不善于表达，仍然可以感动对方，从而拥有“与人并立而使人化”的境界。

个人身心和谐是一切和合的基础，人精神的能动性对于和合人际关系、社

① 骆宾．荀子［M］．北京：中国文联出版社，2016：108.

会和谐具有决定作用。儒家主张个人要养心修身，认为“心正而后身修，身修而后家齐，家齐而后国治，国治而后天下平”(《四书五经》)，端正个人思想来完善自我修养。孔子认为，要达到个人修为与身心和谐是一辈子的事，只有坚持不懈才能实现，在此过程中，还要不断反省、自检与慎独，做到“吾日三省吾身”“穷则独善其身，达则兼济天下”。道家推崇“见素抱朴，少私寡欲，绝学无忧”，认为人们应保持纯真、减少欲望。当今社会，心灵冲突比较严峻，通过儒家修身养性、道家抱朴归真的和合思想，来化解人类自我心灵上的冲突，实现和合心境。

总而言之，和合思想贯穿于人类社会生活的方方面面，它积极看待自然、社会以及人的差异和矛盾，在这些矛盾和差异存在的前提下，事物间各种因素和各种社会关系的相互作用、相互融合，最终统一于一个有机的和合体。和合是新事物转化生成的原因和根据。换言之，和合是诸多不同的要素在冲突与融合的矛盾共同体中相辅相成、相克相生，最终达到平衡和谐的状态。当今时代，人与自然界、社会仍然存在矛盾和冲突，因此和合思想在当代仍有重要的价值，有利于人类社会全方面协调发展，为社会主义现代化建设提供理论支撑和实践指导。

### （二）传统和合精神的时代价值

大自然是人类生存的基础，正确认识人与自然的关系是人类未来发展的重要基础。中国先哲们早就认识到人与自然应和谐共生，提出“道法自然、天人合一”的生态理念，其中所蕴含的丰富生态智慧，是我们人类认识自然、改造自然的思想基础，也是生态文明现代化建设的基本依据。生态危机的加剧使我们对人与自然和谐相处的认识程度逐渐深化，为了化解生态危机提出生态文明建设、构建美丽中国，党和国家把人民的利益放在首位，统筹推进经济发展、社会进步与环境保护，提供更多优质的生态产品，不断满足人民日益增长的优美生态环境的需求，最终实现人与自然和谐共生的现代化。党的十九大强调促进人与自然和谐共生，加快建设生态文明建设关乎中华民族永续发展的千秋伟业。中国优秀传统和合思想中所蕴含的生态智慧，对我们认识自然、改造自然、解决生态问题、实现人民幸福具有重要的价值。

文化不仅能够反映社会现象，而且对社会发展具有能动反作用。习近平总书记强调，文化的力量是国家综合竞争力的软实力，它与国家综合能力的其他构成部分不同，强大的文化力量能够以润物细无声的力量成就一个国家的伟大，既能助推经济的发展，也能把民族的自信转化成为社会发展的合力。中国传统和合思想作为中华优秀传统文化的精髓之一，其中所蕴含的和而不同、与人为善、以和为贵的思想和智慧，有助于维护人民的根本利益，化解社会中各种矛盾和冲突，推进社会的和谐稳定、凝聚人民群众的共识，助推和谐社会的构建。

当前，随着改革的全面深化、对外开放的全方位实施，一些人受西方不良思想文化的影响，出现了思想道德缺失、价值多元化等一系列问题，要更好地解决这些问题，就需要从人民利益出发凝聚共识，建立人与社会共同发展的价值追求和道德规范。习近平指出："社会主义核心价值观是当代中国精神的集中体现，凝结着全体人民共同的价值追求。"①从习近平总书记的讲话可以看出，党中央对社会主义核心价值观的建设极其重视，原因在于这种价值观是穿越时空的，具有恒久创新精神的文化因素，它把中华民族的传统美德与现代文明相融合，激活了传统的思想资源，为现代文明社会的构建提供了坚实的信仰基础。核心价值观不仅是国家意识形态层面的管理要素，也是一个伟大民族的立德、立新之本。明确核心价值观，把传统文化与现代文化和合融合，才能够实现传统思想精神的不断创新，同时也为现代化社会的发展提供文化护航和价值导向。

### （三）传统和合精神的创新转化

传统思想到现代化治理理念的转化，既有内因的要求，也有外因的要求。从内因上讲，要求传统思想本身要符合人类文明历史发展的正面。和合思想在历史的发展中既有历史的积淀，也经历了 5000 多年文明的洗礼。历史事实证明，和合思想之所以能够在历史发展中大浪淘沙成为今天社会主义现代化建设的核心价值观，有其合理性的一面，这是我们对传统思想转化为现代化治理理念的内因的分析。从外因上讲，传统思想能够嵌入现代化建设的过程，则要求有完整的政治体系、有稳定的社会环境，也要有执政党的强大生命力。传统理念之所以能够转化为现代化的治理理念，更重要的一点在于国民本身和社会治理结构中有着统一完整的价值取向。从这个角度出发，和合思想能够从传统思

① 习近平．决胜全面建成小康社会 夺取新时代中国特色社会主义伟大胜利——在中国共产党第十九次全国代表大会上的报告[M]. 北京：人民出版社，2017：42.

想转化为社会主义现代化建设的治理理念，有其合理性的一面，也有符合于历史发展的根本原因。

和合思想作为中华优秀传统文化中重要的组成成分，蕴含着丰富的治国理政智慧和经验。将其结合时代需求进行创造性转化、创新性发展，并运用到社会主义现代化建设的实践中，有利于帮助我们妥善应对各种危机和风险，为当前现代化治理提供资源支撑。将和合思想转化为和谐理念，是中华传统文化在新时代的转化生成。它不仅强调传统文化的继承，更强调在新时代传统理念和现代化碰撞的过程。它把中国传统精神的和合思想与现代化治理的基本理念相融合，成就为今天社会主义核心价值观的和谐理念。习近平新时代中国特色社会主义思想中治国之道就是对和合思想中“政通人和”“以德治国”的借鉴和发展，其中“人与自然和谐共生”“绿水青山就是金山银山”的理论是对和合思想中“天人合一、道法自然”，人与自然和谐统一思想的创新性发展；“以人民为中心”战略是对和合思想“民为邦本”“民重君轻”民本思想的继承和弘扬；“一带一路”“人类命运共同体”的提出是对和合思想中“天下为公”“和衷共济”“合作共赢”和谐理念的创造性转化。可见，中华优秀传统文化中博大精深的治国之道为中国特色社会主义事业提供了有效的理论支撑和实践指导，国家现代化治理离不开对优秀传统文化的继承和创新。

在新时代社会主义现代化进程中，应不断认识、挖掘和运用和合思想中治理国家的智慧，结合时代发展的现实需要，对其进行创造性转化、创新性发展，推进国家治理体系和治理能力的现代化。

## 二、“大同”精神研究

“大同”取自《礼记·礼运》，“大道之行也，天下为公。选贤与能，讲信修睦。故人不独亲其亲，不独子其子，使老有所终，壮有所用，幼有所长，矜、寡、孤、独、废疾者皆有所养，男有分，女有归。货恶其弃于地也，不必藏于己；力恶其不出于身也，不必为己。是故，谋闭而不兴，盗窃乱贼而不作，故外户而不闭。是谓大同”。“大同”理想一直被视为一种遥不可及的社会理想或者空想，但它不断激励、吸引着人们为人类平等、社会和谐以及天下太平的梦想而努力奋斗。

### （一）《礼运》“大同”理想

“《礼运》‘大同’”被公认为儒家最完整、最系统、最具空想色彩的政治理想，反映了其提出者对以公有制为基础的“大同”之世的热切向往和孜孜追求；但是与此同时，“《礼运》‘大同’”又有着荟萃众家思想资源的显著特征，因而它不是、也不可能是出于儒家创始人孔子之口。

1. 社会制度

“大同”之世的基础性、根本性的政治制度是“天下为公”。《礼记·礼运大同篇》开篇即说：“大道之行也，天下为公。”就是说，在“大道”也即最公平的政治制度和纲领施行的时代，天下是天下所有人的天下，为天下所有的人共有，而不像后来家天下时代那样属于一家一姓。“天下为公”是一种纯粹的公有制，它是“大同”之世最根本的特征，也是“大同”之世其他具体特征赖以产生和存在的根本前提。

“天下为公”的社会制度要包括权力公有和财产公有。传说中远古时期尧舜禹间的禅让就是一种权力转让。在儒家话语体系中，三皇五帝皆是远古时期至德至公的化身，处理事务不谋私、有公心、讲公道，天生可通达天地，是人人景仰的对象和效法的楷模，儒家所追求的理想人格就是像尧舜这样的古圣先贤。远古时期的人们在生产中的地位是平等的，是一种互帮互助、团结合作、和睦相处的关系，没有利害冲突，产品自然也是平均分配，一切财富归全体社会成员共同所有，人们没有这些财物属于你、那些财物属于他之类的观念和意识。他们捡拾遗弃在地上的财物，并存藏起来并不是要据为己有，而只是为了避免造成浪费，这便是“货恶其弃于地也，不必藏于己”（《礼记·礼运大同篇》）的真实意涵。与此相联系，所谓“力恶其不出于身也，不必为己”，是说一切有劳动能力的人都具有高度的劳动自觉性和积极性，他们不是为自己而劳动，而是为了社会共同体的巩固和壮大、为了共同体成员的生存和发展而劳动。换言之，索取不是他们劳动的目的，为共同体创造财富并借以证明自己的价值才是其目的。

2. 为政方略

“大同”之世实行“选贤与能”和“讲信修睦”的为政方略。“选贤与能”中的“与”是“举”的通假字，意即推举、选举，“选贤与能”即选贤举能；“讲信修睦”，大意就是讲究诚信、营造和睦气氛。“选贤与能”和“讲信修睦”为政方略的基本要求是：全体社会成员根据德才兼备的标准选举社会的管理人才，被选举出来的人才则不遗余力地为全体社会成员服务；诚信与和睦是社会全体成员的共同追求，而引导人们保持诚信的品德与和睦的关系，则是社会管理人才的管理目标和任务。

在人类社会的早期，选拔人才以贤能为标准，基本上是通过民选的方式向上推举，再加以业绩考察。这种选拔人才的方式公开、公正，并且被选举的人才时时都有压力存在。其压力一方面源于首领的信任、监督和考察，如果业绩卓著，会予以车马冠服奖赏；另一方面来源于百姓的期待，如果对下不对民众负责，不能使百姓安居乐业，也就是对上敷衍了事，没有完成首领的命令，将会受到惩罚，如尧对共工、驩兜、三苗和鲧的流放。在“天下为公”的社会中，人人“不独亲其亲，不独子其子，使老有所终，壮有所用，幼有所长，矜、寡、孤、独、废疾者皆有所养”，地位平等、共同劳动、衣食共享，相互依赖、诚实不欺、互相信任。直到“天下为公”的局面被打破，“讲信修睦”也就失去了它原有的光彩，逐渐蜕变为统治者粉饰政治、争权夺利的手段和工具，用“讲信修睦”之名行瞒天过海之实。一些进步的思想家、政治家在实现自己的政治理想时都特别强调“讲信修睦”对于执政者治国的重要作用，认为凡事要慎言，政令一经发出，不能朝令夕改。

3. 社会分工

在社会分工上，“大同”之世根据年龄段、性别的不同和社会发展的需要统筹安排适宜的事情，使每个人都能各尽其能、各得其所。“使老有所终，壮有所用，幼有所长”，这句话是说，未成年者的主要任务是长身体、增智力，打好基础，准备在不久的将来成为社会的栋梁；年富力强、身体壮健者因为正处于人生的大好年华，则应担负起从事生产劳动和社会管理的全部责任，在时代的大舞台上一展身手、有所作为；而年迈体衰之人，他们已经把自己的青春和力量奉献给了社会，到了晚年，其主要任务就是安享晚年的清福。男女之别，自人类社会产生之初即客观存在。

“大同”之世尊重男女之间这种性别的差异，有所谓“男有分，女有归”之说。元代陈澔则解释说：“男则各有士农工商之职分，女则得归于良奥之家。”陈正炎、林其锬认为陈澔的解释“是带着封建社会的脑袋在想象原始公社社会的情景”，并论证说：“由于《礼运》还多少保留着远古时代的史影，它所说的社会分工仍处于萌芽状态，不可能出现‘士、农、工、商’所谓的‘四民’的职分。‘四民’职分的出现应是在私有制出现后社会经济已经有了相当发展才有可能。至于‘女则得归于良奥之家’，则是封建制度确立、夫权已占统治地位、女人被当作男子的附属品时才有的观念。‘男有分，女有归’指的应当是按照两性分工：男子治外——狩猎、耕种和打仗；女子治内——农作物收割、管理和负责食物分配等事务。”陈正炎、林其锬认为《礼运大同篇》描述的是原始社会的情景，而在原始社会，人们的分工并不明细，所以陈澔的解释是不正确的。笔者认为，陈正炎、林其锬的观点有值得肯定的地方，但从总体上看并不正确。诚然，《礼运》大同理想的提出者在其脑海里“保存着远古时代的史影”，但是他关于“大同”之世的描述并非仅仅是在再现原始社会的历史面貌，而是在以原始社会为框架勾画其心目中的理想社会。而既然是在勾画其心目中的理想社会，那么男女之间的性别分工便不能简单套用原始社会的模式，把狩猎、耕种和打仗的职分划归男子，把农作物收割、管理和负责食物分配等事务划归女子，而应该充分考虑《礼运》大同理想提出者所处时代的社会分工状况，因为在其潜意识里，“男有分，女有归”这一“大同”之世分工设想的基础正在于此，他不可能企图丢弃经过多少代人的不懈努力才取得的文明成果而回到蒙昧的原始时代，这也不是儒家的惯常思路。《礼运》大同理想的提出者不是“带着封建社会的脑袋在想象原始公社社会的情景”，而是在自己的头脑中进行着封建社会的物质文明与原始社会的精神文明的巧妙接榫，故此我们认为，陈澔等人的有关注释并无不当，是合乎《礼运》大同理想提出者的本意的。这里还有必要就“归”字的含义稍作剖析。陈正炎、林其锬把“女有归”解释为“女子治内——农作物收割、管理和负责食物分配等事务”，显然，在他们看来，“归”应当作“收割”等来理解。收割等固然可以理解为“归拢”“合并”的具体阐释，但是“归”字的“归拢”“合并”等义项出现得相对较晚，《汉语大词典》列举的书证是明代的《金瓶梅词话》，这便从逻辑上证明陈正炎、林其锬的理解没有文字学根据，而释“归”为“嫁”、为“得良奥之家”，则旁证材料甚多。“男有分，女有归”的具体意蕴，用现在的话来讲就是：男子有各自的职分，女子则适时嫁个好丈夫，操持家务。

总之，《礼运大同篇》从上述几个方面描绘了“大同”之世的美好景象，就系统性、完整性、严密性而言，堪称空前。当然由于它是以原始社会为框架勾画出来的，因而不免带有比较浓厚的空想色彩。

### （二）“大同”理想的思想来源

春秋战国时期，诸子百家中儒、道、墨、法四家影响最大。各家关于社会理想的勾画都有自己的特色。《礼运》大同理想汇合和总结了先秦诸子的社会理想，对各家都有不同程度的学习和承袭。它首先是儒家的，儒家鼻祖孔子提出的“博施济众”“老者安之，朋友信之，少者怀之”的社会理想在《礼运》大同理想中得到了继承和发挥，“讲信修睦”“故人不独亲其亲，不独子其子，使老有所终，壮有所用，幼有所长，矜、寡、孤、独、废疾者皆有所养”就是对孔子人生理想的最好解读。其次，“大同”理想也吸收了别家若干思想义理，尤其是墨、道两家。

1.“大同”理想与墨家思想

“大同”理想中“不独亲其亲，不独子其子”的“博爱”学说与墨家的“兼爱”说有一定的内在关联。“兼爱”是墨家墨子学说中最突出的特点，是墨子其他思想的出发点。在墨子看来，天下出现混乱都是由于人与人不相爱引起的。墨子说：“天下之人皆不相爱，强必执弱，富必侮贫，贵必敖贱，诈必欺愚。凡天下祸篡怨恨，其所以起者，以不相爱生也，是以仁者非之。”如何改变这种混乱？墨子言：“以兼相爱、交相利之法易之。”如何能做到这一点？墨子接着做了进一步解释：“视人之国若视其国，视人之家若视其家，视人之身若视其身。”“兼爱”固然很好，为何难以办到？墨子认为关键是“特上弗以为政，士不以为行故也”，国君没有把这一思想贯彻在治理国事上，那些为官者也不付诸行动罢了。

“大同”理想中的“选贤与能”也吸收了墨家的“尚贤”思想。墨子言：“夫尚贤者，政之本也。”(《墨子·尚贤上》)“尚贤”是“兼爱”的内容之一，“兼爱”是人与人之间不分亲疏贵贱、爱人如己的无差别的爱。人与人精神上、人格上完全平等，表现在选拔人才方面也应当本着不分贫贱亲疏、不偏富贵、不党父兄、不嬖颜色的用人原则，以德行和才能为标准，而儒家“大同”理想中的“选贤与能”的任人标准与墨家无二致。

“大同”理想中“天下为公”的思想与墨家的“尚同”也有一定的联系。“尚同”是墨子最高的政治理想，他认为“尚同”是“为政之本而治要”(《墨子·尚同下》)。“尚同”即“上同”，民的思想、言论、行动要与上（上天、天子）保持高度统一、一致。用一句话来表述就是“保持国家的政治、思想、文化、经济、法制等方面的高度统一”①。《礼运》“天下为公”应包含圣王为公不为私、人人为公不为私以及天下共有之意，作为远古时代的最高首领，在治

① 徐希燕．墨子的政治思想研究[J].政治学研究，2001(4)：46-56.

理天下时，一言一行都要察乎民情、顺乎民意，即对民众负责；墨家的“尚同”则是对上负责，实现天下一家、天下一心、天下大治是最终目标，这也是儒家“大同”理想的归宿。

2.“大同”理想与道家思想

《礼运》把“大同”称为“大道之行”的社会，把“小康”称为“大道既隐”的社会，有人据此推断“大同小康说”属道家。此结论有些牵强，但至少说明了儒家承袭了道家的若干思想。我们认为儒家“大道之行”之“道”指理想的社会制度，具体指三皇五帝以德行才智治理天下。道家之“道”不仅是世界的本源，还是天地万物的总根据，兼具普遍道理和原始物质两重属性，这两方面是浑然一体的。老子之“大道”最后的落脚点还是在关注现实社会。儒家“大同”理想的总原则是“天下为公”，对至德至公的古圣先贤极为称赞，因为他们为公不为私，不以一己之利为利，心怀天下苍生百姓，这与老子的“圣人无常心，以百姓心为心”（《老子·四十九章》）之说是完全吻合的。老子也怀念以道德治天下的远古圣贤时代，他指出，历史发展的特点是“失道而后德，失德而后仁，失仁而后义，失义而后礼”（《老子·三十八章》），也称颂那些虽身居高位却从不自居、成就了万物却从不占为己有的圣人作为。可以说，儒家与道家在以大道治天下的主张上是相通的，但“大道”与老庄又有很大不同，二者相比，前者更重人道，后者更重天道。

“大道”虽不是道家的专利，但为道家所惯用。老子哲学最大的特点是将天道和人道结合起来，它主张“不争”“不尚贤”“知足”“知止”“希言”“致虚”“守静”，这些都是“天之道”“法自然”“配天”，如此则“天下将自定”。如果人们对自然之“道”强力为之、任意加以改造，就会出现“为者败之，执者失之”，而圣人不会这么做。庄子为证明万事万物最终还是“复归于自然”最好，举了南海之帝儵与北海之帝忽为报混沌之善德的例子。道家哲学上是如此，人生、政治上也是如此，老子极力排斥一切人为干涉。《庄子·马蹄》开篇认为人与马、植木一样，只要任其自然不加干涉，一定会恢复到原始的自然状态——“至德之世”。总的来看，道家之“大道”以自然界为中心，认为人类在自然界面前是渺小的。

老子“道法自然”的宇宙论是其人生论、政治论的理论依据，他如孔子、墨子一样也在积极思考如何拯救那个人人唯利是图、贪得无厌、黑白颠倒的混乱世界，只是具体的方法不同。老子认为现在兵甲、利器、工具虽多，但在远古时期是不用的，他的社会理想是将大道推行于天下。老子举小国寡民的例子针对的是当时诸侯国都嫌自己的国家小、人民少而争夺地盘来说的，他想表明的是国家小、人民少也可以实行大道的观点，欣赏的是远古社会纯朴无争的风气，追求的是一种道德理想。这也是《礼运》“大同”的终极理想——天下归仁。

《礼运》大同理想中除了吸收墨家、道家的若干思想以外，还有农家、法家和兵家等思想的影子。其“货恶其弃于地也，不必藏于己；力恶其不出于身也，不必为己。是故谋闭而不兴，盗窃乱贼而不作，故外户而不闭”与农家“贤者与民并耕而食，饔飧而治”“市贾不贰，国中无伪”(《孟子·滕文公上》)、“身亲耕，妻亲织”（《吕氏春秋·开春论》）的社会理想也有相似之处。而战国法家重要代表人物之一的慎到，其所著《慎子·威德》篇中有言：“故立天子以为天下，非立天下以为天子也；立国君以为国，非立国以为君也。”这番话明白地揭示了天下国家不属于一家一姓而为公共所有的道理。

### （三）传统“大同”理想的创新发展

中国传统思想越来越成为当今中国思想生活中的重要组成部分，以习近平同志为核心的领导集体高度重视中华传统文化的传承与现代价值体系的建设，不断推进中国特色社会主义与传统文化的有机融合。作为中华传统文化的代表，“大同”理想不仅与中国梦的实现息息相关，也与当代中国和世界的发展紧密相连。

实现中华民族伟大复兴的中国梦是习近平新时代中国特色社会主义思想的重要组成部分，是当代治国理政的总任务和总目标，也是在继承传统“天下大同”社会理想的基础上对当代中国社会发展及人民诉求的新型话语表达。古代先民的“大同梦”寄托着中华民族朴素的理想价值追求，但它毕竟是封建社会农耕文明的产物，不可避免地带有乌托邦色彩，缺乏坚实的物质基础、明确的实施路径，因而千百年来没有圆梦。作为“大同”理想的最新话语表达，中国梦既延续了中华民族长久以来的社会理想夙愿，也反映出当代中国人对新时代社会文明形态建构的不懈追求。

相较于传统大同梦，首先中国梦有着更加丰富深刻的内涵特征和实践要求。其本质是国家富强、民族振兴、人民幸福，融国家、社会和个人发展目标于一体，不再仅仅局限于温饱和安定等基本价值诉求，而体现的是富强、民主、文明、和谐、美丽中国的有机统一。人民对美好生活的需求也不仅局限于物质文化生活，在民主、法治、公平、正义、安全、环境等方面的需求也各有体现。当代中国梦是更加殷实、更加全面的理想目标。其次，实现中国梦具有广泛的现实基础和科学实施步骤。作为世界第二大经济体，我们不仅有雄厚的物质力量，而且有强大的精神文化和政治文明做支撑。我们在中国特色社会主义道路上实现中国梦，有强大的中国精神和中国力量做保障。党的十九大在“两个一百年”奋斗目标基础上提出了“新三步走”发展战略步骤，即到 2020 年全面建成小康社会；从 2020 年到 2035 年基本实现社会主义现代化；从 2035 年到本世纪中叶把我国建成社会主义现代化强国。这一科学规划使得中国梦不仅仅是理想追求，更是有着具体实施方案的科学发展蓝图，它能够让全体人民看得见、摸得着并激发其为实现梦想不懈奋斗。再次，中国梦不仅益于中国，而且造福世界。中国梦与世界各国人民对幸福生活的渴求本质上是一致的，我们不仅自身要实现学有所教、劳有所得、病有所医、老有所养、住有所居，还要致力于实现世界和平、天下大同、共谋发展、共创辉煌的世界梦。总之，中国梦在新时代新实践中实现了对传统“大同梦”的传承创新发展。

“天下大同”是大同理想的终极目标，而“构建人类命运共同体”则是当代中国根据当今世界发展新形势所提出的核心理念。从天下大同理想到人类命运共同体的提出，既体现了对中国传统大同理想的传承，也关系着中国特色社会主义道路的未来发展，更展示了在全球治理实践中具有重要意义的、代表中国智慧的方案。大同理想源于古代，面向未来，源自中国，又代表着全世界人民的共同追求。中国共产党人结合历史与国情、理论与实践、国内与国际情况，将中国传统大同理想批判性继承和创造性转化，成功地将人们对于美好社会理想的构思转化为现实。

# 第四章　绚丽多彩的中华优秀传统文化

## 第一节　中华传统经济文化

### 一、经济思想

先秦时期的经济思想最早可以追溯到夏商周时期，尽管这个时期的经济活动多以传说的形式留存，但是也在一定程度上反映出当时经济的发展。《尚书》和《诗经》中有一些记载，但内容均甚简略。根据文献，在西周时已出现了一些简单的经济观点，到春秋战国时期发展为百家争鸣的繁荣局面。道、儒、墨、法各家及其他思想家各在不同程度上提出了不少光辉的经济观点，如道家主要的经济观点为“均富”和“知足”；儒家经济思想更多体现在社会经济活动同伦理规范的相互制约上；墨家经济思想中“利”占突出地位，同时强调节俭，重视劳动；法家、农家重视农业发展；等等，成为中国古代经济思想的高峰。就个别学派而言，其经济观点多局限在某一两个经济领域，甚至只有一两个独特的观点。如果将先秦各家的经济观点汇总考察，则在生产、分配、交换和消费各领域均有原则性的论述，对后代封建经济活动起着极为深远的影响。

经过汉初的休养生息政策之后，西汉的社会经济得以复苏，更是出现了“文景之治”的繁荣局面。西汉社会经济发展的顶峰——汉武帝刘彻时期，思想领域西汉武帝已明令规定独尊儒术，经过经学博士们的长期宣讲注释，虽然儒家思想在思想界取得了独霸地位，但也出现了一些非儒家的思想观点，如桑弘羊在《盐铁论·会议》中强调的“开本末之途，通有无之用”；司马迁在《史记·货殖列传》中为大工商业家树碑立传；东汉王充的《问孔》和《刺孟》；

北魏李安世提出均田思想，被付诸实践并断续推行三百年。

封建地主经济最为鼎盛的时期是唐朝。唐太宗至玄宗时期的百余年，国家政治稳定，国泰民安，社会经济发展尤为迅猛。但是唐代却鲜有新的经济观点出现，安史之乱使经济破碎，许多现实经济问题亟待解决，从而涌现出一些新的经济议论。由于当时封建财政问题尤为严重，因而在这些新议中又以探讨财政问题为最多也最杰出，如刘晏坚持以商业经营原则处理国家财政事务，很少借助于封建政权的强制；杨炎“量出以制入”“以货币定税额”的两税法改革。农业经济发展到了宋代开始走下坡路了，当时的经济思想领域出现了两大对立的趋势：一方面，一些理学家为了维持封建统治，力图将儒家传统的经济教条进一步神圣化为绝对不许违反的准则；另一方面，一些进步思想家逐渐对某些传统经济教条表示怀疑乃至进行批判。这两种对立的观点，在北宋时出现，到南宋则日渐明朗化。

明清时期，出现了反经济教条思想，特别是明代的反经济教条不仅仅停留在学术思想的探讨上，而且更重在行动实践上，主张变革运动。明朝泰州学派王艮讲求财利之学，他的后继者何心隐更私下从事社会改革活动，而李贽则以异端自居，坚决反对以孔子之是非为是非，为工商富人辩护。明清之际的启蒙思想家黄宗羲、顾炎武、王夫之等，在经济思想领域反经济教条，对一些封建传统信念曾做过新的评价或批判，其论点更为深刻和鲜明。清初的颜李学派是关心经济和重视工商发展的，如王源提出的“惟农为有田”（《平书》卷七），是近代“耕者有其田”学说的先行思想，他建议的商税税制，颇类似于现代的所得税制。清初的蓝鼎元第一次从互通有无的纯经济角度为开放海外贸易辩护，这在以往中国侈谈海外贸易者的议论中是罕见的观点。

清朝晚期，中国逐渐沦为半殖民地半封建社会，体现在经济思想方面就是资产阶级思想影响愈发明显，甚至最终取代了传统的经济教条思想。

## 二、经济政策

我国古代的历代王朝都十分重视农业发展，大力推行重农抑商的政策，根本原因就在于农业税收是当时国家财政的主要来源。

在我国封建社会前期，主要的农业税制有汉朝的算赋和口赋制度、北朝的租调制、隋唐的租庸调制。这些税制的共同点是以人头税为主要征税标准，于是国家直接控制的自耕农数量的多少就成了国家财源充沛与否的关键。利民之事，丝发必兴；厉民之事，毫末必去。为了保证自耕农的数量，封建国家往往采取三个方面的措施：一是实行编户制度，把农民固着在土地上，不让其随意流动；二是实行均田制，有意识地培植和扩大自耕农群体；三是抑制地主对农民的土地兼并，防范他们与国家争夺财源。封建社会后期，商品经济活跃，土地兼并现象无法遏制，农民的主体由自耕农变成佃农。与之相适应，国家也从主要向自耕农征收人头税转变到主要向地主征收土地税，前者是国家对自耕农的直接剥削，后者实际上是国家与地主分割佃农的地租。唐朝后期的两税法、北宋的方田均税法、明朝的一条鞭法、清朝的地丁银制度，都属于后一种情况。 在封建社会后期，由于地主不愿意主动分割地租收入给国家，往往故意隐瞒、谎报拥有土地的数量，而国家则把农业税收当成了自己的主要财源，所以政府与地主的矛盾有时会很尖锐，王安石变法就是一个突出的例子。

我国抑商政策起源于战国时期李悝的平籴法，而作为一项完整国策正式推行，则是从商鞅变法开始的。自李悝、商鞅起，我国历代王朝的理财家们推行抑商政策，其目的主要有两个：一是抑制富商大贾，维护国计民生；二是因重农而抑商。

中国古代农耕经济是自给自足的自然经济，产生于三面障壁、一面临海的地理环境中。自给自足的特性和相对封闭的环境使其可以依靠自己的力量持续发展，而无须外界的援助，也不用担心来自外界的威胁。农耕经济的持续发展使中华文明绵延不断，成为四大古国文明中唯一没有中绝的文明。中国古代农耕经济发源于黄河中下游和长江中下游地区，与周围游牧经济有冲突和斗争，但更多的是互补和融合，这使中华文明也相应地具备了多元性和兼容性。海纳百川，有容乃大。中华文明正是在不断吸收、融合其他文化的过程中发展起来的，这也使中华民族自信、开放、气势恢宏。

## 第二节　中华传统政治文化

中国传统政治文化是统治者处理个体与个体、群体与群体之间关系的产物，是传统文化体系中最具权威的部分，主要是规定了文化整体的性质。进步、合理的政治文化将推动物质文化以及精神文化的全面发展，反之则阻碍其发展，甚至对整个社会的进步产生制约作用。政治文化的这种基本规定性使其具有一种特殊的社会机制，即协调差别和调控矛盾。在各民族成员相互交往中，这种机制发挥着促进民族心理认同和民族意识觉醒的重要作用。本节主要介绍古代政治文化中的礼仪制度、法律制度、职官制度和科举教育制度。

## 一、礼仪制度

中国古代的礼制内容相对庞杂，就外在形式上来说，主要分为吉礼、凶礼、宾礼、军礼、嘉礼五种礼制，内在精神上则体现为宗法观念。

### （一）五礼

《周礼》一书最早将礼细分为五类，五礼内容繁杂且涉及领域众多，对国家政治活动以及人们的日常行为产生了各种影响。下面具体阐述五礼的具体内容。

#### 1.吉礼

吉礼，是对天神、地祇、人鬼的祭祀典礼。吉礼为五礼之首，《礼记·祭统》说："礼有五经，莫重于祭。"按《周礼》的说法，吉礼是祝祈福祥之礼。吉礼的主要内容可归为三大类：一是祭天神，二是祭地祇，三是祭人鬼。祭天之礼是古代最为隆重和庄严的典礼，包括圜丘祀天、封禅、祀日月星辰诸礼。圜丘是一座圆形的祭坛，以象征天的形象。周礼规定，圜丘建于国都南郊，每年冬至举行祀天大典。封禅是指在泰山进行的祭祀天地的活动，是封建帝王神化自己、粉饰太平的一种手段。土地孕育万物，同时土地也是国家的立国之本，有土则有民，无土则无民，因此祭地之礼也是古代吉礼中的重要组成部分。古代礼仪中祭地的正祭，是方丘祭地，即在每年的夏至于国都北郊水泽之中的方丘上举行的祭典。此外还有祭祀社稷、山川之礼等。人鬼之祭，即指宗庙祭祀，对宗庙的祭祀，就是对祖先的祭祀，具有标志国家系于一姓的特殊政治意义，故而古代对宗庙的祭礼极为隆重。宗庙祭祀包括月祭、四时之祭、祫祭（殷祭）等。

#### 2.凶礼

凶礼是哀悯吊唁忧患之礼。《周礼·春官宗伯·大宗伯》说："以凶礼哀邦国之忧。"此处的"哀"是"救患分灾"的意思，即以实际的措施抗灾救患，不限于表达哀悯之情。凶礼的主要内容包括以丧礼哀死亡，以荒礼哀凶札，以吊礼哀祸灾，以禬礼哀围败，以恤礼哀寇乱。

3. 宾礼

宾礼是接待宾客之礼。《周礼·春官宗伯·大宗伯》说："以宾礼亲邦国。"这是讲天子与诸侯国，以及诸侯国之间的往来交际之礼。宾礼的主要内容包括朝、宗、觐、遇、会、同等方面，这些都是天子款待四方诸侯来朝会的典礼。

4. 军礼

军礼是师旅操演、征伐之礼。《周礼·春官宗伯·大宗伯》说："以军礼同邦国。"这是讲对于那些反逆不驯的诸侯要用军礼使其服从。军礼的主要内容包括大师之礼、大均之礼、大田之礼、大役之礼、大封之礼等。大师之礼是军队征伐的礼仪，包括出师祭祀、誓师、军中刑赏、凯旋、论功行赏等。大均之礼是王者和诸侯在均土地、征赋税时举行军事检阅，以安抚民众。大田之礼是天子的定期狩猎，以练习战阵，检阅车马。大役之礼是国家兴办筑城邑、建宫殿、开河、造堤等大规模土木工程时的队伍检阅。大封之礼是勘定国与国、私家封地与封地间的疆界，树立界碑时的一种活动。

5. 嘉礼

嘉礼是和合人际关系，沟通、联络感情的礼仪。《周礼·春官宗伯·大宗伯》说："以嘉礼亲万民。"嘉礼的主要内容包括饮食之礼、婚冠之礼、宾射之礼、飨燕之礼、贺庆之礼等。

### （二）宗法分封

礼制的核心在于维护宗法等级制度，礼至西周而形成礼制，是和宗法思想与制度的系统化分不开的。宗法制度是原始社会氏族公社成员之间牢固的亲族血缘关系在新的历史条件下演化而成的，是这种血缘关系与社会政治等关系密切交融、渗透、凝结的产物，是一种庞大、复杂但井然有序的血缘政治、社会构造体系。

宗法，即宗族之法，是宗族内部以血缘关系为基础，标榜尊崇共同的祖先，区分尊卑长幼，规定继承秩序，确定宗族成员不同的权利和义务的法则。宗法制度是由氏族社会的父权家长制演变而来的。在父系氏族社会，世系以父系计算，父权家长支配着整个家族成员。父权家长死后，他的权力和财产按父系继承，于是产生了一定的继承秩序。而一代代父权家长生前的功业和权威在其死后仍然使人敬畏，子孙们幻想得到他们亡灵的庇护，于是产生了对男性祖先的崇拜以及随之而来的种种祭祀祖先的仪式。进入阶级社会以后，统治阶级在氏族社会遗留下来的父权家长制的基础上，对政治、经济特权的继承和分配，统治阶级内部成员身份地位的确定，在突出族权的基础上进一步突出政权等方面，都做出了系统的规范，于是出现了宗法制度。

分封制是周代的另一个重要政治制度，它以宗法制度为依托，其主要内容是大宗对小宗的层层分封，即从周天子开始，把周族政治势力控制的领土、统治权和被征服的异族人口层层地分给下级的宗法贵族，史书上称为“授民”“授疆土”。其具体做法是，周天子封自己的诸子以及姻亲贵族和功臣为诸侯，称国；诸侯封自己的小宗为大夫，称家；大夫再封自己的小宗为士，士是周代贵族系统中最末的二等，士以下，没有再分封。可见，在分封系统中，诸侯和大夫具有大宗和小宗的双重身份。按照周代分封制的规定，天子和受封的诸侯之间有一定的权利和义务，天子有巡狩、解决诸侯争端、统领诸侯进行军事行动的责任；诸侯有定期朝觐天子、进献纳贡、入朝服役的义务。其他的封主和封臣之间也有类似的关系。

## 二、法律制度

在公元前 21 世纪的夏代，中国进入了阶级社会，便形成了国家和法律，揭开了中国法制史的篇章。从第一个奴隶制王朝夏朝直到最后一个封建王朝清朝，中国古代法律制度经历了几千年的发展历程，各个时期形成了不同的特点。

### （一）先秦时期

夏商周的法律是奴隶制法律，以习惯法为主，以言代法，以吏代法，礼刑并用。正所谓道私者乱，道法者治，它体现了王权与族权的统一，渗透了神权思想。中国古代刑与法含义相同，刑罚的出现，标志着法律制度已经产生。夏代法律，《左传》中称作“禹刑”。“禹刑”的具体内容已无从考证，从《左传》中所论片段，只可以约略看到夏代的一些罪名、刑名和刑罚适用原则。夏作为第一个阶级王朝，习惯法仍占重要地位。商代法律是在夏代法律的基础上制定的，它采用的是夏的五刑，即墨、劓、剕、宫、大辟。商代的刑制以其完备著称于古代，《荀子·正名》说“刑名从商”，充分肯定了商代刑制的历史地位。到了西周，法律制度更趋成熟。《周礼》中包含有刑法、民法、行政法、诉讼法等内容。治、教、礼、事四典实为行政法的内容，从此，奠定了中国古代行政法的基础。周代确定的“同姓不婚”的婚姻制度和嫡长子继承制度，对后世具有重大影响。

春秋时期，奴隶制法制解体，各诸侯国的法律制度发生重大变化，成文法陆续颁布。成文法的制定和公布，限制了旧贵族的特权，促进了封建生产关系的发展，标志着奴隶制的瓦解。战国时期封建制确立，各诸侯国陆续颁布了以保护封建私有制为中心内容的封建法律。诞生于该时期的《法经》，便是以刑为主、诸法并用的第一部封建法典。国无常强，无常弱。奉法者强则国强，奉法者弱则国弱，正是基于此，公元前359年，商鞅以《法经》为蓝本，改法为律，制定《秦律》。

### （二）秦汉魏晋南北朝时期

秦始皇统一中国，以秦国法律为基础统一了全国法制。当时除存在商鞅以《法经》为蓝本制定的法典外，还存在相当数量的单行法律，其内容涉及农业、手工业、商业、徭戍赋敛、军爵赏赐、官吏任免以及什伍组织等各个方面，因此有秦“莫不皆有法式”的说法。到了西汉，确立了以律、令、科、比为形式的一整套法律制度。汉武帝“罢黜百家，独尊儒术”，其实质乃外儒内法。这种思想构成了封建法律的理论基础，一直为历代封建统治者所奉行。汉代确立了三公九卿制度和职官法，尚书台六曹体制的建立，奠定了整个封建社会六部制度的基础。

曹魏时期，通过对汉律进行整理，制定了魏律18篇。魏律对汉律做了一系列实质性的改革，如改具律为刑名，列于律首；规定五刑，使刑罚进一步规范化；规定八议，加强了对官僚、贵族特权的保护；限制连坐的范围，限制私人复仇等。这些规定对后世封建法制的发展，具有重大影响。

南北朝时期，各朝都编纂法典，保护贵族、官僚、地主等8种权贵人物，在审判上享有特权的“八议”也正式上升为法律制度，充分体现了“举贤不出世族，用法不及权贵”的政治准则。这是中国古代刑法的重要发展。继曹魏之后，晋统治者又进一步对汉律做了改革，以汉、魏律为基础，编撰出晋律，并于泰始三年（267年）颁布。

### （三）隋唐宋元时期

隋、唐是中国封建社会的兴盛时代，隋、唐的法制也达到了中国中古法制的最高水平。隋统治者十分重视法制，开国后制定了《开皇律》，主要参照北齐律。其突出特点是废除了魏晋以来的一些酷刑，确定了五种较为进步的刑名：死刑、流刑、徒刑、杖刑和笞刑。《开皇律》为唐律奠定了基础，在封建律典中占有重要地位。

唐代统治者鉴于隋末法重刑繁而招致灭亡的教训，注意改革封建法制，强调持平用法，依律断罪，以隋《开皇律》为蓝本而制定唐律。永徽三年（652年），在朝廷的主持下，集中律学人才编纂的《律疏》（又名《唐律疏议》），对律文做了精辟的阐述和重要的补充，更使唐律增加了光彩。除了唐律，开元年间还制定了一部以行政法为主要内容的《唐六典》。这是中国古代第一部行政法典，是封建立法史上的创举。行政法从刑律中分离出来，是封建制度完备化的一个标志。

宋朝全面强化封建专制主义，皇帝可随时颁布敕令作为断罪处刑的依据，诏敕成为最重要和具有最高效力的法律，编敕成为宋代最经常、最重要的立法活动。

元代法律的基本内容依循唐律，形式上仍沿用宋代的编敕，但改敕为“条例”或“条格”。元朝的法律具有阶级压迫和民族压迫的双重特点。

**（四）明清时期**

明律改唐律12篇为名例、吏律、户律、礼律、兵律、刑律、工律7篇，其条目简于唐律，而精神严于宋律，无论内容和形式都有新的发展，并为清律所沿袭。明朝法律的特点是采取重刑政策，刑法有“笞、杖、徒、流、死”五刑，称为“正刑”，其他如律例内的杂犯、斩、绞、迁徙、充军、枷号、刺字、论赎、凌迟、枭首、戮尸等，有的承自前代，有的则为明代首创。明朝极端封建专制主义倾向在明朝法律中得到充分的反映。

清承明制，最早的文字法典是《大清律集附例》，在乾隆时重修后定名为《大清律例》。《大清律例》采用《大明律》体例，仍为7篇，共47卷，436条，附例1400条。清代法律集历代法典之大成，具有严密周详的特点。清律的重要特点就是极力维护满人贵族的特权，如满人犯法，宗室归宗人府审理；在京的普通满人，归步军统领衙门审理；外省的满人，则归满洲将军或副都统审理。一般可依法减刑、换刑，服刑者不入普通监狱。

## 三、职官制度

“官”，本义是房舍的意思，后来引申为具有权力的处所，即官府，以及行使权力的人，即官员。官制，是指按照职能和职位分工、分层管理原则建立起来的行政权力体系。中国古代官制有中央与地方之分，其发展沿革主要经历了以下四个阶段。

### （一）先秦官制

西周时期选拔官吏实行世卿、世禄制。世卿就是天子或诸侯国国君之下的贵族，父死子继，世代承袭。禄是官吏所得的财物，世禄就是官吏们世代享有土地及赋税收入。世卿、世禄制度作为一定历史条件下的产物发挥过重要的作用。一方面，世卿、世禄制度给贵族和官吏充分共享政权的机会，各级官吏与周天子形成稳定的共存共荣关系，从而使王朝在相当长的时期内维持了正常的统治局面；另一方面，世卿、世禄制度将可供选择的官吏人选确定在贵族集团，与之相适应的是贵族官吏垄断教育文化，这就保证了贵族官吏富于统治才干，成为为政当官的合适人选。

世卿、世禄制度也有很大的局限性。任人唯亲而非唯才的世卿、世禄制度客观上压抑了人才，并且在这一制度下社会等级森严、仪秩烦琐，连穿衣吃饭、亲朋交际都有严格的规范。春秋战国时期，随着奴隶制度的崩溃和封建制的确立，出现了按照军功、事功选拔官吏的制度。军功、事功选拔制是对官吏世袭制的否定，扩大了国家选拔官员的范围与渠道，具有一定的开放性和公平性。随着唯功唯贤选官制度的逐步建立，官吏世袭制度也宣告结束。

世卿、世禄制度与宗法制、分封制互为一体。宗法制和分封制从根本上保证了世卿、世禄制度的推行，世卿、世禄制度是宗法制和分封制在选官制度上的具体体现。世卿、世禄制度作为一种选官制度，是国家产生的主要标志，是人类由野蛮走向文明的一种过渡，也是原始公有制向私有制演变的必然产物。

### （二）秦汉魏晋南北朝官制

1. 中央官职

秦始皇统一中国，秦王朝成为中国第一个中央集权的封建帝国。为加强中央集权和君主专政的统治，秦朝建立了以皇帝为中心的三公九卿制。汉承秦制，这一制度在西汉时期得到了进一步的调整和完善。三公，即指丞相、御史大夫和太尉，分掌行政、监察和军事。九卿，为中央政府各部门的主要行政长官：奉常为九卿之首，掌宗庙礼仪及文化教育；郎中令掌宫殿门户守卫，为宿卫侍从长官；卫尉为宫门警卫之官；太仆掌皇帝车马，兼掌全国马政；廷尉为中央最高司法长官；典客掌民族事务及朝聘；宗正专管皇室亲属事务；治粟内史的职责为征收盐铁钱谷租税和国家财政收支；少府掌山海池泽之税和官府手工业制造，以供应皇室。汉初九卿名称稍有变动，将郎中令改为光禄勋，典客改为大鸿胪，奉常改为太常，廷尉改为大理，治粟内史改为大司农，但九卿职权范围基本沿袭秦制。秦汉九卿除卫尉、廷尉和治粟内史诸卿主要掌管政府行政事务外，其余诸卿的职能主要为皇帝及皇室内廷服务。国事与君主家事不分，政务与宫廷事务混杂，是秦汉中央官制的特点之一。

魏晋时期朝廷又专设中书省作为文书处理机关，因中书省常侍皇帝身旁，多受宠信，其地位逐渐超过尚书省。南朝时原先参与审议起草诏令的门下省掌管朝廷机要，后魏北齐时，尤受重视，其长官又成为执掌政事的宰相。这样，东汉至魏晋，中央政务逐步由三公向三省转移，行政事务渐由九卿向六部过渡。

2. 地方官制

秦汉朝地方实行郡县制。郡设郡守，县有二级，一级万户以上，设县令；二级万户以下，设县长。汉武帝时，为了加强中央的统治，把全国分为 13 个监察区，称为州或部，各设刺史，为监察官性质。成帝时改为牧，成为事实上的一级行政区域。这种县令、郡守、州牧的三级地方长官体制，一直通行于魏晋南北朝时期。

### （三）唐宋官制

1. 中央官制

隋唐时期专制集权中央政体趋于完备，建立起以皇帝为中心的三省六部制。三省，即尚书省、中书省、门下省。三省长官具有宰相之职，形成三省分工明确又相互牵制的机制，这是行政制度的重要变化。尚书省主要负责处理行政事务，中书省掌管策令的起草和颁布，门下省负责审议策令的制定和颁布。尚书省是中央行政管理的中枢，下辖六部二十四司。六部即吏、户、礼、兵、刑、工部，分别以尚书为部首领，侍郎为副手。这一系列机构和官员的设置，标志着我国古代封建国家的官僚制度趋于成熟。

宋朝的官制基本上是唐代的扩展，虽仍有三省六部，但形同虚设。以中书门下平章事为真宰相之任，参知政事为副相，总掌行政；又设枢密院掌军事，以枢密使、副枢密使为其长官；转运使司、铁盐使司、度支使司三司掌财政。这样就形成行政、军事、财政三权分立的局面，宰相的权力大大削弱，六部的权力也被不断增设的机构所侵夺。神宗元丰五年（1082 年），实行中央官制改革，罢去三司及一切丛杂机构，基本恢复到唐代三省六部的格局，但枢密使职任得以保留。元朝中央行政制度变唐、宋的三省制为一省制——中书省，以中书省为最高政务机关，六部为其所属。

2. 地方官制

隋唐前期地方官制为州、县二级，州的长官为刺史，县的长官统称县令。中唐以后增设道，每道派京官一人巡察所属州县，道的长官为观察使。这样，唐中后期，地方官制演变为道、州、县三级。唐代还在边镇地区设都督府，长官为都督，后称节度使。

宋代地方官制基本上是路、州、县三级。县的长官为县令，朝廷所派京官以原职衔掌管一县之事，而不解除原职，称知某县事，简称知县，实际上还是京官。州一级行政长官也由朝臣担任，称为知州。

元代以行中书省作为中央派至地方的最高行政机关，把全国划为 10 个行省。行省之下，一般为路、府、州、县四级，它们的长官分别为总管、知府、知州、县尹。

### （四）明清官制

1. 中央官制

明初对中央官制作了较大调整。首先改秦汉以来的宰相制为咨询顾问并办理日常公务的内阁制，监察方面改汉以来的御史台为都察院，军事上改大都督府为五军都督府。提高六部地位，直接向皇帝负责，建立庞大的宦官机构及其控制下的厂卫特务组织。其中尤以废宰相设内阁为政府体制调整的主要内容。内阁由翰林院学士组成，分首辅、次辅和群辅。其职责主要为代拟诏书，批答奏折。永乐以后，内阁学士渐参与政事，不仅咨询顾问，且掌实权。内阁遂由明初的皇帝顾问秘书，变为全国行政中枢。

由满洲贵族建立的清王朝，初由八旗旗主和议政王大臣会议共同议政。雍正年间，设军机处。军机处始为临时机构，后不仅取代议政王大臣会议，且权力扩大，成为由皇帝直接控制处理全国军政事务的中枢辅政部门。清六部职权缩小，已不是行政管理中枢，不能对下直接发布政令。

2. 地方官制

明代地方行政基本上是省、府、县三级。省的长官为左、右布政使，府的长官为知府，县的长官为知县。后又稍有变化，省一级的最高长官为总督或巡抚。清承明制，总督管辖一至三省，综理军民。巡抚主管一省军政刑狱，又称抚台。乾隆时期，又专设分守、分巡道，多兼兵备衔，管辖府、州，成为省以下府、州以上的行政长官，别称道台。府、县一级长官则同明朝。

我国古代官制除了中央职官和地方职官体系外，还有散官、勋官、内官等名目，门类众多，变化纷繁。可以说，我国古代官制体系的丰富庞杂和演变递嬗的曲折过程，既反映了我国古代封建官僚制度在各个历史时期的复杂特点，也折射出我国古代文化的奇光异彩。

## 四、科举制度

科举制度是中国封建王朝设科考试用以选拔官吏的一种制度。科举制度形成于隋唐时期，一直延续至清末，存在了 1300 余年。它对这一漫长时期的政治、经济、教育制度以及知识分子的学风，都产生过重大的影响。

科举制起源于隋。隋文帝统一全国后，为了加强中央集权、扩大封建统治阶级的统治基础，废除了压抑人才、维护门阀士族地位的九品中正制，令京官五品以上和地方总管、刺史以志行修谨（有德）、清平干济（有才）二科举人。隋炀帝大业三年（607 年）置进士科，用考试的办法选取进士，主要考时务策，即政治论文，叫策试。进士科的创制，标志着科举制度的开始。隋代除进士科外，还有秀才、明经两科。隋代科举虽属草创时期，还未起到应有的作用，但其用公开考试来甄别人才高下，从而量才录用的方法，则是中国选官制度的重大改革。

唐代是科举考试制度化并逐步完善的时期。唐代科举考试分常科和制科两种。常科的科目有秀才、明经、进士、俊士、明法、明字、明算等五十多种。其中明法、明算、明字等科，不为人重视。俊士等科不经常举行，秀才一科，在唐初要求很高，后来渐废。所以，明经、进士两科便成为唐代常科的主要科目。唐高宗以后进士科尤为时人所重。唐朝许多宰相大多是进士出身。常科的考生有两个来源，一个是生徒，一个是乡贡。由京师及州县学馆出身，而送往尚书省受试者叫生徒；不由学馆而先经州县考试，及第后再送尚书省应试者叫乡贡。由乡贡入京应试者通称举人。州县考试称为解试，尚书省的考试通称省试，或礼部试。礼部试都在春季举行，故又称春闱，闱也就是考场的意思。唐代还有制举，由皇帝特诏举行，有贤良方正科、直言极谏科、博学宏词科等，考期不固定。制举为国家选拔了一些特殊的人才。唐代制举比较兴盛，至宋代，贡举大为发展，制举趋于衰微。

宋代科举制度基本沿袭唐制，但又有所发展。其科目以进士为重，增加殿试，由皇帝亲策。考试内容从神宗起改为以经义为主。考试规则在唐“糊名”（密封考卷上的姓名）的基础上，进一步实行“誊录”即另派抄书手将试卷用正楷誊录，使考官无法辨认考生笔迹，以保证公正阅卷。考试时“锁院”，严禁出入，以防内外串通舞弊。殿试合格后分三甲发榜：一甲赐进士及第，前三名分别称状元、榜眼、探花；二甲赐进士出身；三甲赐同进士出身，登第后即可授官。宋代改为三年一考，扩大录取名额，允许礼部试落第举子复试，合格者仍可登第授职。宋代武科先考骑射，而后笔试，以策略成绩决定去留，以弓马武艺定名次高下。

蒙古人不着重开科取士，灭宋后一度不举办科举，至元仁宗延祐二年（1315 年）才再次开办。元代的科举制度基本沿袭宋代，用“经义”“经疑”为题述文。科举分为地方的乡试和在京师进行的会试及殿试。元代科举只考一科，但分成左右榜。右榜供蒙古人、色目人应考，乡试时只考两场，要求相对较简单。左榜供汉人、南人应考，乡试时考三场，要求相对较严格。乡试、会试考中名单俱按种族分配。

元朝自仁宗至顺帝时灭亡止，科举时办时废，共举办过十六次，取士一千余人。但元科举所选人才通常并没有受到足够的重视，在元朝朝廷中产生的影响也不大。

明代科举仅进士一科，考试分乡试、会试、殿试三级。为强化专制主义君主集权，控制思想文化，明代据元代科举命题取自朱熹《四书集注》之法，规定试卷应“代圣人之言”，以程朱理学观点指导作文。同时规定试卷需用八股文体写作，即将全文分为八个部分：破题、承题、起讲、入题、起股、中股、后股、束股，从起股以下，每部分用两股排偶文字，限定字数，故称八股文，明代乡试、会试头场考八股文。八股文以四书、五经中的文句做题目，只能依照题义阐述其中的义理。措辞要用古人的语气，即所谓代圣贤立言。格式也很死。结构有一定程式，字数有一定限制，句法要求对偶。八股文的危害极大，严重束缚了人们的思想，是维护封建专制的工具，同时也把科举考试制度本身引向绝路。

清代科举制度大体沿袭明代，然而考核办法更为繁杂周密，其中在正式科举考试乡试、会试、殿试之前，尚有童试。童试既是地方县、州、府学的入学考试，也是获取秀才资格的考试，是清代科举制度的起点。清代的读书人，不管年龄大小，统称为“童生”或者“儒童”。“童生”通过县试、府试和院试三个阶段的考试，院试合格后取得生员（秀才）资格，成为生员之后，才能进入县、州、府学学习，进而由各省提学官举行岁考、科考两级考试。科考成绩列为一、二等的生员，才能取得参加乡试的资格，称科举生员。清代出于笼络和收买汉族知识分子的目的，对科举考试非常重视，但也更为严格，科举制度至清朝末年，可谓流弊百出。

1898年清光绪帝颁布维新变法诏令，废除八股，改革科举制度。1905年，清政府废除科举制度。至此，封建时代的科举制度从隋炀帝始创，历经隋、唐、宋、元、明、清，终告废除。

## 第三节　中华传统社会文化

中国传统的衣、食、住、行是中华优秀文明成果的重要组成部分，也是中国传统社会文化的主要内容之一。中国服饰、饮食文化的发展和演变，对东方文化发展及人类的文明和进步均产生了巨大的影响。

### 一、中国传统服饰文化

服饰文化是中华民族传统文化的重要组成部分，既体现了中华民族的精神面貌和人文精神，又展示了中华民族服饰文化的独特魅力。

中国古代的服饰，由于可考资料不够充分，还不能对该时期的服饰做太准确的说明。据考古资料可探究商代的服饰习惯一般是：头戴扁帽，下着裙，腰束带，扎裹腿，穿翘尖鞋。周代的服饰多为深衣和冕服，深衣就是上衣和下裳连在一起，用不同色彩的布料作为边缘。冕服是帝王最隆重的服装，用于重大典礼。冕服为青黑色的上衣和赤黄色的裙子，穿冕服常佩戴冕冠。这两种服饰对后世均产生了深远的影响，历代多有模仿。

春秋战国时期，服饰有了较大的变化，深衣广泛流行和胡服开始出现。这一时期，战乱极其频繁。为适应战乱的需要，赵武灵王进行了服装改革。他下令赵国全国穿游牧民族的短衣长裤，学习骑射，这是中国历史上第一次服装改革，胡服从此盛行。汉代依然流行深衣，并且确立了传统冠服制。魏晋南北朝时期，大量少数民族进入中原地区，胡服成为大众的装束。无论平民还是贵族，其服装大多是在胡服的影响下产生的。

隋、唐时期，社会全面进步，中国进入了鼎盛时期。这一时期中国古代服饰制度得到了很大的发展。服饰空前繁荣，服装款式、色彩、图案等都呈现出前所未有的局面。这一时期的女子服饰，冠服华丽，妆饰奇异纷繁，男子服饰则在传统的基础上多了幞头和圆领窄袖袍衫。这种袍衫主要是受胡服影响，并且与汉族的生活习惯和礼仪特点相结合，形成了这时期袍衫的风格。宋代的服饰，大体沿袭唐代，但在服装式样和名称上略有差异。宋代的缺胯袍衫式样有广袖大身和窄袖紧身两种。穿褙子和半臂的习惯极为普遍，但都不能作为礼服穿用。通常来看，宋代的服饰比较拘谨保守，给人以质朴、洁净、淡雅之感，这与当时的社会环境有很大的关系。

辽、金时期男子的服饰多为圆领、袖的缺胯袍，着长筒靴或尖头靴，下穿裤，腰间束带。元代男子的服饰有汉族的圆领、交领袖，也有本民族的质孙服。此外，元代服饰在质料上发生了较大变化，由于棉花的广泛种植，棉布成为服饰的主要材料。

清代的服饰对近现代服装影响很大，清代男子服饰有汉族传统服装、满族民族服装和外来西洋服装。清代袍的式样，是在汉族传统服装的基础上加以改变，并吸收满族服装的特点制作而成。马褂是清朝流行的服装，它式样较多，但均为平袖口。旗装是中国满族的传统服饰，由满洲旗人设计制作，并作为所有旗人统一的一种袍式服装，所以叫“旗装”，也称“旗服”。服装多由各种色彩和图案的丝绸、花缎、罗纱或棉麻衣料制成。

进入近现代后，随着经济社会的不断发展，加之各民族间交流的不断深入，中华民族的服饰呈现出了多样化的特点。中华民族是一个多民族的国家，各民族有自己的民族服饰，都展示出绚丽多姿、光彩夺目的独特魅力。

## 二、中国传统饮食文化

中国饮食文化丰富多彩、博大精深。由于中国人口众多，地域广阔，饮食文化也因地域不同而存在较大差异。中国饮食文化渗透到文学艺术及审美领域等，蕴含的意义深厚且广博。

周秦时期是中国饮食文化的形成时期，多以谷物蔬菜为主食。春秋战国时期，谷物蔬菜齐全，饮食结构与现在有些差异，当时主要的粮食作物稷长时期占主导地位，为五谷之长，周朝以后中原开始引种稻子。汉代是中国饮食文化的丰富时期，这一时期饮食文化交流频繁，食物种类大大增加，还丰富了一些烹调方法。唐宋饮食文化有了进一步的发展，唐代大兴养生风潮，出现了药膳和药酒，水果养生成为时尚。明清时期饮食文化融入了满蒙的特点，结构有了很大变化。北方黄河流域小麦种植的比例大幅度增加，面食成为宋朝以后北方的主食。明代大规模引进马铃薯、甘薯等，蔬菜的种植达到较高水准。而“满汉全席”代表了清代饮食文化的最高水平。

中国是一个多民族的国家，因自然条件、经济条件、民族习惯、宗教信仰等因素的影响，出现了丰富的饮食民俗，使饮食成为一种文化活动，在长期的发展过程中形成了较为著名的八大菜系，即鲁菜、川菜、粤菜、闽菜、苏菜、浙菜、湘菜、徽菜。

中国饮食文化除了讲究菜肴的色彩搭配外，还很注重和讲究用餐氛围，它是中华民族的传统礼仪的突出表现。中国饮食文化是东方饮食文化圈的轴心，影响深远。中国饮食文化有许多鲜明的特点，如风味多样、四季有别、讲究美感、注重情趣及药膳作用等。中国烹饪注重饮食的命名、品味的方式、进餐时的节奏、娱乐的穿插等。中国菜肴的名称出神入化、雅俗共赏。中国的烹饪技术，与医疗保健有密切的联系，在几千年前有医食同源及药膳同功的说法，利用食物原料的药用价值，做成各种美味佳肴，达到对某些疾病防治的目的。

中国饮食文化是各族人民在生产和生活实践中，对食品调理、营养保健和饮食审美方面的独特创造。随着社会的不断发展和进步，人们的消费理念发生了巨大的变化，从过去的数量消费演变成现在的质量和形象消费，进而把饮食文化推向了审美范畴，成为审美研究的重要对象。

## 三、中国传统酒文化

中国是世界文明古国，是酒的故乡。酒文化是饮食文化的重要组成部分。自从酒产生之后，就有了与酒有关的文化——酒文化。我国是世界上酿酒最早的国家，拥有丰厚的酒文化，研究酒仪、酒俗、酒礼、酒德、酒趣等由来已久。酒不仅仅是一种饮品，它还具有更多的文化内涵。作为一种文化，它同时渗透到了文学艺术乃至审美情趣等诸多方面。

相传史前时代，原始部落的人们就开始懂得了酿酒。远古时期的酒，是未经过滤的酒醪，呈糊状和半流质。对于这种酒，多为食用，故食用的酒具一般是比较大的，所以古人一般是用碗、钵等喝酒。

追溯历史，最早的酒发现于以洛阳为中心的河洛地区。夏朝酒文化十分盛行。相传杜康是中国的酒祖。据史料记载，其酿酒工艺颇为讲究。要求造酒用的黑秫要成熟，投曲要及时，浸煮要清洁，要取用山泉水，酿酒器物要优良，火候要适当。杜康酒，有太多的传奇色彩，成就了不少锦绣文章和不朽诗篇，充分展示了夏朝浓厚的酒文化。

商代酿酒业十分发达，当时饮酒风气很盛，特别是贵族沉湎于酒色，大有亡国之势。商代统治者曾试图禁酒，力图挽救无节制饮酒导致的颓势。商代青铜器制作技术较高，制造出许多精美的酒器。周代大力倡导饮酒礼仪，饮酒以年长者为优先，其尊老敬老的民风在以酒为主体的民俗活动中体现了出来。这对后世影响很大，这种酒文化的遗风一直延续到现在。

春秋战国时期，由于铁制工具的使用，生产技术有了很大的进步。这就为酿酒业的进一步发展提供了物资条件，同时酿酒技术也有了明显的提高。秦汉时期的酿酒业得到了进一步发展，并且酒有了更多的用途，其中最突出的便是酒在医药方面的运用，东汉名医张仲景就用酒疗病。另外，汉代用酒来祭祀祖先和神灵，寻求心灵的抚慰。三国时期我国的酿酒技术有了很大进步，酒文化非常丰富。三国时期饮酒之风特别强劲，酒场如战场，品酒如品人生。魏晋时期，允许民间自由酿酒，饮酒之风大盛。魏晋名士饮酒风气成为时代的一道风景，酒中饱含着人生的感悟、社会的忧思、历史的慨叹，从而使酒的文化内涵有了进一步延伸。

唐、宋时期，许多文人墨客钟情于酒。喝酒成了催生艺术细胞的一种方式，致使酒与诗词、酒与书法等相融为一体。唐代是中国酒文化的鼎盛时期，酒文化底蕴丰厚，寓意丰富多彩。唐宋酒文化使艺术和人生孕育得更加丰满。宋朝酒文化比唐朝的酒文化更丰富，并且更接近我们现今的酒文化。宋代发明了蒸馏法，对后世的制酒业产生了重大影响。

明清两代是中国盛行酒文化的又一高峰，把酒文化推向了一个修身养性的境界。中国的酒文化具有很强的包容性，从名人雅士到普通的平民百姓都能品酒。酒广泛地融入了人们的生活，酒文化把普通的饮酒提升到品酒的各种境界，酒与人的一生相伴相随，或浓或淡，慢慢品读。

## 四、中国传统茶文化

茶的起源最早见于秦、汉时期的《神农本草》一书，但那时还没有茶的完整意义，没有茶文化的丰富内涵。

唐代陆羽撰写了世界上最早的茶叶专著《茶经》，它是中国乃至世界现存最早、最完整、最全面介绍茶的专著，介绍关于茶叶生产的历史、现状、生产技术、饮茶技艺以及茶道。它不仅是一部精辟的农学著作，还是一部研究茶文化的经典。它将普通茶文化升格为一种美妙的文化艺术，是中国古代专门论述茶叶的一部重要著作，推动了中国茶文化的发展。根据陆羽《茶经》推断，我国发现茶树和利用茶叶迄今已有 4700 多年的历史。

西周时期，茶叶多作为祭品使用，而战国时期，茶叶被用作治病药品，西汉时期，茶叶成为用于交换的商品。从三国到南北朝的 300 多年时间内，茶与佛教结缘。茶与佛有着悠久的历史渊源，佛教的人生信仰与茶叶有很大的联系和相通之处。茶叶是僧人坐禅修行不可缺少的饮品。品茶如品人生，悟茶道如悟人生之道。

魏晋南北朝时期，饮茶的习俗已经成为上层社会中的一种时尚。据《晋书》记载，桓温招待宾客主要以茶果，而不以酒食。同时，有关茶的一些文学创作也已经出现，如西晋杜育的《荈赋》就是当时茶文学的代表作。唐代，可以说是中国茶文化的成熟时期，饮茶的风气极为盛行。宋代一如唐代，饮茶品茗之风仍然盛行不衰，茶已成为中国人生活中的必需品。文人雅士更把茶与琴、棋、书、画并称，把饮茶看作陶冶性情的高雅活动。茶的种植、贸易也依然有增无减，并且制茶技术也有了明显的进步。元明清三代，饮茶的风俗继续发展，饮茶的方法不断出新。

中国作为茶文化的故乡，很早以前就把茶种以及种茶的技术传播到了外国。唐代茶从中国传到日本，促进了日本茶道的发展。宋代时有阿拉伯商人定居在福建泉州营运茶叶。明代郑和下西洋，茶叶也随着销售到东南亚和东部非洲各国。明代末期，荷兰商船从澳门运茶到欧洲，打开了中国茶叶销往西方的大门。

在中国，茶是国饮，它不仅是一种普通的饮料，而且是一种文化。在漫长的历史发展过程中，它和各地的民风民俗相结合，形成了特定的茶俗。“茶礼”习俗的产生主要源于古代中国人对茶树的认识，并把茶树人格化。古人认为，茶树不能移植，移植后不能再生。另外，茶树是一种四季常青的植物，能够寄托人们对爱情的美好愿望。所以，直到今天，在中国的一些地区，仍然保留着把茶叶作为婚礼赠品的古老习俗。例如，浙江省德清县三合乡，每到村里有娶妻嫁女的喜事，人们都要送上几包茶叶，并登门喝茶来表示祝贺。

此外，茶除了与婚姻相连以外，还常常被用于祭祀礼仪中。在过去，汉族在每年正月初一、冬至和每月朔望（朔指农历每月初一；望指农历月圆的那一天，通常是每月的十五日，有时是十六日或十七日），都要在各家的祠堂参拜祖先。因为祖先是家族的神明，保佑着家族的生存、安宁和兴旺，所以祭祀的仪式十分隆重庄严，祭器都是专用的，除了桌、椅、香炉、烛台以外，还有茶瓶、茶盏等；祭祀时，众人都要鞠躬三拜，然后由家长给各位神主斟酒，主妇斟茶。

茶文化展示的是文化艺术。饮茶可以修身养性、陶冶情操、享受生命的乐趣。茶文化品的是清和闲，品的是历史的沉香。

## 第四节　中华传统艺术文化

中国古代艺术以其东方艺术魅力特色在世界艺术史上独树一帜，其引人入胜之处不仅在于其高超的艺术成就，还因为它真切生动地蕴含着独具特色的中华文化精神。漫步在中国古代艺术长廊，每一种艺术形态都各放异彩，让人目不暇接、心驰神往。最能体现中国古代艺术文化特征的，当数书法、绘画和戏曲。

### 一、书法艺术

书法是中国特有的传统艺术文化。书法所研究的就是写字的法度，着重研究如何按照美的规律，在点画的结构与气势中，生动地表现审美感情，间接反映出产生这种感情的生活，以优美的形象和多样字体的形式来满足欣赏者的审美情趣。只有在中国文化中，书法才成为一门举足轻重的艺术，其独特性在于以汉字为表现对象，以毛笔为表现工具。

一方面，汉字的独特结构与丰富的内涵，为书法艺术提供了深厚的表现基础。中国书法的各个流派，都是通过书写汉字来体现自己的艺术风格的。中国古人在创造这种方块字的时候，已经融入了中国人对造型美的基本见解，即结构平衡、线条流畅整齐而有变化、均匀而有对比，每一个汉字都有艺术上的合理性。另一方面，汉字一开始就有象形意义，能够体现自然之美。因此，以汉字为对象的书法艺术，既能表现汉字的结构美，又能表现天地万物之美。伴随着文字从甲骨文演进为大篆、小篆、隶书、楷书、行书、草书，人们为了审美的需要就创造了各种字体的书法艺术。如果说文字是人类文化的第一次伟大创造，那么书法就是以汉字为基础的中华民族第二次的伟大文化创造。书法是借助于文字来表达书法家思想、修养、爱好、情感等审美取向的艺术符号。

书法的书写是用中国特有的毛笔完成的。毛笔柔软而富有弹性，最适于用来表现变化多端的书法作品。书法线条用毛笔一笔书成，不加修饰，可以得出万千效果，并且书写不同大小的字、不同书体的字，可以分别选取不同的毛笔来达到所希望的效果。一幅优秀的书法作品，其实就是“笼天地于形内，挫万物于笔端”，能够给人以美的享受。汉字的书写对中国人来说，能够表达出许多不能用语言来表达的、较字面意义更为丰富的东西。不像文学作品需要许多文字才能表达作者的思想，对书法而言，单从书法风格就能反映出书写者的内心。这种强烈的神秘主义，在传统文人看来就成了一种个人修为和品行的见证和表征。既然书法能够“一字见心”，而儒家道统又特别注重个人的修为与品性，甚至将修为与品性当作为官、为士的必然要求，那么书法自然而然也就成为一门提高修为与品性的独特艺术。

中国书法的辉煌，与历代书法家层出不穷有直接的关系。秦时有以小篆风格婉通著称的书法家李斯，东汉末有隶书造诣极高的书法家蔡邕，汉末至三国时期有写真书如“云鹄游天，飞鸿戏海”的钟繇，晋代有被称为“书圣”的大书法家王羲之。到了唐代，更是书法名家辈出，如以篆书名声大振的李阳冰；以草书著称的张旭，其工草书逸势奇状、妙绝古今，被誉为“草圣”；与张旭同样有名气的是怀素；被称为初唐四大书法家的欧阳询、虞世南、褚遂良、薛稷各具特色；“纳古法于新意之中，生新法于古意之外”的颜真卿，既善草书，也善正书，“点如坠石，画如夏云，钩如屈金，戈如发弩”；敢于再创新风的柳公权；等等。宋代以出新意于法度之中，肉丰骨劲、藏功于拙的苏轼；以侧险为势，横逸为功，变化无端的黄庭坚；加上米芾、蔡襄二人，被誉为“苏黄米蔡四大家”。元代有结体妍丽，并擅长篆籀、分隶、真行、草书的大书法家赵孟頫。明代长于行草的祝允明、文徵明、董其昌等人的书法，都产生了很大影响。即便是在清代康乾之际，人们仍然奉赵孟頫、董其昌的书法为圭臬。清代不但出现了一批隶书名家，还出现了篆籀大家邓石如。正是由于这一代又一代的书法大家的潜心钻研，刻意追求，不断开拓创新，才有了中国书法艺术高潮迭起的辉煌。

## 二、绘画艺术

中国的绘画最早可上溯至新石器时代，早期的绘画形式有彩陶纹饰和岩画，而后又出现了青铜纹饰、秦汉壁画、汉代帛画、画像石等。东汉时期，纸的发明为中国画创造了良好的载体。魏晋南北朝时，中国画开始迈入自觉的艺术门槛，出现了顾恺之、张僧繇、谢赫等一批画家和绘画理论家，这标志着中国画成为一门独特的艺术。

中国绘画艺术风格独特，历史悠久。在距今六七千年前的陶器上，已有反映当时人类生产活动的绘画。以线条为主要造型手段的绘画传统形成于战国时期，至汉代已达到极高水平。长沙战国楚墓出土的《人物龙凤帛画》和《人物御龙帛画》已显示出当时绘画艺术简括生动、婉转流畅的特征。内蒙古汉墓壁画《车马出行图》《乐舞百戏图》等皆造型生动，色彩鲜明，说明当时绘画艺术的成熟。魏晋南北朝时期的绘画，如顾恺之的《女史箴图》《洛神赋图》等，色调明丽，笔法细腻，生动传神，说明当时绘画艺术的提高与发展。唐朝吴道子的神佛、人物壁画栩栩如生，所以他被誉为“画圣”。此外，阎立本的人物，展子虔的山水，边鸾、刁光胤的花鸟，曹霸、韩斡的马，戴嵩、韩滉的牛等，都具有极其精湛的艺术水平。宋代绘画艺术中以张择端的《清明上河图》最为著名。这是一幅横长 528.7 厘米、纵长 24.8 厘米的长卷，描绘了当时首都东京汴梁物阜民丰、繁荣昌盛的景象。作品笔法细腻精工，布局错落有致，人物神态逼真，场面宏伟寥廓，艺术水平极高。宋代花鸟画也极为昌盛。黄荃、赵昌、崔白、赵佶等均负盛名。山水画名家则有李成、范宽、郭忠恕、许道宁、王诜等。苏轼、米芾等书画皆精，其以水墨为主的写意山水花鸟，俱为佳作。入元以后，许多汉族士大夫为寄托亡国忧思，同时也远身避祸而绘画以遣兴寄情。郑思肖、赵孟頫、黄公望、倪瓒、王冕、柯九思等人就是这些人物的代表。元灭明兴，绘画艺术更加成熟。边文进《双鹤图》《春禽花木图》等双勾重彩，笔法细腻，一时无二。戴进等人的山水花鸟则飘逸自然，不拘一格，亦称佳卷。此后沈周、文徵明、唐寅、仇英并称“江南四大家”。又有以徐渭、陈复道为代表的“水墨写意派”；以周之冕为代表的“花鸟画派”等，各领风骚。清代名家亦众，有摹古的王时敏、王鉴、王原祁、王翚，号称“四王”，又有力主鼎新，借古开今，推陈出新的朱耷、原济、髡残、渐江，号称“四僧”。清中期以后有王昱、王愫、王玖、王宸，号称“小四王”，其画风与“四王”相近。同时期的郑燮等“扬州八怪”也久负盛名。晚清名家有吴昌硕、虚谷、赵之谦等。

中国绘画追求绘画的意境，强调借助自然形象表现人的思想、情感、意趣、品格、精神，画中寓有诗意。中国的诗与画通常是相互融合、相互启发的。中国传统的画法主张绘画不应以表面的形似和制造幻象为目的，而应该“以形写神”，将艺术化地展现所画对象的精神气质作为绘画的最终追求。例如，画梅花，就要画出它凌霜傲雪的姿态和孤芳自赏的意味，而不强求朵朵梅花如何真实。笔墨结合是中国画基本的表现手段，风骨劲健是中国画的一大精神特色。刚健有为是中国传统文化的基本精神之一，长期以来，这种思想也影响着中国古代的绘画创作，使中国的绘画创作追求一种个体精神的寄托和抒发，体现出强劲的风骨特色。中国绘画不固定在某一个点上来观察事物，而是用流动的眼光看待世界，采用“移动透视”的表现手法处理构图。近代画家把这种画法叫作“散点透视”，也有人叫作“不定点透视”“运动透视”等。因此，中国画不受时间和空间的限制。中国画家采用“三远”法和“以大观小”法等来进行画面的结构布局，同时还喜欢在画面上留出一些空间，让观众去想象、补充，即所谓“空白”。

总之，中国绘画艺术是中华优秀传统文化的重要组成部分，是民族文化的重要象征之一。

## 三、戏曲艺术

中国传统戏剧通常称为“戏曲”，是以歌舞为主要的表现手段，包含文学、音乐、美术、杂技等其他技艺的综合性表演艺术。正如王国维《戏曲考源》云：“戏曲者，谓以歌舞演故事也。”中国戏曲最早可追溯至原始初民的歌舞。巫之事神，必用歌舞。后与俳优、音乐相连，先后出现了汉代百戏、六朝伎艺、隋唐歌舞戏和参军戏、宋杂剧、金院本等多种艺术形态，至宋元之际，形成要素比较齐全的戏曲。

元明清三代是中国传统戏曲发展的鼎盛期，主要戏曲类型有：①南戏。这是北宋末叶至元末明初流行于中国南方的戏曲形式。南戏声腔（南曲）大多由宋杂剧、宋词及里巷歌谣综合衍变而来，在流传过程中，又与当地民间小曲、土戏相结合，形成“四大声腔”。②北杂剧。这是在宋金杂剧和诸宫调的直接影响下，融合各种表演艺术形式而形成的，先以大都（今北京）、山西等北方为演出中心，元灭南宋后，也逐渐流传至南方。北杂剧结构比较严整，通常为四折，一剧由一个角色主唱。演唱曲调称北曲，大多来源于唐宋大曲、宋词和北方民间曲调，显得遒劲质朴。③传奇。明代南戏盛行，在南北戏曲交流的基础上形成传奇。李渔在《闲情偶寄》中说：“传奇者，因其事甚奇特，未经人见而传之，是以得名。”明代传奇作家辈出，成就最高者当推汤显祖。汤显祖是江西临川人，其所创作的传奇《紫钗记》《牡丹亭》《南柯记》和《邯郸记》，亦称“临川四梦”。明清易代之际，苏州戏曲作家群突出，李玉是这个群体的领袖人物，著有《清忠谱》等传奇 40 余种。

清朝初期，社会民族矛盾尖锐，传奇作家们以传奇来抒发兴亡之感，总结历史教训，先后出现洪昇的《长生殿》和孔尚任的《桃花扇》两部杰作，戏曲史家将之视为传奇的“压卷之作”，传奇创作达到高峰，显示了传奇创作最后的辉煌。这一时期还出现了杰出的戏曲理论家李渔。李渔，浙江兰溪人，所著《闲情偶寄》中的“词曲部”和“演习部”，被后人摘编为《李笠翁曲话》，是一部论及编剧、表演等方面的专著，多有真知灼见。

明清时期形成和发展了众多的地方戏曲剧种及全国性的大剧种“京剧”。继明代诞生的昆山腔、弋阳腔等声腔剧种之后，清代的地方戏曲剧种在全国范围内如雨后春笋般兴起，呈现一派繁荣景象。在目前统计的 360 多个剧种中，形成于清代的汉族地方戏曲剧种有近 200 种，占总数的一半有余。比较著名的地方曲种有豫剧、越剧、黄梅戏和评剧等。这些地方剧种以 1840 年为界限，划分为前后两个时期，前期主要有梆子腔、皮黄腔和弦索腔等，后期主要有花鼓戏、秧歌戏、滩簧和采茶戏等。

京剧又称皮黄腔，是在早期徽剧和汉剧的基础上，吸收昆山腔、梆子腔等其他剧种的营养，并加入北京的地方特色演变而成的。京剧的奠基始于徽班进京。清乾隆五十五年（1790 年），为祝乾隆寿诞，三庆班、四喜班等四大徽班应征陆续进京演出。嘉庆、道光年间徽班艺人与湖北汉调艺人合作，相互影响，并吸收了其他剧种的唱腔与表演方法，历经咸丰、同治两朝的发展，终于在光绪年间形成了相当完整的艺术风格和表演体系。京剧以西皮、二黄为主要腔调，用京胡、二胡、月琴、三弦、笛、唢呐等管弦乐器和锣鼓、铙钹等打击乐器伴奏。《霸王别姬》《群英会》《打渔杀家》和《三岔口》

等剧目流传较广。京剧名家辈出，流派纷呈，程长庚、谭鑫培、梅巧玲与杨小楼、梅兰芳、程砚秋、荀慧生、尚小云、马连良、周信芳、盖叫天等，是代表了京派、海派在不同时期、不同流派的京剧名家。由于雅俗共赏，京剧深受广大观众的喜爱，被称为“国剧”。

戏曲具有很强的程式性，表现在人物塑造上有所谓“角色行当”之分。中国戏曲分为生、旦、净、丑四个基本行当，每个行当又分为几个专行，表演上各具特色。

生行是传统戏曲中出现最早的行当，扮演者都是男性。近代根据所扮演人物年龄、身份的不同，又划分为老生、小生、武生、娃娃生等。旦行，女角色之统称。千姿百态的女性形象，上至皇后贵妃，下至大家闺秀、小家碧玉、风尘女子，都属于旦行。根据所扮演人物年龄、性格、身份的不同，旦角大致划分为正旦（青衣）、花旦、武旦、老旦、彩旦等。净行，又称“花脸”。脸上用各种色彩勾勒出鲜明的图案，扮演性格、气质、相貌上有特异之处的男性角色。这些角色个性鲜明，或粗犷豪迈，或刚烈耿直，或阴险毒辣，或鲁莽诚朴。净角演唱声音洪亮宽阔，动作大开大阖、顿挫鲜明，为戏曲舞台上风格独特的性格造型。净行根据角色性格、人物身份，大致可归纳为三大类，即以唱功为主的正净，以做功为主的副净，以武功为主的武净。丑行，俗称“小花脸”“三花脸”，与“大花脸”“二花脸”相对而称。丑角扮演人物种类繁多，有的心地善良、幽默滑稽，有的奸诈刁恶、悭吝卑鄙。丑行念白口齿清楚、清脆流利，程式灵活自由。丑行大致可分为文丑和武丑两类。

戏曲作为一种传统艺术，深受中国人的喜爱。作为民俗文化的突出代表，中国戏曲呈现出既俗又雅、既驳杂又统一的复杂面貌，是中华民族文化中一颗璀璨明珠。

## 第五节　中华传统民俗文化

中国地大物博，民族众多。在漫长的生活岁月里，形成了诸多节日风俗。这些节日风俗和其他传统风俗一样，都是伴随着历史的发展而形成的，反映了各个民族生息、发展、进步的全过程。

## 一、传统节日文化

中华传统节日不仅有内容丰富、异彩纷呈的民俗活动，而且蕴含着深厚的文化底蕴，春节、端午节、中秋节等是我国历史悠久、影响广泛的传统节日。在传统节日中，为增添节日的乐趣和气氛，家家户户还要备一些应节或应季的食品和酒类饮料，此外，还要举行一些特定的活动，以此构成浓郁的节日风情。这些活动经过历代的传袭和沿革，摒弃了其中的一些消极因素，从而更具有积极的意义，成为中华民族优秀传统文化的重要组成部分。

### （一）春节

春节俗称“过年”，已有四千余年的历史。广义的春节，包括除夕和正月。

除夕，又称“除夜”“除日”“岁除”，最早源于古人的祭祀仪式，是古代傩文化的集中体现。每逢岁终之时，古人都要举行腊祭仪式。人们头戴鬼怪或野兽的傩具，装扮成鬼兽的样子，以祭祀祖先，驱赶恶魔，祈祷来年风调雨顺。东汉应劭《风俗通义》记载：“腊者，猎也，言田猎取禽兽，以祭祀其先祖也。”或曰：“腊者，接也，新故交接，故大祭以报功也。”《礼记·郊特牲》记载：“天子大蜡八，伊耆氏始为蜡。蜡也者，索也。岁十二月，合聚万物而索飨之也。”腊祭是一年祭祀的终结，是酬拜百神、祭祀祖先、欢庆丰收的重要节日。

西汉时，汉武帝于太初元年（前 104 年）颁布诏令，要求全国施行夏历，以十二月为岁终，以正月为岁首，将正月初一称为“元旦”。此后，腊祭失去了岁终的含义。汉代以后，人们以农历腊月最后一天为除夕，以正月初一为元旦，这一习俗一直沿袭至清末。1911 年，中华民国南京临时政府废除农历纪年，采用国际通行的公历纪年，将农历正月初一定为春节，将公历 1 月 1 日定为元旦。

守岁。相传人们为了防止年兽袭扰，聚在一起守着碎竹节，以作防备。除夕守岁之俗可追溯至魏晋时期。西晋周处《风土记》云：“至除夕，达旦不眠，谓之守岁。”守岁之风盛于隋唐。唐人在除夕黄昏之后便燃烛守岁，达旦不寝，以迎接新年的到来。杜审言《守岁侍宴应制》中对宫廷除夕守岁有详细记载：“季冬除夜接新年，帝子王孙捧御筵。宫阙星河低拂树，殿廷灯烛上薰天。”

春联。春节时用红纸书写贴在门上的对联，民间俗称“门对”“春帖”，传说源于神荼和郁垒的神话故事。东汉张衡《东京赋》称，“度朔作梗，守以郁垒，神荼副焉，对操索苇”，于是，人们用桃木削成神荼和郁垒的形象置于门前。后来，人们在桃木板上写上两人姓名挂在门前，称为“桃符”。北宋著名文学家王安石《元旦》诗吟：“爆竹声中一岁除，春风送暖入屠苏。千门万户曈曈日，总把新桃换旧符。”诗中的“新桃”和“旧符”，指的就是桃符。在桃木板上书写春联的习俗，起源于唐末。五代时，后蜀君王孟昶写下“新年纳余庆，佳节号长春”的联语，被认为是现存最早的春联。

贴福字。春节时，人们在自家门口贴上一个“福”字，而且“福”字要倒贴，表示福到了，寓意福气与幸运的降临。《梦粱录》载：“岁旦在迩，席铺百货，画门神桃符，迎春牌儿……士庶家不论大小，俱洒扫门闾，去尘秽，净庭户，换门神，挂钟馗，钉桃符，贴春牌，祭祀祖宗。”[①]贴春牌，指的就是贴福字。

贴年画。年画是独具中国传统元素的工艺品之一，表现形式以写实为主。传统年画多木刻，着力渲染和烘托喜庆氛围，主题多种多样，有花卉、鸟类、动物、神话传说、历史故事等，表达了人们祈祷美好生活的夙愿。各地年画迥异有别，四川绵竹、苏州桃花坞、天津杨柳青、山东潍坊均以出品年画著称，被誉为“中国四大年画之乡”。

门神是年画的一种主题形式。春节时，家家户户有贴门神的传统，上首是威武英俊的秦琼，下首是凶猛威严的尉迟恭，他们都是初唐开国名将。为了守护唐太宗，魏徵亲命秦琼和尉迟恭护佑两旁，以保平安。民间将这两位将军的画像贴于自家门上，以避妖魔鬼怪。

放爆竹。每逢春节来临之际，人们都要燃放爆竹庆贺新年，冀望以“噼噼啪啪”的爆竹声荡除旧日烦恼，迎接新的一年。爆竹已有两千多年的历史，民间称之为“爆仗”“炮仗”“鞭炮”。《诗经·小雅·庭燎》载有“庭燎之光”，是指用竹竿制作的火炬。竹竿燃烧后，竹腔爆裂，发出“噼噼啪啪”的响声，这就是爆竹的起源。火药发明以后，唐代爆竹的原料主要是硝。宋代，人们将硝石、硫黄和木炭等填充在竹筒内燃烧，以制作爆仗。后来，人们用纸筒和麻茎装填火药，编成串，以制成鞭炮。

① 吴自牧．梦粱录[M]．杭州：浙江人民出版社，1984：50.

逛庙会。采办年货是人们过年最重要的事情。为了购置年货，人们往往要去逛庙会。庙会，就是在祠庙附近聚会，同时举办祭神、购物、消遣、娱乐等活动，即常说的庙市。据《北平风俗类征・市肆》引《妙香室丛话》记载，“京师隆福寺，每月九日，百货云集，谓之庙会”。事实上，庙会最早可追溯至远古时期的宗庙社郊制度。《左传・成公十三年》记载，“国之大事，在祀与戎”。为求得祖先及神灵庇佑，人们在宫殿或房舍里祭祀祖先，以祈求风调雨顺、国泰民安。祭祀时，人们要表演歌舞，称庙会戏。

吃年糕。年糕有很多种口味，代表性的有华北的白糕、塞北农家的黄米糕、江南水乡的水磨年糕、台湾的红龟糕等。南方年糕以糯米磨粉制成，北方则以黏黍（俗称小黄米）粉制成。明代刘侗和于奕正的《帝京景物略》记载，“正月元旦，夙兴盥漱，啖黍糕，曰年年糕”。南方年糕品种众多，以苏州、广东、宁波三地的年糕最好，味道有咸、甜等。

年夜饭。除夕傍晚，一家人团聚在一起吃年夜饭是过年最重要的活动。北方的年夜饭以饺子为主，通常将蜜糖、花生、冬枣、栗子、金如意等包进馅里。吃到如意或蜜糖的人，寓意来年日子更甜美；吃到花生的人，寓意健康长寿；吃到冬枣和栗子的人，寓意早生贵子。南方的年夜饭以饭菜为主。皖南一带有肉菜肴宴；浙东一带有“十大碗”，寓意“十全十福”；鄂东地区有“三蒸”（蒸全鱼、蒸全鸭、蒸全鸡）、“三糕”（鱼糕、肉糕、羊糕）、“三丸”（鱼丸、肉丸、藕丸）；赣东北讲究四冷、四热、八大菜、两汤；苏南一带除夕餐桌必有青菜（安乐菜）、黄豆芽（如意菜）、芹菜（勤勤恳恳）；等等。

### （二）端午节

端午，又名“端五”“重午”“重五”“端阳”等，最早源于上古时期的干支纪年，指的是五月里的第一个午日。饭稻羹鱼的史前先民，世代以种植水稻、小麦为生，对时令节气十分关注。阴历五月初五，是夏季中最重要的农忙时节。端午人们有用兰草汤沐浴的习俗，又名“沐兰节”。唐宋时，亦称“天中节”。明清时，称之为“五月节”“女儿节”等。

1.端午节的来源

（1）祭伍子胥说。春秋名臣伍子胥原本是楚国人，他的父亲与兄弟因遭猜忌被楚平王所杀。伍子胥为躲避株连，连夜逃亡至吴国。伍子胥因才华出众，不久得到了吴王阖闾的赏识。他帮助吴王伐楚攻越，成就宏图大业。吴王在伐越中负伤而亡，其子夫差继位。夫差在伍子胥的辅佐下替父报仇雪恨，大败越国，迫使越王投降。伍子胥深知越国必兴兵再起，力谏夫差趁势剿灭越国。夫差偏听太宰伯嚭谗言，决意议和，此后逐渐对伍子胥疏远、猜忌，最终赐剑令其自刎。伍子胥临终前断言，吴国必亡于越国。夫差听闻后勃然大怒，将伍子胥的尸首投入胥江。吴国百姓十分敬重和缅怀伍子胥，遂将其尸首打捞上来埋在胥口（今江苏苏州）。此后，吴越民众敬奉伍子胥为江神、波神，并建有伍相祠，五月初五祭祀伍子胥的风俗延传至今。

（2）悼念屈原说。南梁宗懔《荆楚岁时记》谓，“五月五日竞渡，俗为屈原投汨罗日，伤其死所，故并命舟楫以拯之”，又称“屈原以夏至赴湘流，百姓竞以食祭之。常苦为蛟龙所窃，以五色丝合楝叶缚之”。屈原本是春秋时楚怀王的名臣，力倡举贤授能、富国强兵，力主联齐抗秦，遭到贵族子兰等人的反对，后被革职流放。在流放途中，他写下忧国忧民的《离骚》《天问》《九歌》等不朽的诗篇。秦军攻破楚国都城郢，屈原眼见祖国遭受欺辱，心力交瘁，遂于五月五日写下绝笔《怀沙》，后毅然自投汨罗江，捐躯赴国。百姓们哀痛不已，自发前往江边凭吊。渔夫们划起小舟，在江上寻觅屈原尸首。渔夫拿出为屈原准备的饭团投入江中，希望喂饱鱼虾蟹，这样它们就不会吞噬屈原身躯。一位老郎中端来一坛雄黄酒洒入江中，说是醉倒江中的蛟龙水兽，以免伤及屈原。后来，百姓们便以划龙舟、吃粽子、饮雄黄酒等习俗来祭奠屈原。

（3）旌表曹娥说。曹娥本是东汉会稽郡上虞（今浙江绍兴）人。《会稽典录》记载：“父盱，能抚节安歌，婆娑乐神。汉安二年（143 年）五月五日，于县江迎伍君神，溯涛而上，为水所淹，不得其尸。娥年十四……遂自投于江而死。”据说其父亲沉溺江中，数日不见尸首，曹娥昼夜沿江号啕大哭。五月五日投江寻父，五日后曹娥尸体竟抱着父亲尸首浮出水面，百姓对曹娥的孝行无不动容。经过人们的口耳相传，朝廷很快知晓此事，遂立碑旌表，以彰孝道。在浙江绍兴一带，百姓在曹娥投江处建有曹娥庙，将曹娥居住的村庄易名为曹娥村，将其殉父之江定名为曹娥江。以后每年五月初五，绍兴百姓便来江边祭祀曹娥。

2. 端午节的主要习俗

镇妖辟邪。古人认为五月“尚恶”，五月五日实为“恶日”。《西京杂记》称：“俗谚：‘举五日子，长及户则自害，不则害其父母。’”是日妖魔丛生，瘟疫肆虐，遇事不吉，家家户户门前贴上朱色咒符，悬挂艾蒿，家中祭拜钟馗像，以祛除“五毒”侵害。人们踏百草，沐百草浴，还有佩戴香包和绑缚五花绳的习俗，以此驱尽瘟疫、辟邪、止恶气。

龙舟竞渡。荆楚和吴越百姓有端午竞渡的风俗。越王勾践灭吴后，十分敬重伍子胥的忠烈，对其惨死深感怜悯惋惜。勾践不仅立坛杀白马、祭奠伍子胥、筑祠于江上，还在越国倡导竞渡，“盖悯子胥之忠而作”。杭州民众建伍子胥祠于吴山，每逢端午时祭祀。战国时，越国被楚国所灭，吴越竞渡的风俗随着楚国疆域的延展遍及南方各地，荆楚民众借竞渡纪念投汨罗江的屈原。

吃粽子。每逢端午节，人们都要浸糯米、洗粽叶、包粽子。粽子，又称“角黍”“筒粽”，缘起甚早，花样繁多。晋代周处《风土记》称，江南“俗以菰叶裹黍米，以淳浓灰汁煮之，令烂熟，于五月五日及夏至啖之。一名粽，一名角黍”。南梁吴均在《续齐谐记》中记载，楚人哀悼屈原，“每以竹筒贮米投祭”。南北朝时已有杂粽，米中掺杂着肉类、板栗、红枣、赤豆等。唐代时，包粽子使用的米“白莹如玉”，形状有锥形、菱形等。北宋吕原明《岁时杂记》记载，宋代的粽子“名品甚多，形制不一，有角粽、锥粽、茭粽、筒粽、秤锤粽”。南宋时有蜜饯粽，即将果品入粽。元明时，粽子包裹料从菰叶变为箬叶，以后又出现了芦苇叶包的粽子，附加料有豆沙、猪肉、松子仁、枣子、胡桃等。江南是最早种植水稻的地方，糯米栽培历史悠久，煮粽传统起源甚早，浙江嘉兴的粽子闻名遐迩。

斗百草。两人用草茎互相拉扯，被拉断的一方视为输，常用草为车前子。《诗经·国风·周南》有《芣苢》一诗，讲述妇孺嬉戏斗草的风俗。宋龚明之《中吴纪闻》记载有“吴王与西施尝作斗百草之戏”的趣事。清袁学澜《吴郡岁华纪丽》称端午“结庐蓄药，斗百草”。白居易《观儿戏》，“弄尘复斗草，尽日乐嬉嬉”，所言即斗草风俗。南宋诗人范成大有《春日田园杂兴》诗云：“青枝满地花狼藉，知是儿孙斗草来。”

挂艾叶。古人认为五月是恶月，要采集草药，祛除晦气，各地有端午挂艾草于门前以驱邪、祈愿身体健康的说法。在浙江临安的百丈山，存有“玉仙洞”“太公潭”等历史遗迹，相传是吴国太伯采制艾叶的地方。

百索。百索，即五色丝线，缠于臂上可以避邪。端午系百索的习俗在唐代尤盛，百索是皇帝赐给大臣的节日礼物，窦叔向的《端午日恩赐百索》说的就是这个风俗。五色丝线是一种材质较好的丝绸，端午节时百姓将之系于臂，名曰“辟兵”，祈祷人们不被病瘟纠缠。明代百姓在过端午时，儿女辈用五色彩索缠臂，长辈则以簪艾叶、石榴花驱邪。清代康熙年代，百姓将五色丝缠于臂，男左女右，称之“长寿线”。乾隆时，民间用丝绸加蒜粽之类以辟邪。

喝雄黄酒。端午时，人们喜喝雄黄酒或用雄黄酒涂于小儿额头与耳鼻间。雄黄，又名“鸡冠石”，有光泽，呈橘黄色，中医常用此作解毒杀虫药，尤其可以驱逐蜈蚣、毒蛇之类的害虫。东晋葛洪在《抱朴子》中讲述黄帝在炼丹成仙前，“昔圆丘多大蛇，又生好药，黄帝将登焉，广成子教之佩雄黄，而众蛇皆去”，此后“雄黄祛毒”成为民间常用的土方。江南民间传说《白蛇传》记载，许仙在端阳节与妻子白素贞共饮雄黄酒，白素贞现出蛇形。

赐扇。唐代端午有赐扇习俗。未婚男子送“端阳礼”之时，要将最宝贵的扇子馈赠爱慕之人。长安市民在端午时多互赠坠扇，东市竟成扇市。扇的种类有羽毛扇、绸缎扇、檀香扇等。《唐会要》记载，贞观十八年（644 年）五月五日，唐太宗谓长孙无忌、杨师道曰：“五月旧俗，必用服玩相贺。朕今各赐君飞白扇二枚，庶动清风，以增美德。”太宗还亲自在扇面上题有鸾、凤、蝶、龙等字，以示尊贵。

**（三）中秋节**

农历八月十五中秋节，又名“八月半”“月亮节”。因八月是秋季的第二个月，中秋又名“仲秋”。这一天，月亮满圆，象征团圆，名为“团圆节”，是阖家欢聚、共叙亲情的重要日子。每逢中秋节，皎洁明亮的月光映照大地，民间则举行赏月、祭月、吃月饼等活动。

中秋节的起源，有三种说法：一是源于古人对月亮的崇拜，二是源于月下觅偶的习俗，三是古人有秋天祭拜土地神的习俗。中秋节演变为节日，源于唐代。《开元遗事》中记载，“中秋夕，上与贵妃临太液池望月”，此后民间纷纷效仿，便有了中秋赏月的习俗。

与中秋节相关的传说、习俗主要有以下几种。

嫦娥。民间传说认为，月宫里住着仙女嫦娥。嫦娥是帝喾的女儿，也称姮娥，美貌非凡。她本是后羿的妻子，受后羿连累谪居下凡。为求两人在世间永生，后羿便去西王母处求得长生不死之药。嫦娥因过不惯人间清苦生活，趁后羿不在家，偷吃全部的长生不老之药，独自奔向月亮。《淮南子·览冥训》：“羿请不死之药于西王母，姮娥窃以奔月，怅然有丧，无以续之。”民间流传，月宫有个叫吴刚的人，一年四季总是不停地砍伐桂花树；还有一个常年陪伴在嫦娥身边的玉兔，年复一年地捣药。由于嫦娥被赋予月神的角色，人们认为嫦娥是主宰人间姻缘的神仙，因此，民间将媒人称为“月下老人”。

祭月。俗话说“月到中秋分外明”。据《礼记》记载，“天子春朝日，秋夕月。朝日以朝，夕月以夕”。“夕月”指的就是秋分夜晚祭月。祭月是中秋节最古老的祭祀活动。民间将月亮视为神仙，称为“月神”，说的就是嫦娥。据记载，周天子每逢仲秋时节都要举行盛大的祭祀活动。国都镐京，筑有月坛。祭月时，周天子一身素衣，骑着白马前往月坛祭祀。楚人也有中秋祭月的习俗。《九歌·湘夫人》记载：“与佳期兮夕张。”所谓夕张，说的是陈设祭具、布施帷帐，然后在祭月时祭祀湘夫人，后演变成中秋拜月的遗风。

赏月。据说春秋时楚人就有秋夕荡舟赏月之风。唐代李白《月下独酌》有“花间一壶酒，独酌无相亲。举杯邀明月，对影成三人”的名句。唐代张九龄的《望月怀远》感慨道：“海上生明月，天涯共此时。情人怨遥夜，竟夕起相思。”唐玄宗与杨贵妃在中秋之夜驾临太液池望月，成为千古风流的韵事。

吃月饼。月饼最早源于祭奉月神的祭品，此后品尝月饼与赏月融为一体，月饼成为节日必备品。中秋祭月，“果饼必圆”；各家都要设“月光位”，在月出方向“向月供而拜”。明代陆启泓《北京岁华记》中称：“中秋夜，人家各置月宫符象，符上兔如人立；陈瓜果于庭，饼面绘月宫蟾兔；男女肃拜烧香，旦而焚之。”清富察敦崇《燕京岁时记》中说：“中秋月饼，以前门致美斋者为京都第一，他处不足食也。呈供月月饼到处皆有。大者尺余，上绘月宫蟾兔之形。……每届中秋，府第朱门皆以月饼果品相馈赠。”月饼种类繁多，口味各异，主要有广式、苏式、潮式和京式。京式月饼主要流行于京津一带，以素食为主。广式月饼主要流行于广东，以糖为主。苏式月饼主要在苏浙沪一带流行，口味松酥。潮式月饼主要在潮汕等地流行，形状扁平。

## 二、礼仪习俗

### （一）古代婚姻礼仪

1．说媒

“天上无云不下雨，地上无媒不成亲。”说媒是中国传统婚姻礼俗中必不可少的第一个环节。在漫长的专制社会里，男女“授受不亲”，更不用说自由恋爱了。而且，在封建家长制的统治之下，婚姻大事由不得自己做主，“男不自专娶，女不自专嫁，必由父母，须用媒妁”。“媒妁”，许慎在《说文解字》中是这样解释的："媒，谋也，谋合二姓者也。""妁，酌也，斟酌二姓者也。"另有解释男为"媒"，女为"妁"。综合起来，就是斟酌谋合男女二姓，撮合促成两家婚姻。因此，媒妁实际上就是在男女双方的父母之间牵线搭桥，起着协调双方利益的作用。

既有礼教律法上的规定，又能成全青年男女的终身大事，媒人注定是一个重要的角色，理所当然地受到双方家长的高度重视。在做媒的过程中，礼遇有加、好吃好喝自不必说；如若成事，在男女大婚的亲迎之日，媒人总是被待为座上宾，并且还可得到一笔钱财，即"谢媒礼"。也正因如此，一些品行不端的媒人为了牟取私利，常在男女两家之间相互隐瞒欺骗，花言巧语，不负责任，有的甚至酿成恶果。因此，媒人常在"三姑六婆"之列，被蔑称为"媒婆"，遭到世人的厌恶。

2."六礼"

"六礼"是中国古代传统婚姻礼俗的核心内容，大体形成于周代。据《仪礼·士昏礼》记载，这"六礼"按其顺序依次为纳采、问名、纳吉、纳征、请期、亲迎。其中，前五项为婚前礼，属于议婚、订婚的过渡性礼仪，最后一项"亲迎"为正式婚礼。

纳采。即男方家请媒人向女方家表示求婚之意，就是俗称的"提亲""说媒"。如果女方同意议婚，男家则要备礼去女家正式行聘。纳采须以雁为贽礼，后面的几项礼仪也大多须用雁作礼物（只有"纳征"可以不用雁），古人主要是取大雁"逐阳随夫""忠贞不二"和"长幼有序"之意。因活雁难得，后世多用鹅或鸡代替。

问名。女家接受了纳采的礼物，就初步表示同意结亲。接下来，男家要托媒人携礼物前往女家询问女子的姓、名、字、排行以及出生的年月日和时辰，以便回去占卜吉凶，即迷信所说的"合八字"。如果属相有冲或五行相克，则不能缔婚。口头问名后，男女两家要交换书有文字资料的"草帖子"，以示庄重。

纳吉。这是订婚阶段的主要仪式。问名之后，经过占卜，如果认为各方面都合适，即所谓"吉兆"，男方就要再备雁礼派人通知女方，表示婚约已成，女家则设宴酬答，这就是纳吉，相当于现代民间的订婚之礼。纳吉之后，男女双方都要受到社会伦理的约束，婚姻之事就不可轻易言废了。

纳征。又称"纳币""大聘""过大礼"等，即男家向女家送较重的聘礼的仪式，经过这一道礼节，婚姻进入正式筹备阶段。纳征所送的聘礼，多取吉祥之义，数目宜双忌单。例如，称夫妻为“伉俪”，即来源于古代以“俪皮”为聘礼的风俗。“俪”为成双、配对之意，“俪皮”就是两张鹿皮。

请期。送过聘礼后，男方择好合婚的具体日期，并准备礼物请媒人通报女方，征得同意，也称之为“提日子”“告期”“送日子”“探话”等。成婚的日期不是随便确定的，也要经过占卜推算，选择所谓的吉日良辰。大户人家还要下婚书，即以书面形式予以确定。请期之后，男女双方就开始忙于操办具体的婚事了。

亲迎。又称“迎亲”“完婚”，是“六礼”中最后一道礼仪，就是合婚之日新郎迎娶新娘、举行婚礼大典的一系列仪式和活动。

### （二）生育习俗礼节

1.满月

婴儿出生一个月叫“满月”，父母发帖宴客，亲友携礼祝贺。满月这一天的重要礼仪是剃满月头，也叫“剃胎发”。

剃头过程中的讲究颇多。小孩由祖父或有福气的亲友抱着，脚踩用红布包着的一把葱、一扎芸、一柄斧，分别取聪明、运气、富贵之意。发式也有好几种：脑后留一撮毛的，俗称“百岁毛”“长命毛”或“撑根长”；额前留一撮毛的，称为“聪明发”；顶囟门留一寸见方的胎发，叫作“孝顺毛”，因其呈瓦片状，也有称“瓦片头”的。剃下的胎发不能随便丢弃。有的用红纸包好置于大门顶上，意谓步步登高；有的用红布包裹，悬挂于保生娘娘的神座旁边，祈求保佑长生，也有很多人家将胎毛搓成团，用彩线缠好，或悬于堂屋高处，或挂于床头枕边，前者取有胆识之意，后者认为可以镇邪。

2.周岁

婴儿一岁，古代称“周”或“晬”。婴孩周岁这天，亲戚好友要来赠礼庆贺，并参加一项重要的仪式——拈周试晬，俗称“抓周”。

抓周之俗历史悠久，早在南北朝时就流行于民间，那时叫“试儿”。《颜氏家训·风操》有载：“江南风俗，儿生一期（一年），为制新衣，盥浴装饰，男则弓矢纸笔，女则用刀尺针缕，并加饮食之物，及珍宝服玩，置之儿前，观其发意所取，以验贪廉愚智，名之为试儿。”如果小孩抓得书和文具，被认为将来定能饱读诗书、仕途无量；若抓算盘、铜钱则经商；抓刀剪则为工；等等。抓周实际上寄托了大人对孩子的一种祈盼，以此来预示婴儿将来的前途，只是一番心意而已，切不可当真。

3. 成年礼

成年礼是人生礼仪的一个重要环节，是男女青年步入成年的标志。成年礼有性别之分，男子的成年礼称“冠礼”，加冠的年龄是 20 岁；女子的成年礼称“笄礼”，及笄的年龄是 15 岁。《白虎通义》里说：“男子幼娶必冠，女子幼嫁必笄。”由此可见，古代的男女青年只有在举行了冠礼和笄礼之后才能谈婚论嫁。

成年礼在周代就已盛行。周代冠礼的过程比较复杂：举行冠礼前，必须“筮日”和“筮宾”，即确定加冠的吉日和选定负责加冠的人。冠礼中，“宾”（主加冠者）一共要给受冠者加三次冠（缁布冠、皮弁冠、爵弁冠），分别象征着授予其治人的权利、服兵役的权利和参加祭祀的权利。加冠拜祖之后，还要给受冠者取“字”，以受人尊称，有的地方称“庆号礼”。《礼记·冠义》说：“已冠而字之，成人之道也。”至此，冠礼结束，成人诞生，家长可以考虑给孩子办婚事了。

至于成年女子的笄礼，则是改变幼年时的发式：把头发绾成一个髻，用一块黑布包住，然后再拿簪子插住。“笄”就是插在头发上的簪子，笄礼由此得名，有的地方也称“上头”。笄礼的主持者是女性家长，负责加笄的是女宾。礼成之后，女子同样可“以姓配字”，成为社会的一员，并可以开始婚恋了。

除了传统的冠礼和笄礼之外，有些地方和民族还流行穿裤礼、穿裙礼、文身礼、染齿礼、凿齿礼等，都属于成年礼的形式。

## （三）姓和氏

说起姓氏，或许有人认为姓和氏是一回事，就是我们的姓名里的“姓”。事实上，古代社会的姓与氏是既有联系又有区别的两个概念，而且它们的作用也是不相同的。

1. 姓与氏的区别

上古有姓有氏。姓是表示具有共同血缘关系的同一家族的标志，是一种族号；氏是姓的分支。明代大学者顾炎武在《日知录》中指出：“言姓者，本于五帝，自战国以下之人，以氏为姓，而五帝以来之姓亡矣。”由此可知，中国人是先有姓而后有氏的。

姓起源于母系社会，是一个氏族或部落的标志。从史料记载来看，远古的华夏民族在母系社会时，姓是以母系为中心的，人们“但知有母，不知有父”，即便是三皇五帝，古文献也只述其母，而不载其父。故远古的姓多以“女”为偏旁，如“姚”“姬”“姒”“妫”“姜”等即是。《说文解字·女部》对姓的解释为：“姓，人所生也，因生以为姓，从女从生。”可见，“姓”保留着母系制的遗痕。

三代以前，姓、氏有别，其功能也不同。姓是用来“别婚姻”的。远古的人们在漫长的繁衍进程中逐渐发现，同一血统内的群婚不利于后代繁殖，提出了“男女同姓，其生不蕃”的进化原理。因此，“同姓不婚”成了一条社会法则，后来又纳入了礼制的轨道，人人都需遵循。这一点，应该说是中华民族为人类文明所做的贡献。氏是用来“明贵贱”的。先秦时期，只有贵族才有氏。天子分封子弟为诸侯，诸侯分封子弟为卿大夫，都要赐“氏”。一般即以受封赐的国名或采邑之名为氏，也有以官爵居处或父祖的字为氏的。《通志·氏族略》中说：“三代之前，姓氏分而为二，男子称氏，妇人称姓。氏所以别贵贱，贵者有氏，贱者有名无氏。”

战国时期姓氏制度开始发生变化，秦末大乱以后姓与氏逐渐融合，汉代则通谓之姓，并且上至天子下至庶人均有姓，表明个人所出家族。“姓氏之称，自太史公始混而为一。”司马迁在《史记》中直接讲齐国姓姜，秦国姓嬴，周王姓姬等，而不再严格区分姓与氏。历史发展到了今天，“姓”与“氏”已经完全融为一体了。

2.姓氏的来源

甲骨文字中就记载有一些早期的姓氏，如帚秦、帚楚、帚杞、帚庞等。根据历代史籍所述，后世之姓，大约有以下几种来源：以氏为姓、以邑名为姓、以官职为姓、以职业为姓、以谥号为姓、以图腾为姓、以居地为姓、以祖先的字或名为姓、以天干地支为姓以及古代少数民族融合到汉族中带来的姓。

除此之外，后世还有以数字为姓的，如伍、陆、万等；以颜色为姓的，如白、黄等；以五行为姓的，如金、木、水、火、土等；以爵位为姓的，如王、公、侯、公子、公孙等。由于姓氏来源多样，得姓方法各异，再加上几千年来的演变发展，这些都是造成我国姓氏繁多而复杂的重要原因。

# 第五章　中华优秀传统文化与“四个自信”

## 第一节　中华优秀传统文化是道路自信的逻辑支撑

中华优秀传统文化源远流长、博大精深。文化基因是存在于中华优秀传统文化大系统中的最深层元素，是中华民族不懈追求中最经得起时间考验的精神力量。中国道路是中国共产党带领中国人民历经风雨走出来的道路，从新民主主义革命时期到社会主义革命和建设时期，从改革开放到新时代中国特色社会主义，这条道路无不闪烁着中华优秀传统文化基因的光芒。习近平总书记在第十三届全国人民代表大会第一次会议上讲道：“中国人民的特质、禀赋不仅铸就了绵延几千年发展至今的中华文明，而且深刻影响着当代中国发展进步，深刻影响着当代中国人的精神世界。”[①] 正是中华优秀传统文化与民族精神造就了中华儿女迥异于其他文明的思维与行为方式，保证了中华文明的独立性、兼容性、创新性、适应性，如此才能在面对外来冲击和内在失序时依然能够自我更新，并最终走出困境，不断书写民族发展的华章。没有中华优秀传统文化的滋养，道路自信就不会有如此深厚的底蕴。

### 一、中华优秀传统文化具有强大的凝聚力与历史穿透力

中华文明是人类文明史上唯一从未中断过的文明，作为“四大文明古国”仅存的硕果，在全球化成为时代风潮的今天，依然在社会主义建设事业中展现出勃勃生机，这无疑体现了中华文明的强大凝聚力与历史穿透力。正如习近平总书记指出的：“中华优秀传统文化是我们最深厚的文化软实力，也是中国特

---

① 习近平．在第十三届全国人民代表大会第一次会议上的讲话[N]．人民日报，2018-03-21(02).

色社会主义植根的文化沃土。”[①]“中华优秀传统文化中很多思想理念和道德规范，不论过去还是现在，都有其永不褪色的价值。”[②]

古代中国与现代中国是一脉相承的。中华五千多年的文明史，虽然有曲折，有痛苦，甚至有亡国灭种的严峻考验，但在这些危机面前，我们总是能够力挽狂澜，这不仅值得中华儿女无比骄傲与自豪，更应当引起今日国人的反思：为什么在世界文明发展史上，在社会发展道路的选择上，中国总是能够做出正确的选择？即便是在以西方为主导的全球化浪潮中，中华文化受到了前所未有的冲击与挑战——“欧洲诸国，百十年来，由印度而南洋，由南洋而中国，闯入边界腹地，凡前史所未载”[③]，在如此“三千余年未有之大变局”面前，中国依然经受住了考验……为什么？这个问题的答案，既可以是无数皇皇巨著，也可以是一句话：中国自古以来就拥有追求人类社会大同，构建人类命运共同体的崇高理想，并将道德与法律进行了有机结合，为国家治理找到了切实有效的“齐民”工具，在“人皆可以为尧舜”旗帜的感召下，汇聚人心、善聚民智、凝聚民力，因此具有极强的凝聚力与历史穿透力，最终形成滚滚洪流，在中华优秀传统文化的导引下，如同黄河之水，创造了人类文明的奇迹。中华优秀传统文化是中华民族的突出优势，是当代中国最深厚的文化软实力。

## 二、中华优秀传统文化是道路自信的重要源泉

中华优秀传统文化绵延数千年，造就了中国历史发展道路上一个又一个文明高峰，留下了十分丰厚的精神遗产。而这些宝贵的精神遗产深深植根在中国人的内心，是中华民族自信心更基本、更深沉、更持久的来源，是中国特色社会主义道路自信的丰厚滋养。

自从人类出现在地球上，从原始时代的刀耕火种到当今的信息化、全球化、智能化，各个民族走过了风格迥异、效果判若云泥的发展道路。有些民族直到今天还在茹毛饮血，有些民族却早已上可探地球之外生命，下可游深海绝域，更多的民族则是在学习中艰难地探索属于自己民族的发展道路。有一个现象颇为有趣且值得我们思考：自从最早的奴隶制出现在人类社会，许多创造过辉煌文明成就的民族，不论当时的光华多么璀璨耀眼，一旦沉沦下去，就难走

① 鲍家树．弘扬优秀传统文化提升“文化软实力”[J]．前进，2015(6)．

② 习近平．在文艺工作座谈会上的讲话[N]．人民日报，2015-10-15(02)．

③ 梁启超．李鸿章传[M]．北京：东方出版社，2009：62．

出低谷，重塑往日巅峰时期的荣光，如古希腊、古罗马、马其顿、波斯……而传统文化滋养下的中国独独是个例外。

文化是一个国家发展道路的原生基因和内在动力。中国特色社会主义道路深度融汇了马克思主义的核心要义与优秀传统文化精髓，从道路设计、理论定位到制度安排和价值坚守，诸多理念都来自优秀传统文化的深厚沃土。例如，小康社会的提法源于《诗经》《礼记》等古代典籍；依法治国和以德治国相结合的方略，可以说是法家思想与儒家思想的融合与拓展；以人民为中心的发展理念与“民惟邦本，本固邦宁”的古代朴素民本思想紧密相连；和平外交战略与“己所不欲，勿施于人”“万物并育而不相害，道并行而不相悖”的理念情理相通等，都呈现出明显的脉络联系。

伟大的人民、伟大的民族和伟大的民族精神是我们坚定道路自信的力量源泉，而正是中华独特的优秀传统文化孕育了中华民族以及中华民族伟大的民族精神，催生了中国道路的奇迹，使中国成为世界上唯一能够走过漫漫五千多年文明发展之路而依然青春勃发地筑就中国特色社会主义道路的国家。中华优秀传统文化作为民族本根和民族灵魂，深深刻入中国人的内心，发挥着潜移默化的作用，成为我们坚持走中国特色社会主义道路不竭的自信源泉。

## 三、坚定道路自信，必须弘扬中华优秀传统文化

任何正确道路的选择和拓展，都离不开特有的“文化依赖”，这就是传统文化的巨大作用。中华优秀传统文化作为中国特色社会主义文化的三大源泉之一，它与马克思主义的内在契合性，为中国特色社会主义现代化道路找到了前进的指南。

大同理想与共产主义的崇高理想追求具有内在契合性。马克思主义所描绘的共产主义理想社会，与中国传统文化中的大同社会理想不谋而合。以孔子的大同理想为发端，到谭嗣同的《仁学》与康有为的《大同书》，再到孙中山的“三民主义”，无不表现出中国人对大同世界的憧憬、向往与不懈追求。中国人民迫切希望能够将这种理想社会变成现实，但在列强环伺、战乱频仍的历史条件下，这种理想更多地只能是一种空想。近代中国社会发展道路探索的百年坎坷历史证明，资产阶级的建国设想并不符合中国实际，所以在看似无限多样的种种发展道路选择中，很难找到一条实现大同社会的现实路径，中国似乎真的无路可走。直到中国共产党出现之后，在黑暗中探索的中国人民才在中

国革命实践中找到了一条全新的道路，即经过人民共和国到达社会主义和共产主义，到达阶级的消灭和世界的大同。大同理想就如同一座桥梁，连接起了马克思主义与中华优秀传统文化，即用儒家的最高社会理想来理解和阐释共产主义。

德治思想与自律意识符合人类社会文明进步的一般规律和“齐民”要求。新中国进入社会主义建设时期后，一系列具有中国特色的理论体系如关于治理国家的“以德治国”与“依法治国”的思想和中国共产党的建设理论的有关阐释，均与中国古代的治国理政思想密切相关。党的十八大以来，习近平同志系统明确地提出要加强党的自身建设，并深刻阐述了全面从严治党的重要意义。在党的十九大报告中，习近平总书记再次强调：“全面从严治党永远在路上……新时代党的建设总要求是：坚持和加强党的全面领导，坚持党要管党、全面从严治党。”①

和合思想与命运共同体的构建相辅相成。“和合”中的“和”寓意和谐，追求不同事物间的统一；“合”是指融合，尊重事物间的差异并承认其多样性。儒家思想主张并推崇“和为贵”与“和而不同”的观念。“和而不同”，既是一种感知和认识客观世界的具体方法，又反映出评价事物的价值理念。这种思想理念的基本内涵是事物和谐共生，尊重万物多元发展的社会认知。党的十八大报告首倡构建人类命运共同体的设想，即根源于这种“以和为贵、和而不同”的思想理念。宇宙只有一个地球，人类共有一个家园。历史告诉我们，战争只会给人类带来灾难。经历了两次世界大战与冷战的劫难，和平发展、合作共赢已经成为各国人民共同的诉求，而构建人类命运共同体正是中国努力为世界提供的方案。人类命运共同体思想与“和合”文化一脉相承，其本质是各国间差异互补、和谐共荣，即以期在同一个地球、同一个世界背景下，各国人民根据自己的国情自主选择发展道路，在充分尊重发展道路多样性的前提下，实现世界各国人民的和谐共荣。

---

① 习近平．决胜全面建成小康社会　夺取新时代中国特色社会主义伟大胜利——在中国共产党第十九次全国代表大会上的报告[M]．北京：人民出版社，2017：61-62．

## 第二节　中华优秀传统文化是理论自信的坚固底气

中华优秀传统文化是中华民族在几千年的历史发展中创造和积淀的智慧结晶，已深深熔铸于亿万中华儿女的血脉之中，成为中华民族的精神命脉。中国特色社会主义理论体系作为马克思主义理论与中国具体实际相结合而诞生的理论成果，深深扎根于中华大地，实现了与中华优秀传统文化的水乳交融。中华优秀传统文化作为中华民族的智慧宝库，在孕育文化精神、塑造文化品格和营造文化语境等方面为中国特色社会主义理论自信提供了坚实的文化根基，促成了中国特色社会主义理论体系独特的中国风格和中国气派。

### 一、中华优秀传统文化孕育了中国特色社会主义理论体系的文化精神

文化精神是文化深层次的内容，是文化的灵魂和精髓，每一种文明都以自己独特的文化精神滋养着创造和信奉自己的人们。其中，历史悠久的中华文明在这一方面表现得尤为卓越。而作为中华文明的精华，中华优秀传统文化也以其厚重的文化底蕴孕育了中国特色社会主义理论体系中以爱国主义为核心的民族精神和以改革创新为核心的时代精神，民族精神与时代精神紧密相连、相辅相成，共同构筑了中国特色社会主义理论体系的文化精神，推动中国特色社会主义事业不断发展。

民族精神是一个民族的灵魂向导，它源于民族自身并指引着民族的发展前进。中华民族自古就有“天下兴亡，匹夫有责”“捐躯赴国难，视死忽如归”的文化基因和爱国豪情，而这一精神也在近代中国争取民族独立和人民解放的斗争中被彰显得淋漓尽致。然而，不惧侵略并不意味着喜好战争，中华民族从来都将和平视为珍宝，崇奉“协和万邦”的外交理念，特别是面对当前世界范围内甚嚣尘上的“中国威胁论”，习近平总书记更是明确提出：“中国这头狮子已经醒了，但这是一只和平的、可亲的、文明的狮子。”与此同时，“天时不如地利，地利不如人和”“克勤于邦，克俭于家”等自古流传下来的古训也造就了中华民族团结统一、勤劳勇敢的精神品质。此外，中华民族在发展过程中所经历的无数艰难险阻也在亿万中华儿女的血脉中注入了自强不息的精神基

因。所以，正是在历史长河的奔流不息中，中华民族形成了以爱国主义为核心的团结统一、爱好和平、勤劳勇敢、自强不息的伟大民族精神。这一精神也成为中国特色社会主义理论体系的重要组成部分，并为新时代中国特色社会主义的发展提供了强大动力。

时代精神是一个国家的发展方向，它源于时代潮流并指导着国家的蓝图规划。中华民族历来重视创新为社会发展带来的巨大动力，战国时期的商鞅变法，宋朝时期的王安石变法，以及晚清时期的戊戌变法等都体现出中国人民求新求变的创新精神。进入新时代，习近平总书记更加强调：“创新是一个民族进步的灵魂，是一个国家兴旺发达的不竭动力，也是中华民族最深沉的民族禀赋。在激烈的国际竞争中，惟创新者进，惟创新者强，惟创新者胜。”[①]简而言之，正是在这一浓厚的创新求变文化氛围的滋润下，随着时代发展，中华优秀传统文化中追求创新的精神才得到了充分的传承和发扬。“世界每时每刻都在发生变化，中国也每时每刻都在发生变化，我们必须在理论上跟上时代，不断认识规律，不断推进理论创新、实践创新、制度创新、文化创新以及其他各方面创新。”[②]因此，基于时代的发展要求，中华民族逐渐形成了以改革创新为核心的时代精神。其中，大庆精神、“两弹一星”精神等为人们带来极大鼓舞的行业精神构成了时代精神的重要内容。当前，随着红船精神、井冈山精神、西柏坡精神等一批革命精神在新时代持续焕发精神力量，时代精神也在不断地被丰富和充实。进入新时代，随着全面深化改革的不断深入，以改革创新为核心的时代精神持续鼓舞着中国人民在与时俱进、开拓进取的中国道路上越走越远、越走越坚定。

此外，中华优秀传统文化在孕育中华民族的民族精神和时代精神的同时，也为中国特色社会主义核心价值观的形成提供了直接来源，使中国特色社会主义理论体系的文化精神更为丰盈饱满，为亿万中华儿女提供了源源不断的精神滋养。正如习近平总书记所强调的“社会主义核心价值观是当代中国精神的集中体现，是凝聚中国力量的思想道德基础”[③]“培育和弘扬社会主义核心价值观必须立足中华优秀传统文化。牢固的核心价值观，都有其固有的根本。抛弃传

① 习近平．习近平谈治国理政[M]．北京：外文出版社，2014：59.

② 习近平．决胜全面建成小康社会　夺取新时代中国特色社会主义伟大胜利——在中国共产党第十九次全国代表大会上的报告[M]．北京：人民出版社，2017：26.

③ 习近平．习近平谈治国理政（第2卷）[M]．北京：外文出版社，2017：351.

统、丢掉根本，就等于割断了自己的精神命脉”[①]。因此，在接受传统文化精神滋养的同时，“坚守中华文化立场、传承中华文化基因、展现中华审美风范”也成为我们义不容辞的使命和担当。

## 二、中华优秀传统文化塑造了中国特色社会主义理论体系的文化品格

一种文化的兴衰沉浮一定程度上取决于其文化品格。中华文明之所以能成为世界上唯一留存、未曾中断的古老文明，其兼收并蓄、海纳百川的文化品格功不可没。而这一优秀文化品格在维护文化传承、滋养中华儿女、推动民族发展的同时，也为中华民族世代传承，成为中华优秀传统文化的重要组成部分，在指导中国特色社会主义理论体系形成的同时内化于其中，成为中国特色社会主义理论体系本身所固有的文化品格。

尊重文化差异，注重文化多元，汲取古今中外文化养料，延揽八面来风，是兼收并蓄、海纳百川的文化品格赋予中华民族的宏大文化气度。中华民族在漫长的发展过程中一贯坚持厚德载物、有容乃大的文化立场，从西汉时期的丝绸之路，到唐朝时期的国际大都会，再到明朝时期的郑和下西洋等，都促进了中华民族的对外交流与文化发展。随后，1917 年俄国十月革命的一声炮响，给苦苦追求民族独立和人民解放的中国人民送来了马克思主义。面对马克思主义这一外来文化，中华文化以其包罗万象的气度和姿态迅速接纳，并积极找寻其与中华优秀传统文化之间的契合点，最终实现了马克思主义在中华大地的落地生根乃至开花结果，为马克思主义中国化的两次飞跃提供了必要条件。党的十一届三中全会后，改革开放成为我国的基本国策，推动中华民族实现了由近代以来的被动全球化向主动全球化的转变。新时代，随着“一带一路”、推动构建人类命运共同体等倡议的实施和推进，中国的对外开放迈向了更高层次，正如习近平总书记指出的：“每种文明都有其独特魅力和深厚底蕴，都是人类的精神瑰宝。不同文明要取长补短、共同进步，让文明交流互鉴成为推动人类社会进步的动力、维护世界和平的纽带。”[②]也正是在这些国家间的交流互动中，中国特色社会主义理论体系兼收并蓄、海纳百川的文化品格得到了持续巩固和充分彰显。

“文化就像一个绵延不断的河流，源头来自远古，又由许多支流、干流汇

---

① 习近平 . 习近平谈治国理政 [M]. 北京：外文出版社，2014：163-164.

② 习近平 . 习近平谈治国理政（第 2 卷）[M]. 北京：外文出版社，2017：544.

合而成。”[①]中华优秀传统文化正是以其兼收并蓄、海纳百川的文化品格成就了自身的源远流长与博大精深。与此同时，传统文化也在潜移默化地滋养中塑造和赋予了中国特色社会主义理论体系以同样的文化品格，推动中国特色社会主义理论体系的不断丰富和发展。

## 三、中华优秀传统文化营造了中国特色社会主义理论体系的文化语境

文化语境作为人们交流互动的社会背景，与社会文化习俗等密切相关。在不同的文化语境中，人们的表达方式和交往风格也有较大区别。中华优秀传统文化包含着中华民族的文化基因，以润物无声的方式影响着中华儿女的为人处世和言行举止，也为中国特色社会主义理论体系营造了独特的文化语境，使中国特色社会主义理论体系通过“方块字”和“中国话”等中华民族所特有的表达方式得以承载和传播。

马克思主义理论作为人们认识世界和改造世界的科学理论体系，凭借其无可辩驳的科学性和先进性，一经传入中国就受到了当时革命人士的热烈欢迎。然而，科学理论只有被广大人民群众所掌握，才能充分释放其真理力量，甚至转化为物质力量，这也成为马克思主义实现中国化和大众化的客观要求。基于此，大量的马克思主义论著被翻译成中文，而一些晦涩难懂的马克思主义原理也采用了普通百姓通俗易懂的中国传统表达方式进行传播。改革开放以来，面对经济迅速发展和人们信仰日趋多元化的社会现状，我们党在坚持以马克思主义为指导的前提下，日益重视对于中国特色社会主义理论体系的宣传工作，通过“小康”“共同富裕”“实事求是”“发展是硬道理”等既符合马克思主义原理，又易于为普通百姓所领会的传统话语进行理论阐释。特别是党的十八大以来，习近平总书记在不同场合灵活运用“治大国若烹小鲜”“如履薄冰，如临深渊”“己所不欲，勿施于人”“不要人夸颜色好，只留清气满乾坤”“一花独放不是春，百花齐放春满园”等传统文化经典表达自身的立场观点，形成了独特的“习式风格”。不可否认，这些独特而又美妙的话语在充分彰显中华优秀传统文化为中国特色社会主义理论体系所营造的独特文化语境的同时，也逐渐提高了人民群众对于中国特色社会主义理论体系的理解、接纳和信仰程度。

中华优秀传统文化是中国特色社会主义理论体系形成和发展的文化家园，

---

① 习近平．文化交流是民心工程、未来工程[N].光明日报，2013-03-25(02).

为中国特色社会主义理论体系营造了独特的文化语境。与此同时，以“方块字”“中国话”等中国传统表达方式为载体的中国特色社会主义理论体系也因此而呈现浓郁的民族风格和独特的美妙意境。

综上所述，一个民族和一个国家的强盛是以文化的兴盛为支撑的，中华民族的伟大复兴同样离不开中华文化的发展繁荣。进入新时代，在习近平总书记的高度重视和大力支持下，传承和弘扬中华优秀传统文化的热潮兴起，亿万国人沐浴在中华优秀传统文化的洗礼之中。然而，随着时代变迁，中华优秀传统文化也面临着如何创新以满足当代需要的挑战。习近平总书记提出的对传统文化实行“创造性转化和创新性发展”的指导方针无疑是当前推动中华优秀传统文化满足当代需要的必然选择。因而，在新时代，要充实中国特色社会主义理论自信的源泉，需要我们不断对中华传统文化进行创造性转化和创新性发展。一是要批判性继承。要消除中华传统文化中的奴性文化，从而走上现代化道路。近年来，传统文化中的糟粕“官本位主义”卷土重来，导致官僚主义、奢靡之风横行，这是我们应该特别警惕的。二是要创造性继承。要对传统文化资源进行系统梳理，让那些收藏的文物、陈列在广阔大地上的遗产以及书写在古籍里的文字都活起来，如举办“汉语桥”比赛，点燃外国人学习汉语的热情；将传统文化学习与手机应用软件相结合，盘活中华传统文化资源，使其为世界人民所喜闻乐见。三是要开放性继承。一方面，要促进中华优秀传统文化与世界文明互动和互鉴，在比较和借鉴中深度挖掘中华优秀传统文化的当代价值，在与“他者”文明的比较中认清自己的优势与不足，在平等、尊重、包容“他者”文明的过程中获得对“他者”文明的认同。另一方面，要基于当代中国的新文明观来看待和处理全球不同文明。新文明观认为，“文明因交流而多彩，文明因互鉴而丰富。文明交流互鉴，是推动人类文明进步和世界和平发展的重要动力”①。站在新文明观的立场上，既要展现出中华文化在对外文化交流中的自信，又要展现出中国愿意学习借鉴世界其他文明优秀成果的大气姿态。由此，实现中华优秀传统文化在当代社会的传承与弘扬、转化与发展，不仅有助于提升中国特色社会主义理论自信，而且是实现中华民族伟大复兴这一价值旨归的客观需要。

① 习近平．在联合国教科文组织总部的演讲[N]．人民日报，2014-03-28(01).

## 第三节　中华优秀传统文化是制度自信的深厚根基

制度自信是中国共产党发展进程中的突出特点和光荣传统，是中国共产党领导中国特色社会主义建设事业的核心驱动和重要法宝。中华优秀传统文化是制度自信生成的深厚根基。习近平总书记明确指出，制度自信，其本质是建立在5000多年文明传承基础上的文化自信。坚定中国特色社会主义道路自信、理论自信、制度自信，本质上就是要坚定文化自信。文化自信是更基本、更深沉、更持久的力量。这就深刻阐明了中华优秀传统文化与中国共产党制度自信之间的内在关联和逻辑机理。根据中国共产党制度自信的新实践、新要求，加强对中华优秀传统文化理论与实践的系统分析和深入思考，对于进一步弘扬中华优秀传统文化、增强中国共产党制度自信，具有十分重要的价值和意义。

### 一、中华优秀传统文化是中国共产党制度自信的生成渊源

毋庸置疑，中国共产党的制度自信根源于中国近代以来的历史性实践。而这一历史性实践，不仅体现为中华民族在其自身发展的现实过程中遭遇“三千年未有之变局”时倍感艰辛的苦苦求索，更在深层次上体现为中华优秀传统文化在其自我传承过程中遭遇“古今之争”“中西之辩”等多重文明的困境与冲突时，所表现出来的独特、坚忍的文化品格。因此，要论及中国共产党的制度自信，就无法脱离这一文化前提。遵循这一逻辑思路，中华优秀传统文化便成为中国共产党制度自信的生成渊源。

中国共产党的制度自信，以中国特色社会主义制度的现代实践为直接依据。而“现代实践与传统文化是不是对立两分的关系”，是一个值得深入思考的历史问题。长期以来，在启蒙时代理性主义西风盛行的影响下，以强调主客体二者分离为基础的认识论日益侵蚀着人类的视域。如此一来，在通俗意义上被视为完成时态或者既成之物的传统文化，就被解读为与现代实践毫不相关的纯客观存在。马克思主义认识论的真实意义告诉我们，认识是由主客体之间的互动关系形成的一个交互耦合的过程，这一过程不仅包含着认识客体的对象性，也包含着认识主体的构建性，从而体现为一种由“既成”到“生成”的思

维方式。由此，无论在理论上还是在现实中，传统文化只能是被我们所认识到的并且带有主体建构特点的存在。传统文化所具有的这层意义一经揭示，它就不再是一种远离我们现实生活的“既成性存在”，而是一种与作为主体性存在的我们以及我们所生活的时代密切相关的、交融互动的“生成性存在”。这不仅需要我们不断地与之进行互动，而且会因这种永不停息的互动，使其参与对当下乃至对未来社会的塑造过程之中。当然，只有在传统文化自身不断生成的过程中，成功应对新时代的各种挑战而做出持续性贡献的部分，才可以称之为优秀的传统文化。从一定程度上看，中国共产党的制度自信，就源于这种与中华优秀传统文化的持续互动。在这个持续交融互动的过程中，既形成了制度自身发展特有的本土化定向，又在应对新时代面临的挑战中不断扬弃更新，从而在制度文明演进的漫漫征途中彰显出自身的优势与活力，坚定着自己的信心。

中国共产党的制度自信，以马克思主义与中华优秀传统文化的结合为文化依据。传承的真正意义，就文化而言，任何一个民族之所以能取得伟大成就，只要它曾遇到过外力的强大冲击，都会一方面表明其具有充分的包容性；另一方面，则必然表明其有能力在交融发展的过程中获得对自我的传承。就此而言，马克思主义与中华优秀传统文化结合的真实意义，应该是马克思主义的世界观变革对中华优秀传统文化内生力的重新开启。换言之，马克思主义中华化的艰辛历程，充分激活了中华优秀传统文化的内生力，并使其展现出了自身特有的文明境域。在此过程中，我们不能忽略的根本前提是，中华优秀传统文化在其特定的发展阶段中，必须是具有批判反思能力的，从而在扬弃中获得它的自我传承。由此而论，中华优秀传统文化独特的文明境域，内在地生成了中国共产党的制度自信。没有如此独特的文明境域，就没有中国特色社会主义制度的生成、完善和发展。

## 二、弘扬中华优秀传统文化是中国共产党制度自信的时代要求

弘扬中华优秀传统文化，有利于中国共产党坚定自身的理想信念，能够为制度自信提供方向引领。制度自信需要方向引领。理想信念是人类文明的崇高特征，引领着人类社会制度的变迁和发展进步的方向。中华优秀传统文化在其漫长的历史发展中，之所以能源远流长、生生不息，得到人们的热爱和推崇，首先是因为其具有涵养理想信念的特质，从而使其获得了超凡的文化感召力和浑厚的民族凝聚力，引领着社会前进发展的时代轨迹。在多元文化相互并

存、激荡交融的现今时代，对优秀传统文化的弘扬，有利于坚定中国共产党为共产主义目标奋斗的理想信念，并在最根本的意义上，引领着制度自信的深层指向。

弘扬中华优秀传统文化，有利于中国共产党加强社会道德建设，能够为制度自信提供精神动力。制度自信需要精神动力，中国共产党的制度自信，来源于中华民族凝心聚力的传承。文化以价值观为其核心，价值观以文化为其载体，牢固的核心价值观，必有其牢固的根本。绵延数千年的中华文化，有着其自身独特的价值体系。优秀传统文化的基因已经植入中华民族体内，并且深入中华儿女的内心，对其思想和行为方式有着潜移默化的影响。因此，对社会主义核心价值观的培育，必须以中华优秀传统文化为滋养，以保证其生命力，彰显其影响力，并进而为制度自信凝聚起民族的向心力。中国共产党的制度自信，来源于中华民族向善、守正的笃行。多元文化价值观的困境与功利浮躁物欲的盛行，造就了中国共产党制度自信特有的时代意义。在这样的时代氛围中，坚守制度自信的方向，涵养制度自信的底气，保持制度自信的恒久力，需要加强道德建设，需要道德典范的感召笃行，需要褒扬正气、扬善抑恶，在自律与他律的互动促进中，约束堕落腐化及不良思想和行为对制度自信的侵蚀。换言之，中国共产党必须发挥道德践行的模范先锋作用，以带动全社会形成良好的环境氛围，而只有每个人都能在当前的时代背景下克服阻力，端正立场，坚守制度自信的方向，涵养制度自信的底气，对制度自信保持恒久的坚持，才能使中国共产党的制度自信具有真正的现实意义。

弘扬中华优秀传统文化，有利于中国共产党提升国家文化软实力，能够为制度自信提供条件支撑。制度自信需要条件支撑。文化软实力表征着一个国家或民族基于文化而拥有的吸引力、影响力及生命力。对文化软实力的提升，有助于整合经济、政治、军事等战略资源，以保障其发挥最佳效能和优势，进而提升其国际影响力。遍览古今中外，任何一种先进社会制度的发展过程，既是经济、军事等硬实力发展提高的过程，也是其思想文化、价值观等软实力发展提升的过程。弘扬中华优秀传统文化，有利于展示中华文化的独特魅力，有利于提升文化的融合力，进而为中国共产党的制度自信提供实践、思想和精神等条件支撑。

## 三、弘扬优秀传统文化，助推中国共产党制度自信的层次跃迁

中国共产党的制度自信，不是一个抽象的静态概念，而是一个贯穿于制度自觉向制度自强转变的动态过程。弘扬优秀传统文化，强化这一过程的影响，无疑是深远的，因为从制度形态所承载的人类特有文明的意义上讲，中华文化的自我传承过程，实际上也就意味着中国制度自我完善过程，同时也意味着中国共产党的制度自信，由话语切中现实、由表层转至核心、由自觉走向自强的过程。

首先，弘扬优秀传统文化，推动中国共产党的制度自信由话语切中现实。中国共产党的制度自信，首先是作为一种话语而存在的。毫无疑问，这一话语联结着其特定的实体性内容。而这一内容，既源于其对中国制度发展规律的把握，又有其特定的思想和精神要旨，而更为重要的是，它与中国当代社会发展现实的真切关系。换言之，它不仅以现实实践为直接依据，也必然以现实实践为最终归宿，中国共产党的制度自信，只有不断切中现实、改变现实，才能具有不竭的生命力。优秀传统文化，作为中国现实中最为本质的一部分，不断以其自身所特有的方式作用于中国当代现实的发展。优秀传统文化与中国当代现实发展的不断对话互动，不但孕育了中国共产党的制度自信，而且必然促使这一制度自信之话语形态不断地以其现实实践和历史发展为内容定向。

其次，弘扬优秀传统文化，促进中国共产党的制度自信由表层转至核心。中国共产党的制度自信，直接体现为对制度存在形式的自信。所谓对制度存在形式的自信，既指对制度根本保障优势的自信，又指对制度宏观整体优势的自信，还指对制度微观具体优势的自信，也指各制度之间彼此耦合优势的自信。具体言之，中国制度在其独特的自我完善过程中，既形成了其从根本上保障人民主体地位的优势，又形成了宏观整体上集中力量办大事的优势，还形成了微观具体上激发社会活力的优势，也形成了彼此之间的良性互动，以保证功能发挥之最佳效能的优势。所谓对制度核心的自信，即对制度之保障人类最终自由发展解放的自信，也就是说对制度向善之核心的自信。所有这些，不仅由中华优秀传统文化为基础的“比较优势”转化而来，更来自其与优秀传统文化的持续性对话互动。在这一互动过程中，中国共产党的制度自信，也就由表层之存在形式的自信，逐渐转至核心理念的自信。

最后，弘扬优秀传统文化，助力中国共产党的制度自信由自觉走向自强。中国共产党的制度自信，贯穿于从制度自觉走向制度自强的过程始终。制度自觉，意味着制度的觉醒、使命与担当；制度自信，意味着制度的传承、超越与开放；制度自强，意味着制度的目标、路径与方向。中国共产党的制度自觉，实际上开始于新民主主义制度的探索，新民主主义制度的形成，又意味着其为中国共产党、为落后的中国创制了这样一种制度模式，即在生产力极端落后的情况下，允许与生产力水平相适合的各生产关系以及与之相适应的上层建筑，在各自领域内发挥其特定功能，进而推动社会的整体进步。中国当代制度的构建，以及其发展过程中的自我完善，无论在其外部形态还是在其核心理念上，都内含着对新民主主义制度的扬弃与超越，从而在中国特色社会主义发展初级阶段的物质基础上，开启了由制度自觉走向制度自信、进而走向制度自强的征程。在这一由制度自觉向制度自信、再向制度自强的历史转化过程中，始终无法摆脱的一个主题，就是任何科学真理的成功，都必然具有其独特的历史文化背景。而优秀传统文化，正是我们不断应对新时代挑战的有力支撑，因为其本来就是无法舍弃而必会有所传承的。因此，弘扬优秀传统文化，必定助力中国共产党的制度自信，由制度自觉走向制度自强。

## 第四节　中华优秀传统文化是文化自信的丰富源泉

中华传统文化是中华民族的精神之根和文化之魂，中华优秀传统文化中的价值理念和道德规范是文化自信的重要来源，中国特色社会主义文化自信离不开中华民族优秀传统文化的滋养。用中华优秀传统文化培育文化自信能够使我们更加明确中华优秀传统文化在培育和践行社会主义核心价值观、提升国家软实力、提高人民群众的文化素养等方面的作用，从而达到增强文化自信、实现中华民族伟大复兴的目标。

### 一、中国特色社会主义文化来源于中华优秀传统文化

人是一种历史的和社会的存在，也是文化的存在。每个民族在自身发展的过程中都会形成独具特色的传统文化，是本民族独有的精神标识和民族品格，

它的民族性反映在其成员的内心世界、思维模式和行为方式上。

当今中国，文化自信中的文化实质是中国特色社会主义文化。习近平提出，“中国特色社会主义文化，源于中华民族五千多年文明历史所孕育的中华优秀传统文化，熔铸于党领导人民在革命、建设、改革中创造的革命文化和社会主义先进文化，植根于中国特色社会主义伟大实践”①。中国特色社会主义文化深深植根于中华传统文化的丰厚沃土之上，继承了传统文化的优质基因。若割裂文化血脉，中国特色社会主义文化便真的成了无源之水，无本之木。中华文化曾拥有过辉煌的历史，一度引领世界文化潮流，虽经历了近代内忧外患、内外夹击，仍保持旺盛的生命力，其中蕴含的哲学思想、人文精神、道德思想等对当今世界发展仍具有借鉴价值。“天人合一、道法自然”的世界观、“自强不息、厚德载物”的人生观、“己所不欲，勿施于人”的黄金律令、“致良知”的道德主体自省、“以民为本、安民富民乐民”的治国主张、“亲”“诚”“惠”“容”的周边外交理念……这些思想理念和文化精神涵养孕育了社会主义先进文化，经过不断创造性转化和创新性发展，逐渐增加与中国特色社会主义的契合度，在社会主义建设和改革中焕发出新的生命力。

历史继承性是文化的一个重要特性，文化的历史继承性使前一阶段的文化能够流传下来成为后一阶段文化的重要发展资源，并实现着文化的革故鼎新。文化是人类社会实践的产物，其源泉是自由自觉的实践活动。中华文化就是中华民族千百年来自由自觉的实践活动的智慧结晶，主要包括传统文化、革命文化和社会主义先进文化，它们构成了中国特色社会主义文化的重要内容。这三种文化相互关联、密不可分。社会主义先进文化是对传统文化和革命文化的继承发展与推陈出新的结果，由于文化具有历史继承性，我国的革命文化是传统文化滋养和孕育的革命文化，是对传统文化的继承和发展；我国的社会主义先进文化是蕴含传统文化和革命文化的先进文化，是对传统文化和革命文化的发扬光大。中国特色社会主义文化融合了优秀传统文化、革命文化和社会主义先进文化，是对三种具体文化内容的整合统一，而追根溯源，中国特色社会主义文化源于中华优秀传统文化。

---

① 习近平．决胜全面建成小康社会 夺取新时代中国特色社会主义伟大胜利——在中国共产党第十九次全国代表大会上的报告[M]．北京：人民出版社，2017：41．

## 二、弘扬中华优秀传统文化促进培育文化自信

中华优秀传统文化是构筑中国特色社会主义文化自信的重要基础。中华优秀传统文化是中华民族在长期历史发展中积累起来的精神财富和不竭动力，具有深厚的历史渊源和广泛的现实基础，是构成中华民族文化软实力的根基。充分认识中华优秀传统文化的思想精髓、道德理念、民族精神和时代价值，使之成为涵养中国特色社会主义文化的重要源泉。只要处理好继承和发展的关系，做好创造性转化和创新性发展，做到以古鉴今、古为今用，做到中华优秀传统文化与中国特色社会主义发展相契合，那么，弘扬中华优秀传统文化必定对培育中国特色社会主义文化自信产生积极作用。

在中西方文化碰撞中弘扬中华优秀传统文化有利于培育中国特色社会主义文化自信。当前，西方文化思潮的涌入为我国文化发展带来生机活力的同时，西方文化的渗透、侵蚀，甚至同化，对我国文化发展的不利影响也逐渐显现出来。西方强势文化的涌入与传播一定程度上冲击了我国的主流价值观念，同时也造成了对文化自信的冲击。坚定文化自信必须建立在对自身文化优势的认知和自觉、对西方文化本质深刻了解和洞察的基础之上，在多元文化与价值观念中确立自身的核心价值观，促进中国特色社会主义文化的发展。而中华优秀传统文化经历了无数的内忧外患、天灾人祸，仍然能经久不衰、繁衍发展、生生不息。这种传统文化经得起时间的考验，经得住岁月的洗礼，是中华民族理想与情感的载体，是抵制民族文化认同危机的厚重基础和坚实支撑。

中华优秀传统文化的生命力在于它可顺应时代发展而吐故纳新。对中华优秀传统文化，我们应坚持创造性转化和创新性发展的原则，顺应时代发展，通过赋予传统文化新的内容和表现形式，激活它的生命力，增强传统文化的感召力和影响力。例如，“礼之用，和为贵”（《论语·学而》）是儒家倡导的道德实践原则。其含义是，礼的作用，贵在能够和顺。传统文化中所提倡的“和为贵”的思想，在当今社会主义核心价值观中被赋予了新的含义，即发挥中华传统文化的智慧启示作用，建构一种多元存在、合作共赢的现代人际关系、社会关系和国际关系。

坚持“取其精华，去其糟粕”的马克思主义辩证思维，中华传统文化经创新转化彰显其时代特色与当代价值，必定有利于提升中国特色社会主义文化自

信。历经五千年沉淀传承下来的传统文化，经历了历朝历代的演变，带着历史的印记，不可能完全适应新时期中国特色社会主义建设的需要。我们应坚持历史唯物主义态度对待传统文化的继承与发展问题，既不能全盘否定，也不能不辨真伪连糟粕也一同吸收，应秉持理性的态度，取其精华，去其糟粕，杜绝采取全盘接受或全盘抛弃的绝对主义态度，要有鉴别地加以对待，有扬弃地予以继承，弘扬传统文化中的优秀积极因素，摒弃阻碍社会进步的消极落后因素。只有这样，才能彰显中华优秀传统文化古为今用、与时俱进的优秀品质，才能凸显优秀传统文化的当代价值，才能更加坚定文化自信。

# 第六章　文化自信视域下中华优秀传统文化根脉的有效延续及其传承

## 第一节　从深厚历史底蕴追溯中华优秀传统文化与文化自信的关系

中华优秀传统文化与坚定文化自信具有十分密切的联系，坚定文化自信内在包含坚定中华优秀传统文化的自信，这是坚定文化自信最为基础的部分。在庆祝中国共产党成立95周年大会上，习近平总书记讲到“文化自信，是更基础、更广泛、更深厚的自信。在5000多年文明发展中孕育的中华优秀传统文化，在党和人民伟大斗争中孕育的革命文化和社会主义先进文化，积淀着中华民族最深层的精神追求，代表着中华民族独特的精神标识”。可见，中华优秀传统文化是以其深厚的历史底蕴和丰富的时代内涵成为文化自信培育的渊源和基石。

### 一、中华优秀传统文化是文化自信的根基

文化自信是一个民族、一个国家、一个政党在历史的实践中逐渐积累起来的，它是这个民族、国家、政党所凝聚的共同体在改造客观世界、协调群体关系、调节自身情感的实践中形成的具有时代特征、地域风格和民族样式的文化认同与自豪。中华传统文化在农业文明的范式下始终保持着文化自信。今天，我们在全球化的境遇中逐渐由农业文明向工业文明的范式过渡，根植于农业文明的具有民族特色的中华优秀传统文化是否还能在现代工业文明中为文化自信注入活力？对于这一问题，在百余年的近代历史中我们有过否定的回答。中华优秀传统文化作为文化自信的根基，首先源于我们意识到文化自信作为一种民

族集体心理必有深厚的积淀作支撑，这一积淀首先要有时间作保障，因为一种独具特色的文化的形成不是一朝一夕能完成的，它的底气来自时间的沉淀；其次，我们在全球化与本土化的两极对立中意识到本土的、民族的才是中国道路、中国实践的有力支撑；再次，文化自信还必须建立在共同体达成的共识，即被共同体认可的价值理念上，这种理念在今天仍有价值，中华优秀传统文化虽然根植于农业文明，但对工业文明的弊病能够提供良方。因而，从历史维度、本土维度、价值维度来看，中华优秀传统文化是我们文化自信的根基。

### （一）历史维度

中华文化源远流长，5000 多年的文明史从未中断，这一独特且持续存在的文明样态在世界文明史上独树一帜，它在时间性和连续性上为今天的文化自信奠定坚实的根基。文化自信要有一定深厚的积淀作为支撑，这个底气首先需要有时间的沉淀。中华传统文化有着 5000 多年悠久的历史，累积起丰厚的文化遗产。而没有经过时间淘洗的文化是难以有精华存世的，往往也是肤浅的。

中华优秀传统文化之所以是文化自信的根基是因为它的连续性，即它是所有文明中唯一从未中断的文明，这一特点源于中国传统社会大一统的超稳定结构，这种连续性给中华民族带来的是深层文化心理积淀[①]，成为凝聚共识的坚实力量。当今时代，文化成为民族国家的归宿，亨廷顿的“文明冲突论”之所以备受关注就在于他给冷战之后的世界形势提供了一种解释范式。文化的认同显然成为当今世界民族国家凝聚共识的纽带。无论西方文化如何冲击，无论我们曾经多么努力地试图抛弃旧文化，都很难清除民族文化根植于中国人骨髓的因子，所以习近平总书记说，“中华优秀传统文化已经成为中华民族的基因，植根在中国人内心，潜移默化影响着中国人的思想方式和行为方式”[②]。中华优秀传统文化的基因在革命文化和社会主义先进文化的发展中得到了充分继承，为文化自信增添力量。

### （二）本土维度

中国传统社会虽然形成了超稳定的结构，但是中华传统文化是一个动态演

---

① 李泽厚在他的《美的历程》和《中国古代思想史论》中运用“积淀说”来进行民族文化谱系研究，从民族文化意识的历史流变去深究以价值观为核心的民族灵魂的构建与转型。

② 习近平．青年要自觉践行社会主义核心价值观——在北京大学师生座谈会上的讲话 [N]. 人民日报，2014-05-05(2).

进的过程，轴心时代开创的文明辉煌在文化的交流互动中被不断创新超越，而在这个过程中，中华传统文化显示出超强的本土化能力。它即使在面临强势力量的军事入侵，以致改朝换代的时候，依然能够保持文化上的独领风骚；即使面临异质文化，如佛教的挑战的时候，依然能够在融合中创新。这一吸纳力与融合力可以称之为本土化能力。中华传统文化的这种本土化能力强化了我们的文化自信，在面临西方文化的强势入侵的今天，我们相信中华传统文化自备的这种本土化能力能够在文化融合中保持我们民族文化的固有精神。

随着全球化时代的到来，文化呈现出彰显本土化的特点，即文化的民族特色与价值被提到了前所未有的高度。从根本上说，文化自信必须立足本土，尽管我们倡导吸收人类文明的一切优秀成果，但是文化自信首要的也是最根本的仍然是对于自身文化的认同与自豪。中国特色社会主义道路之“特色”就在于它是马克思主义的普遍真理与中国具体实际相结合的产物，这条道路只有在文化建设上立足本土、彰显民族特色，才能在世界文化发展中保持自身的特色，从而保障文化自信之“自”不离其宗。

### （三）价值维度

一种文化之所以在历史的淘洗中绵延不绝，根本在于它自身创设出来的价值理念能够维持社会的长治久安，并在与其他文明交流的过程中能够提供解决世界问题的方案，从这个意义上说，中华优秀传统文化无疑为我们增强文化自信奠定了坚实的基础。

从历史的角度来看，中华优秀传统文化形成了一整套的价值体系，习近平总书记在纪念孔子诞辰2565周年国际学术研讨会上，将这些价值理念概括为：“关于道法自然、天人合一的思想，关于天下为公、大同世界的思想，关于自强不息、厚德载物的思想，关于以民为本、安民富民乐民的思想，关于为政以德、政者正也的思想，关于苟日新日日新又日新、革故鼎新、与时俱进的思想，关于脚踏实地、实事求是的思想，关于经世致用、知行合一、躬行实践的思想，关于集思广益、博施众利、群策群力的思想，关于仁者爱人、以德立人的思想，关于以诚待人、讲信修睦的思想，关于清廉从政、勤勉奉公的思想，关于俭约自守、力戒奢华的思想，关于中和、泰和、求同存异、和而不同、和谐相处的思想，关于安不忘危、存不忘亡、治不忘乱、居安思危的思想，等等。”[①]这些价值理念不仅有助于中国传统社会保持长治久安，形成了悠久持续的文明，还在前全球化时代影响了整个东亚文化圈，甚至对欧洲的启蒙运动也有一定影响，启蒙运动的代表人物伏尔泰、孟德斯鸠都高度赞扬中国的伦理道德在国家治理中发挥的作用。

从现实的角度来看，中华优秀传统文化所形成的价值理念仍然能够为解决今天世界共同面对的难题贡献智慧。中华传统文化所固有的整体性思维更加契合全球化时代，相比而言，西方文明是分析性思维，注重个体价值，崇尚个人主义，所导致的后果就是在利益博弈时难以达成共识，而中华传统文化则注重协调人与人之间的关系，孔子所倡导的“仁”首先就是要从个体出发建构与他人的关系。这一整体思维还表现在我们在处理人与自然的关系上，西方现代工业文明从根本上说是把自然和人类看作是对立的，人类不断从自然中攫取，造成的后果是显然易见的，而中华传统文化主张“天人合一”，消解西方人与自然的对立。因而，进入 21 世纪以来，西方不断把目光转向中国，从中华传统文化中寻找解决世界问题的方法。所以，按照汤因比的文化挑战——应战模式来看，中华优秀传统文化之所以是我们文化自信的根基，就在于它在面对挑战时仍然能够应战，并且是站在人类命运共同体的高度解决问题，这何尝不是增强我们自信的动力。

## 二、文化自信的提出是对中华优秀传统文化的科学认知

中华优秀传统文化源远流长，内容博大精深，涉及政治、经济、思想、军事、医学等各个方面，通常又是以思想文化为主。中华优秀传统文化是以儒家思想为核心，兼容道家和佛教思想的精华融会贯通而成。它们各有特点、相辅相成。

儒家思想作为中华优秀传统文化的主干，其核心主张“仁义礼智信”，从国家的政治治理到个体的伦理思想乃至人生哲学，无处不在。儒家认为，天下以国家为本，国家以民众为本，民众以德行为本，德行以孝悌为本，而这一切都要求作为最小因素的个体要从修身做起，最终达到平天下的目的。也正是这样一种以“仁爱”为道德准则的积极的“入世”精神，作为社会的主流文化在中国两千多年的封建社会中发挥了非常重要的作用，对于个人价值的实现、社

① 周英浩．延续文化血脉 开创美好未来[J]．中学政治教学参考，2015(4)：1．

会秩序的维护、社会和谐的推动都起到了积极的促进作用。

道家思想提倡“清静无为”，是要顺从宇宙自然的规律，循“道”而“为”。为与不为是以“规律”、以“道”为判定标准，不应该去做的事情绝对不能做，而应该做的事情是绝对不可以放弃不做的。“上善若水”作为道家文化，其“利万物而不争”的谦逊和包容以及顺应，在社会主义市场经济发展过程中对于矛盾的解决和义利的抉择有着不可替代的作用。

佛教自汉代传入中国以来，至隋唐时期达到全盛。佛学以慈悲、大爱、解脱为核心，强调“诸恶莫作，众善奉行”，讲求“空”。它所主张的“四谛”“八苦”“八正道”经过与道家和儒家思想的相互交融，形成了当时有中国特色的佛家思想。我们接触最多的就是“禅宗”。禅宗不立文字，只可意会不可言传，是一种摆脱烦恼、追求生命自觉和精神境界的文化理想。

儒佛道表面看起来主张不同，都有自己的精华，但是在中国，却有着许多相交相融之处。例如，儒家虽然提倡“入世”，但也有“道不行，乘桴浮于海”的无奈，这种“穷则独善其身，达则兼济天下”的思想与道家的“出世”和“超然”有着极大的相似度；道家讲求“抱朴”的自然本真、无欲无求，与佛家本质提倡的祥和豁达、超脱淡定是同样的一种人生态度；儒家讲求仁爱和谐、推己及人与佛家的慈爱众生、无私奉献又有着异曲同工之妙。而儒佛道在个人自我价值的实现方面几乎是完全一致的，它们都主张在创造社会价值、推动社会和谐中实现个人价值。所以说，儒佛道共同构成了中国人的文化品格，也在各自领域发挥着不可替代的作用。

对于我们的人生修养和生活智慧而言，它们也同样各有千秋、各领风骚。例如，讲求以“仁爱”为核心的为人之道，提倡积极进取的“学而优则仕”，在人生得志时行走在社会上建功立业，可以说是得志时最能拿得起的儒家；守本分、淡名利，像水一样“利万物而不争”的处世之道，顺其自然、自我完善的“出世”思想，是失意时最能放得下的道家；讲求万事皆空、人生皆苦，认为幸福在来世的“彼岸世界”，一切因果都有缘起，这种一念地狱、一念天堂的死生之道，是绝望时最能想得开的佛家。所以我们说中华优秀传统文化贯穿着我们的生活，构成了我们不同人生际遇的不同感悟。

自古以来，中华民族无论从哲学上，还是从伦理上，都奉行对天人合一、大同社会、天下为公、协和万邦等古老而美好理想的合理继承，这在我们优秀的传统文化中都有所体现。文化自信的提出，为我们通过文化自省科学理性地反思我们优秀的传统文化提供了一个必要的平台。

## 第二节 中华优秀传统文化与文化自信在马克思主义中国化中的结合

毛泽东思想是马克思主义中国化第一次历史性飞跃的标志，而后以邓小平理论为起点形成了中国特色社会主义理论体系，标志着马克思主义中国化的第二次历史性飞跃。中华优秀传统文化一直贯穿于马克思主义中国化的历史进程中，在每一个历史时期都发挥着重要的作用，也为坚定文化自信提供了肥沃的土壤。新民主主义的文化自信、中华人民共和国成立初期的文化方针以及毛泽东本人的文化自信都深受中华优秀传统文化的影响，而中国特色社会主义理论体系中的文化自信也与中华优秀传统文化实现了深度的结合。

### 一、中华优秀传统文化与毛泽东思想中的文化自信相结合

毛泽东思想作为马克思主义基本原理与中国实际相结合的产物，包含了毛泽东本人的思想理念，也是中国共产党集体智慧的结晶，具有划时代的历史意义。作为马克思主义中国化的第一次历史性飞跃，无论是在革命时期还是在社会主义建设初期，毛泽东思想的运用都体现在政治、经济、文化等各个方面。而毛泽东思想中蕴含的文化自信，则很大程度上取决于中华优秀传统文化对毛泽东思想的影响。

#### （一）中华优秀传统文化对新民主主义文化的影响

中华优秀传统文化对于新民主主义文化的产生和发展有着很大的推动作用。中国共产党成立以后，党内的主要领导人就曾初步尝试和探索了新民主主义文化理论的有关问题。例如，瞿秋白最早全面系统地阐述了关于新民主主义文化的理论，对新民主主义文化的形成有着至关重要的作用。新民主主义文化的正式形成是毛泽东同志的《新民主主义论》的发表，毛泽东同志指出：“现阶段的中国新文化，是无产阶级领导的人民大众的反帝反封建的文化。”① 新民

① 毛泽东．毛泽东选集（第2卷）[M]．北京：人民出版社，1991：534.

主主义文化有三个最基本的特性，即民族性、科学性和大众性。

民族性就是要有中国作风和中国气派。新民主主义文化不是无源之水、无本之木，它的产生既有马克思主义理论的影响，也包含了中华优秀传统文化的滋养。中国作风和中国气派，就是指中国传统文化的熏陶，有了中华传统文化的支撑，新民主主义文化才会更接地气，才能更容易为广大老百姓所接受。在当时思想文化水平还不高的中国社会，马克思主义思想是很难被广大群众所理解的，如果加上中国元素，使其具备通俗易懂的民族性，就能很好地为社会所包容。我们应该正确地认识新民主主义文化的民族性，这是中华优秀传统文化赋予新民主主义文化自信的重要体现。

科学性在于批判地继承中华传统文化。中华传统文化有精华也有糟粕，这是不可否认的。我们不赞同全面继承的文化保守主义，更不同意全面否定的民族虚无主义。对待中国的传统文化，一定要有正确的态度和方法。一方面，认识到中华传统文化的价值，分清传统文化中的精华和糟粕；另一方面，学会批判地继承和发展中华传统文化。新民主主义文化的科学性在于没有抛弃中国的传统文化，而是有甄别地继承和发展了我国的历史文化遗产。所以，我们有理由相信中华传统文化有很大的价值，它没有随着时代的发展消失，而是用一种新的方式和时代文化实现了结合。正确地认识新民主主义文化的科学性所在，这也是中华优秀传统文化赋予新民主主义文化自信的重要体现。

大众性在于代表了大多数人的文化，而且被大多数人所认可。新民主主义文化的主体是占绝大多数的工农劳苦大众，而且应当让新民主主义文化成为千千万万工农群体自己的文化。中国历史上发生了很多次农民起义，其共同特点是受到统治阶级的压迫而奋起反抗，中华传统文化里从来都不缺少对压迫的反抗。新民主主义革命时期，中国人民受到帝国主义、封建主义和官僚资本主义三座大山的共同压迫，激起了无数的中华儿女奋起反抗的血性。新民主主义文化能够代表最广大人民的文化需要，正是因为这种文化体现了自古以来争取平等自由的斗争精神，体现了中华传统文化中那份从不缺失的爱国主义情怀，体现了中华文化的团结和凝聚力。

近代以来，无数的知识分子积极为中华文化的发展寻求出路，但是都未取得好的效果。新民主主义文化的出现，就像是文化发展道路上的里程碑。它既引进了西方的先进思想、文化元素，又继承了中华优秀传统文化的精华，饱含着历久弥新的民族精神，形成了符合时代要求的反帝反封建的民族的、科学的、大众的文化。值得注意的是，在清理古代文化的过程中，要剔除其中的封建性糟粕，吸收其中的民主性精华，这是发展民族新文化以及提高民族自信心的必要条件。正是因为拥有中华优秀传统文化的肥沃土壤，新民主主义文化才得以蓬勃发展，所以，对新民主主义文化的自信也就是对中华优秀传统文化的自信。

### （二）“百花齐放、百家争鸣”文化方针的提出

社会主义建设初期，在调动一切积极力量发展工业化道路、发展社会主义经济的同时，也提出了要促进社会主义文化的繁荣。这是文化发展的迫切需要，符合当时的具体国情。“百花齐放、百家争鸣”（“双百”）的方针符合时代的要求，既能巩固马克思主义的领导地位，又能继承和弘扬我国的优秀传统文化。回顾历史不难发现，中国历史上曾多次出现文化盛景，如春秋战国时期的百家争鸣，而社会主义建设初期提出的文化方针也是有历史文化的影响。

中华人民共和国成立初期，毛泽东应戏曲大师梅兰芳的邀请为中国戏剧学院的成立题写了“百花齐放，推陈出新”。一是要将中国传统的戏剧文化继续传承和弘扬；二是要懂得与时代相结合，找到新的发展点。“百家争鸣”是针对中华人民共和国成立初期如何进行历史问题研究而提出的，毛泽东曾谈起两千多年前春秋时期的“百家争鸣”，指出我们仍然需要这种文化氛围，允许大家自由争论和多种学派共同发展。由此可见，中国的传统文化深刻影响着后来文化的发展，其中的精华是不会随着历史的发展褪色的。“百花齐放、百家争鸣”文化方针的提出既有社会主义建设初期文化环境的影响，也有历史文化的影响。

“双百”方针有其深厚的历史根源。中华人民共和国成立初期，各种思想、文化流派呈现出多元化发展的趋势，只要这种文化是顺应时代要求的，是符合社会主义发展的，都给予了支持。回顾那段历史发现，民族的传统文化与其他先进文化的结合走出了一条符合时代要求的文化发展之路。文化发展对个人的品格提升和对民族精神的培育都有重要的作用，所以，我们要懂得尊重文化的发展规律，要正确对待中国的传统文化。毛泽东始终坚持“古为今用”的文化发展原则，吸收传统文化的精髓，传承和发展中华优秀传统文化，其实就是文化自信的一种体现。他充分发扬了文化扬弃的思想，合理分析传统文化的利与

弊，坚定了对传统文化与社会主义先进文化的自信。

### （三）中华优秀传统文化对毛泽东坚定文化自信的影响

毛泽东从没有对中华传统文化的传承和弘扬产生过怀疑，自幼年起，他就接受了大量的传统文化教育。当西方的思想和文化源源不断地传入中国后，他没有故步自封地排斥西方文化，而是认真学习了西方的文化思想。当然，他在学习西方文化的同时也没有舍弃中国的传统文化，他认为西方的文化和中国的传统文化都有其价值所在，要善于将两者有机结合。他曾就如何处理中华传统文化和西方文化两者关系讲到，我们应该先研究自己国家从古至今的制度和文化，再到西洋留学才有可资比较的东西。由此可以看出，毛泽东对中华传统文化有着很深的情感和敬意，他知道任何外来文化只有在中华传统文化的土地上才能够生根发芽，这也为后来毛泽东思想中的文化自信形成奠定了坚实的基础。

在对待马克思主义的问题上，毛泽东也一直坚持要形成中国老百姓喜闻乐见的具有中国作风、中国气派的马克思主义。这是当时思想文化认识上的关键问题，他用辩证的思想看待两种思想、两种文化，支持马克思主义和中华传统文化的结合。在对待知识分子的问题上，毛泽东也非常重视。1956 年的全国知识分子会议，他肯定了知识分子在革命过程中发挥的不可缺少的作用，也指出中国的建设同样离不开知识分子的贡献，这也是对文化重视的体现。从古至今，知识分子作为中华传统文化的主要继承者和传播者发挥了重要的作用。从中华传统文化中提倡的“任人唯贤”“任人唯才”以及一直以来延续不断的科考制度无不体现知识分子的作用，这也是中华人民共和国成立初期在对待知识分子问题上的借鉴。在对待文化的教化作用方面，毛泽东提倡加强思想政治工作以及文化对受教育者德育、智育的提升，这离不开中华优秀传统文化的影响。儒家思想历来重视知识文化对个人德育和智育的培养，主张用文化教化人的品德，用知识提升人的智慧。总的来讲，毛泽东本人思想的形成和发展是由于丰厚的中华传统文化的滋养。

## 二、中华优秀传统文化与中国特色社会主义文化自信相结合

中华优秀传统文化在中国特色社会主义文化自信的发展中起到了很大的作用。思想道德建设的主要内容依托于中华民族的传统美德，中国精神中的爱国主义思想和改革创新思想离不开中华传统文化的支持，社会主义核心价值观中

提倡的价值理念更是与中华传统文化中的诸多优秀思想文化因素有着密切的联系。探究中华优秀传统文化与中国特色社会主义文化自信的结合十分重要，对研究两者的内在联系有着深刻的意义。

### （一）中华优秀传统文化与思想道德建设

加强思想道德建设是发展中国特色社会主义文化的重要内容。改革开放以来，我们党提出要加强社会主义精神文明建设，致力于培养有理想、有道德、有文化、有纪律的社会主义接班人，其中，也把思想道德建设作为文化发展的目标。中华民族五千多年的灿烂文明，一直注重思想塑造和道德培养，这是中华文化的优良传统，更是我们在新时期发展中国特色社会主义文化的必然要求。中华民族传统美德与新时期思想道德建设有着十分密切的联系，一是思想道德建设就是对中华民族传统美德的传承，二是中华民族传统美德就是思想道德建设的源泉。

新的历史时期，加强思想道德建设要依托于中华民族的传统美德。我国要建立社会主义思想道德体系，而这个思想道德体系应该是与中华文化中的传统美德相衔接的；还要重视社会公德、职业道德和家庭美德的三重教育，尤其是针对青少年的思想道德教育更不能放松。思想道德建设并不是无源之水，它与中华传统文化相衔接，是中华优秀传统文化在新时期的新发展。而且，中华传统文化中的德育教育历来注重从少年抓起，这也和注重青少年的思想道德建设要求不谋而合。勤劳勇敢的中华儿女历来注重爱国守法、自立自强，儒家思想更是主张要“知礼节”“重诚信”，与他人交往要友善，中华传统文化中好的思想和道德规范从来都没有丢失，而是以一种新的姿态在新时期的文化发展中绽放。因此，我们要认识到中华传统文化与思想道德建设的联系，尊重传统文化，进一步丰富和发展传统文化，以中华民族传统的思想道德规范坚定新时期思想道德建设的信心。

### （二）中华优秀传统文化与中国精神

中华优秀传统文化最本质的体现就是中国精神。中国精神包含的内容很多，不管是古代、近代或是现代，中国精神都一直存在。中国精神既包括以爱国主义为核心的民族精神，也包括以改革创新为核心的时代精神，这是构成中国精神最为主要的两个方面。民族精神源于中华民族的传统文化，和时代精神相辅相成。时代精神赋予了民族精神以时代特色，而民族精神在不同历史时期的时代特色也正是时代精神的体现。

中华优秀传统文化中蕴含了丰富的民族精神，在每个历史时期都给予中华民族以精神力量。中国自古以来就崇尚团结统一，提倡人与人之间友好、国与国之间和睦。传统的自给自足小农经济也培养了中华儿女勤劳勇敢、自力更生的优良品质。这些都是中华民族的优良传统，也是中华民族精神力量的体现。近代以来，中华民族饱受外国侵略者的压迫，无数的仁人志士前赴后继，为中华民族摆脱侵略而不懈奋斗。从学习西方先进的科学技术、军事技术到学习西方先进的政治体制、思想文化，每一个脚步都是爱国主义的体现。中国共产党诞生以来，从未丢掉我们的民族精神，并把中华优秀传统文化中蕴含的民族精神赋予时代的特色，在革命时期形成了吃苦耐劳、自强不息的井冈山精神、长征精神，在新中国成立以来形成了“两弹一星”精神、大庆精神，等等。当前阶段，我们正处于改革开放进程的关键期。面对国内外文化多元化发展带来的冲击，我们依然提倡把弘扬和培育民族精神作为文化发展的重要内容。历史经验告诉我们，丢弃传统文化就丢掉了民族精神，就不能自立于世界民族之林。我们应当积极弘扬中华优秀传统文化，更要学会在社会主义文化建设中继承和弘扬民族精神，让我们的人民更有信仰、国家更有力量、民族更有希望。

伟大的时代精神同样离不开中华优秀传统文化的滋养。改革开放以来，我们在政治、经济、文化诸多方面实行全方位的改革，力求实现国家综合国力的提高和全面的发展。我们把创新作为推动国家发展的动力，把创新精神运用到改革发展的整体进程中，并且取得了较好的成绩。创新不只是带动了经济上的发展，在政治体制改革中也体现了重要的价值。中国虽然有两千多年的封建体制，却也不乏创新精神，我们不能妄自菲薄地认为中华民族就是封建的或是没有创新可谈的。我们的民族在历史上取得了多次辉煌的成绩，是四大文明古国之一，在思想上有诸子百家各放异彩，在天文地理方面有古代天文学、地动仪，在技术创造上更是发明了造纸术、印刷术、指南针、火药这些足以推动社会发展的文明之物。所以说，创新是存在于中华民族传统文化中的，现阶段，我们更要学会以创新引领时代精神，要赋予中华优秀传统文化以时代特色。

### （三）中华优秀传统文化与社会主义核心价值观

中华优秀传统文化自古就强调自强不息、厚德载物、中庸尚和、顺天法地，和谐价值观逐渐萌发，这种思想也成了春秋战国时期儒、道等诸子百家思想的源泉。儒家崇尚“仁”的民本思想、“礼”的宗法思想、“中庸”的和谐思想等，都是对君子厚德载物思想的承继，而“修齐治平”等入世的思想则是对自强不息精神的进一步架构。在此基础上，汉代董仲舒构建了“天人感应”说、“三纲五常”说，自周公以来的“家国一体”格局确立，儒学所提倡的“个人—社会—国家”模式成为中国人价值观的重要内容。习近平总书记充分地肯定了中华优秀传统文化对社会主义核心价值观的重大意义，社会主义核心价值观也汲取了中华优秀传统文化的精华，成为坚定文化自信的重要基石。

从国家层面看，实现国家富强是对强国富民思想的继承和发展，民主政治是民本思想的升华。几千年来，中华民族一直把强国富民作为各民族的共同夙愿和最终目标，先秦时期的“百家争鸣”就提出了强国富民思想。孔子提出“足食足兵”和“因民之所利而利之”(《论语·尧曰》)。孟子的富民主张主要是“易其田畴，薄其税敛，民可使富也”(《孟子·尽心上》)。荀子关注到财富分配与国家兴亡的关系，提出“王者富民，霸者富士，仅存之国富大夫”(《荀子·王制》)，他从治国必先富民的理论出发，著有《富国》篇，要求统治者采取节用薄敛和倡导发展生产等措施，使民富裕。法家是研究国家治理方式的学派，鼓励“耕战”“富国强兵”。管子提出“凡治国之道，必先富民”(《管子·治国》)。以上诸论无一不体现了对国家富强、人民幸福的重视。中华优秀传统文化向来重“民”，《尚书·五子之歌》中讲“民惟邦本，本固邦宁”，指的就是百姓是国家的根本和基础，唯有百姓富足安康，国家才能和谐稳定。孟子的“民贵君轻”思想是先秦重民思想的典范。“载舟覆舟”论更是重民思想的经典命题。社会主义核心价值观所倡导的“富强”“民主”就是关注民生，一切从人民群众根本利益出发，唯有在人民安居乐业的基础上，才能实现国家富强，这是民本思想在当今时代的升华。我们党提出“两个一百年”的奋斗目标是对“强国富民”思想的继承和发展。为了“两个一百年”的宏伟目标，习近平总书记对当前中国经济发展进行了顶层设计和系统阐述，对新常态下如何推动经济发展进行了统一部署，为新时代社会发展指明了奋斗目标，特别是从“三期叠加”到“新常态”的阐述，给我们提供了经济发展的方法指南，是践行社会主义核心价值观的具体体现。

从社会层面来看，中国梦是对大同理想社会模式的继承和发展。中华文化强调“仁爱”“利他”，追求“天下为公”“小康”“大同”的理想模式，如《论语·卫灵公》中所讲，“己所不欲，勿施于人”，孟子主张“老吾老以及人之老，幼吾幼以及人之幼”和“出入相友，守望相助”(《孟子·滕文公上》)，墨子提倡“兼相爱”“爱无差”，法家主张“义必公正，公心不偏党也”，这些强调博爱的论述都是以“和谐”为特色的中华优秀传统文化的反映，无不彰显着大同理想的因子，也是现代和谐社会建设的要求。社会主义核心价值观倡导的理想社会，就是要求致力于构建民主法治、公平正义、诚信友爱、充满活力、安定有序、人与自然和谐相处的社会主义和谐社会。我们运用传统“小康”政治理想去构建和谐社会，即是对传统文化大同理想的创新性发展。习近平总书记“中国梦”的内涵来自对传统文化的升华提炼。在治国理政的框架构造中，深入挖掘和阐发中华优秀传统文化讲仁爱、重民本、守诚信、崇正义、尚和合、求大同的时代价值。习近平对“中国梦”的阐述，是中国大同理想在当代的最新话语表达，是中华优秀传统文化与中国新时代特征相结合的思想成果。大同理想中的公正意识、诚信意识、仁爱意识、和谐意识正是“中国梦”的重要理论来源，而当代中国对“中国梦”深刻内涵的挖掘及实现路径的探索，更是对传统大同理想的完善和发展。

从公民层面来看，爱国、敬业、诚信、友善是传统担当意识、厚德载物思想的继承和发展。中华文化强调刚健有为、厚德载物。《周易·乾》中讲“天行健，君子以自强不息”，指君子应发奋图强、勇于拼搏、永不停息，通过努力创造更大的社会价值，承担更多的社会责任。顾炎武在《日知录》中谈道，“天下兴亡，匹夫有责”，强调每个人对国家的责任，要求人们以国家兴亡为己任，这是一种爱国的表现。《论语·里仁》中讲，“君子喻于义，小人喻于利”，要求人们加强自身道德修养，以德修身。《论语·述而》中讲，“君子坦荡荡，小人长戚戚”，要求人们待人接物懂得包容，厚德载物。《论语·子路》中讲，“言必信，行必果”，强调做人讲求信用，突出“诚信”的重要性。这些宝贵的优秀文化资源，为中华民族的繁荣昌盛发挥了不可替代的作用。它们所塑造的民族精神，成为中华传统文化核心价值中不可分割的一部分，在社会主义核心价值观公民层面的论述中也得到了充分的体现。

从历史传承的角度来看，社会主义核心价值观是中华民族传承和创新优秀传统而形成的，中华优秀传统文化已经逐渐成为滋养社会主义核心价值观的沃土。这种转变可以更好地对新时代人们的思想进行滋养，对于中国进一步促进社会主义和谐发展奠定稳固的理论基础。当前，我国正处于全面深化改革的关键时期，社会上存在着诸多矛盾与问题，教育和引导广大群众树立正确的价值观，关乎国家的命运和人民的切身利益。中华优秀传统文化所反映的民族精神、文化理念和价值追求在当前仍有借鉴价值和意义。

## 第三节 基于文化自信传承中华优秀传统文化的相关内容

党的十八大以来，党中央在道路自信、理论自信和制度自信的基础上增加了文化自信。坚定文化自信，一直是近年来中国特色社会主义文化发展的重要内容。文化自信包含对中华优秀传统文化的自信，这是对中华优秀传统文化历史地位和时代价值的双重认可，而中华优秀传统文化也一直是从革命文化到今天的中国特色社会主义文化发展过程中的根基。基于文化自信的中华优秀传统文化传承，要深入挖掘中华优秀传统文化的核心思想理念，弘扬中华优秀传统美德的精神内核，重构中华优秀传统文化中有利于促进社会和谐、鼓励人们向上向善的思想文化内容。传承中华优秀传统文化，才能更好地巩固文化自信的主体支撑，夯实文化自信的思想基础，营造文化自信的环境保障。

### 一、挖掘中华优秀传统文化的核心思想理念

习近平强调："要认真汲取中华优秀传统文化的思想精华和道德精髓，大力弘扬以爱国主义为核心的民族精神和以改革创新为核心的时代精神，深入挖掘和阐发中华优秀传统文化讲仁爱、重民本、守诚信、崇正义、尚和合、求大同的时代价值，使中华优秀传统文化成为涵养社会主义核心价值观的重要源泉。"① 可见，中华优秀传统文化对全社会的思想道德建设，对民族精神的培养，对社会主义核心价值观的弘扬都有着非常重要的意义。

讲仁爱。仁爱是中华民族优秀传统文化中的一个重要思想，是儒家思想的核心。孔子有"仁者爱人"说，孟子有"四端"说，认为恻隐之心是仁之端，这与人有四体一样，是与生俱来的，将其扩展到他人就是"老吾老以及人之老，幼吾幼以及人之幼"，进而到"能近取譬"的忠恕之道，最终达成"和而不同"的大同理想，为中华民族构建起一个以家庭为中心扩大到与他人、社

---

① 中共中央宣传部．习近平新时代中国特色社会主义思想三十讲 [M]. 北京：学习出版社，2018：207.

会、自然以至宇宙万物的仁爱体系。当今时代，中国在对外关系的处理上，始终秉持着睦邻友好、互利合作的原则，这一原则体现着我们的仁爱思想，其经过实践也得到了世界人民的认同。

重民本。它源于《尚书·五子之歌》中提到的“民惟邦本，本固邦宁”，是大禹之孙太康长期荒废政事导致国亡，其母与五个弟弟在洛水边感念大禹训诫，感怀国亡而作。它指出人民才是国家的根本和基础，只有根本牢固，基础稳定，国家才能安宁。另有《尚书·泰誓》:“天视自我民视，天听自我民听”，就是说天意常常是通过民意表达出来的，甚至“民之所欲，天必从之”，之后更有“民为贵，社稷次之，君为轻”“君者，舟也；庶人者，水也。水则载舟，水则覆舟”。党的十八大以来，以习近平同志为核心的党中央领导集体传承和弘扬了“民为邦本”的传统思想，时刻关注人民的利益，颁布了一系列方针政策，形成了人民主体观。

守诚信。“诚”的概念早在先秦《尚书》中就出现了，后来逐渐成为儒家思想的一个重要范畴，孟子说:“是故诚者，天之道也。思诚者，人之道也。至诚而不动者，未之有也。不诚，未有能动者也。”这里强调作为天道本体最高范畴的“诚”，也是个体的规矩和内在修养，是“对内诚于己”。而“信”即“人言”，就是祭祀时对上天和先祖们所说的话，是诚实无欺之语，后来也逐渐发展为与人相处时要遵守的道德规范，既表现为真实，又表现为不欺诈、不虚伪，也就是“对外信于人”。两者相连，涵盖了道德操守的内外两个方面。新时代，我们也在各个领域以各种方式提倡和践行着守诚信这一理念，如弘扬正能量，塑造诚信公民，建设诚信市场，打造诚信政府，构建社会信用体系等。

崇正义。《中庸》说“义者，宜也”，“义”即适宜、合理，中国传统的“义”是一个内涵非常丰富复杂的概念。在中国人心目中，一切正当合理的事情、言论举动都是义，一切对真善美的追求都是义，一切对假恶丑的鞭挞都是义，一切对社会公平正义的坚持、对社会不公不平的反对都是义。“义”的评判可以小到对亲朋好友，以及对普通人的仁爱与帮助，大到对国家、对整个社会的责任担当，是一个有觉悟的人应当自觉遵循的最高原则。近年来，在国际关系上，中国始终坚持与其他国家和平相处、公平正义；在义利关系上，始终坚持以义为上、以义制利，处处体现着我国内政外交中对公平正义的推崇和坚持。

尚和合。西周末年，思想家史伯提出“和实生物，同则不继”，从哲学高度概括了“和”与“同”的概念。“和”是不同事物的相承相继，是多样性的统一，它指出不同的东西彼此和谐才能生成世间万物。在社会生活中，“和合”是一种和谐、平衡、美好的状态，是人类社会追求的目标和理想，被认为是中华文化生命的完美体现形式，只有善于运用“和”的法则，才能有效处理社会中的各种矛盾。近些年来，面对中国不断走向世界舞台中央的国际格局，一些别有用心的国家抛出所谓“中国威胁论”，以牵制中国的发展态势，中国政府却始终推崇与人为善、以和为贵的理念，勇于承担大国的责任，与世界其他国家和地区同发展共命运，共同分享发展的硕果。

求大同。早在《礼记·礼运》中就有记载：“大道之行也，天下为公。”“大同社会”是儒家的最高社会状态，即使人得其所，使物尽其用的诚信和睦的社会氛围。《大学》中也将“平天下”作为八条目的归宿，这一归宿是建立在“齐家治国”的基础上才能达成的。新时代我们提出中华民族伟大复兴的中国梦的内涵与“大同社会”和“平天下”的思想紧密相连，是“求大同”思想的当代社会价值目标。

## 二、弘扬中华优秀传统美德的精神内核

中华传统文化的核心就是中华传统道德文化，其中蕴含着丰富的人生哲理。它注重道德修养和教育方法，强调道德践履，形成了固定而严密的道德准则和行为规范，并作为道德传统世代相承。中华优秀传统美德有自强不息的奋斗精神，有敬业乐群的职业操守，有扶危济困的责任担当，也有见义勇为的高尚抉择，更有孝老爱亲的伦理情怀。

自强不息。“天行健，君子以自强不息”出自《易经》，它是一种不退缩、不言败、不放弃的精神，是说君子就该效法天体运行周而复始，永不停歇，这样的“健”既是积极进取、乐观向上的人生态度，更是一种精神状态和价值追求。这种精神不会因为磨难和艰苦而被放弃，相反，越是在困苦中越能勤奋向上，矢志不渝。自强不息精神镌刻在中华民族的丰碑上，流淌在中华儿女的血液里，无论是在遭到外敌入侵、民族生死存亡之际，还是在改革开放时期，或是在社会主义现代化建设时期，中华儿女都能够团结起来，依靠这种自强的力量，形成巨大的合力，发挥最大的主体能动性，从一个胜利走向另一个胜利。

敬业乐群。《礼记·学记》中有载："一年视离经辨志，三年视敬业乐群，五年视博习亲师，七年视论学取友，谓之小成。"这就是说求学者在入学三年之后，是否专心学业、乐于公益是考察他的主要标准。敬业隐含着对从事职业或工作的一种敬畏、一种虔诚，它要从具体的实践行动中反观出来；而乐群就是个体对其所从属的集体或与之有交集的群体的一种态度。敬业乐群要求思想境界更崇高一些，学习目的更明确一些，对所从事的事业抱有一种严肃认真的态度，将学习的目的与推动国家的发展结合起来，把工作同人民的事业结合起来，这样的动力才是强大而且无穷无尽的。

扶危济困。子贡曰："如有博施于民而能济众，何如？可谓仁乎？"子曰："何事于仁，必也圣乎！尧舜其犹病诸！夫仁者，己欲立而立人，己欲达而达人。能近取譬，可谓仁之方也已。"（《论语·雍也》）就是说要从身边做起，从自己能力范围内做起，有多少能力做多少贡献，不去逃避，同时不断提升自己，努力增强自己的硬实力，因为只有自己处于安全和富裕当中，才有能力去扶助危难、救济困顿。在生活中扶危济困一定程度上体现的是乐于助人、乐善好施，但更高层面上体现的是中华儿女以天下为己任的雄心壮志。

见义勇为。《论语·为政》："见义不为，无勇也。"见义勇为是一种明心见性的行为，见义是明心，勇为是见性，是见到义就勇而为之，见义勇为的核心是勇敢。这里的"义"是比小我更高尚的真善美，"勇"是在充满力气推动下的行为，在自己认为的"义"的面前，用"勇"去迎接去解决。"勇"既是面对"义"的一种心理判断，更是一种行为抉择，是从心理上的价值判断到行为上的价值取舍，真正的"勇"是自我超越。现实生活中的扬义抑恶往往意味着要牺牲小我，置小我于不顾，这也是真正的见义勇为。

孝老爱亲。中国传统社会向来重视孝观念，《孝经》中说，"夫孝，德之本也，教之所由生也"，认为孝是一切教育的生发点，是一个人在社会上建功立业、扬名立万的基础和起始。孝老爱亲在血缘家族中要求对父母孝、对兄长悌，在群体社会中则要求以"老吾老以及人之老，幼吾幼以及人之幼"的推己及人准则对待与自己没有血缘亲情的身边人，也就是将直接的、真实的、不经理性思考而发生的血缘情感提升为伦理标准，以形成社会思想，反过来再由这种外在力量对其进行规范。孝老爱亲美德的传承，对家庭美德的推广与弘扬有着最为重要的现实意义。

### 三、重构中华优秀传统文化中有利于促进社会和谐、鼓励人们向上向善的思想文化内容

在促进社会和谐的思想文化方面，《礼记》所谓“万物并育而不相害，道并行而不相悖”，讲的就是万物和谐共处的自然之道，引申出来也是君子所要遵循的道德规范，是要在尊重差异、承认不同的基础之上共同发展，这不仅体现在人与人之间的相处中，同样在不同国家、不同民族的交往交流过程中也要如此。历史的发展、现实的要求都是“和而不同”思想的极大发挥，这与我们历来提倡的“和为贵”相一致。

向善是贯穿中国史册的主题，是世代倡导的价值理念。老子认为，德就是“善”，最大的善就像水一样能够对万物有利却不争名夺功；孔子认为，“仁”就是善，最高的善就是亲爱所有的人。这样的观念在孟子、墨子等人那里也都有体现。而向上向善的风气是可以传递并相互影响的，如果每个个体都能够释放、弘扬、传播向上向善的正能量，那么无形中就会助推其周围的氛围，并使之更加和谐美好。近些年，我国开展的道德模范评比、最美人物评选、感动中国人物评选等，就是在以向善向上的风尚引领时代风气，弘扬向善向上的思想文化，使人民更加确定人性的美好，明晰社会所倡导的主流，积极进行交流共进，为家庭、社会、国家乃至世界的和谐美好提供更大的公约数。

## 第四节　文化自信背景下的优秀传统文化传承——以《国家宝藏》为例

中共中央办公厅、国务院办公厅在2017年印发了《关于实施中华优秀传统文化传承发展工程的意见》，其中提出：“创新表达方式，大力彰显中华文化魅力。”在此呼吁下，文化综艺类节目开始不断涌现，其中《国家宝藏》更是脱颖而出，获得广大群众尤其是青年群体的热烈追捧。《国家宝藏》是中央电视台在2017年重磅推出的一档大型文博探索节目，中央电视台与故宫博物院、湖南省博物馆、河南博物院、南京博物院、陕西历史博物馆、湖北省博物馆、上海博物馆、浙江省博物馆、辽宁省博物馆九大国家级重点博物馆合作，从丰

富的中华文化资源出发，通过对数十件珍贵文物背后的历史故事及其蕴含的文化底蕴的细致展现，将其中包含的优秀中华传统文化向观众娓娓道来。

## 一、内核为本，坚定文化自信

作为一档大型文博探索节目，《国家宝藏》虽然是以电视节目的形式出现，但其节目内容一直紧紧围绕中华文化，突出文化的精神内核，让人们在观看节目的视觉冲击的同时，也能领略其中的文化内涵，获得丰富的精神体验。也正是因为多样化的表达形式，使得《国家宝藏》将代表中华传统文化缩影的国宝级文物以新颖的方式呈现在大众眼前，而展示文物所运用的独特艺术品赏设计，让每件文物背后的故事和历史如春夜细雨般渗入受众心中，给大家所怀揣的疑惑一个满意的解释，助力受众深入了解文物所承载的精神内核。

陕西历史博物馆馆长强跃说过，让国宝文物活起来，不只是让观众欣赏一件陈列品，更是要让其感受到生命的传奇，让观众更愿意学习如何鉴赏文物，由此开启了解文物本身所承载的中华文化精神内核的大门。换句话说，《国家宝藏》的成功之处不只是因为权威性和趣味性相结合的全新形式，或者说旧史新说的叙事表达，还在于对现代化进程中大众面对庞大繁杂的信息所普遍感到的认同焦虑和文化饥渴现象做出了回应，并在这一基础上建构民族文化，准确把握了当下中国社会的脉搏。

中华文化是国家灵魂，是中华民族屹立于世界民族之林所区别于其他民族的最根本的标志。《国家宝藏》虽然延续以文物为载体的传播形式，却又让文物灵动起来，让大众自觉走进传统文化，深化对文物背后的历史文化的认知，唤起个人对国家的情感升华，在勾勒文物的精妙绝伦之时，潜移默化地传达了文物包含的深厚人文思想，有效地建构了文化自信。

## 二、物以载文，以小见大

“以微知著，源于历史，反映时代，注目未来。”它们共同构成《国家宝藏》的另一大特点。文物作为时代的见证者，不仅向我们讲述着那一段历史的起承转合，更铭刻着那个时代的精神烙印。现代人通过这些珍贵的材料来考察古代史时，便仿佛置身于那段时光，能更好地了解、体味民族厚重的历史。以史为镜，以古鉴今，人们从历史中获取经验，将其利用在当今发展中，体现了文物的现世价值。国家文物从来不是单纯的古物，它们不仅有着各自前世今生的动人传奇，更是收藏着一个民族基因密码的无价瑰宝。国家文物一面记载着民族的过去，一面又宣示着民族的未来。《国家宝藏》以“承古人之创造，开时代之生面”作为它的宣传语，将原本冰冷的文物演绎为一个个鲜活的历史人物，以人与物之间流传千古的故事，向我们展示一段段历史。演员们精湛的演技，舞台上绚烂的光影，则更为这些故事增添了色彩。电视节目制作人于蕾曾说道：“要革除观众对于历史文物冰冷的刻板印象，让人们意识到文物是与我们生活息息相关，是切实‘活’在这个时代的。”文物并非单纯地存在于历史中，当某件文物、某段历史与现代社会产生联系，那么它便会被赋予今生的现世价值。“承载历史记忆、人文精神和大国气象”，这便是《国家宝藏》的终极意义。

由人类创造或与人类生活相关的，具有一定历史、科学和艺术价值的一切有形物质遗存，这便是文物的学术概念。《国家宝藏》在节目中向观众展示的文物，是中华民族浩瀚历史长河中最具代表性、典型性和重要性的一部分。从对文物的系列展示、研究中来形象清晰地反映我们中华民族发展与进步的历史轨迹。由此可见，将中华民族优秀传统文化置于文物的研究剖析中，不仅仅是要以实际存在的物质反映历史，更是要从不同角度、不同层次来给人以启示，进而汲取文物所代表的民族精神和文化内涵。将阶段性的时代投入延续性的历史中，去探寻个人的成长乃至时代的进步，便能更好地把握我们民族的现在与未来。就整个历史而言，某件文物只是个体的存在。但不同时代、领域的众多文物，能从不同的角度来揭露历史，反映我们中华民族优秀的生产、生活以及思想道德和科学文化水平。文物作为最能体现劳动人民智慧与创造力的产物，是传承与传播中华民族优秀传统文化的重要载体。由此可见，《国家宝藏》所带来的借鉴意义，远大于其节目本身的影响力。

在越发注重文化新媒体传播的当今社会，利用文物古迹来讲述故事，赋予其教育意义是必然的时代趋势。利用日益进化的新媒体、新平台，多方位协同推进，让被遗忘的传统文化焕发新生的活力。文化传播不仅是单向的填鸭式输出，更应该是互利共赢的借鉴与交流。让我国传统文化对外传播的价值与影响力日益增强，是新时代文化传播的重要任务。

总的来说，文博领域虽然一直以小众著称，但文物本身是关乎历史、文化、政治等多个方面的综合载体。其包罗万象的文化价值，是无比厚重且意义深远的。

# 第七章　文化自信视域下中华优秀传统文化创造性转化和创新性发展

## 第一节　中华优秀传统文化创造性转化和创新性发展的必要性与可行性

中华优秀传统文化的创造性转化和创新性发展是顺应中国发展要求、符合文化发展规律、具备多重发展条件的系统工程。一方面，作为中华文明的重要成果，中华优秀传统文化不仅对历史中国的发展演进发挥了突出作用，也对当代中国现代化建设具有重要意义，在新时代实现中华民族伟大复兴的中国梦离不开中华优秀传统文化的滋养和助推。另一方面，在40多年的改革开放进程中，中国特色社会主义不断深化发展，文化建设积累起丰富经验，文化发展环境不断优化，这都为推动中华优秀传统文化创造性转化和创新性发展提供了有利条件。

### 一、推动中华优秀传统文化创造性转化和创新性发展的必要性

#### （一）时代赋予的光荣使命

社会存在将会对社会意识产生决定性的作用，有何种社会存在，必然会有相应的社会意识与之匹配。目前，我们正在面对的社会存在为中华民族伟大复兴任务的实现，这是历史使命，更是万斤重任，需要有社会意识为其鸣锣开道。

我国传统文化虽然有着浓烈的历史厚重感，有一定的优势，但是历经数千年的文化传承遗存下的文化遗产，不能完全适应当前社会发展的要求。社会意

识会保留其独立的部分以及与过去社会存在所匹配的内容，使得社会意识在发展的过程中具备了历史继承性，使得传统文化即便在现代社会中依然有一定的价值。为了能够充分发挥传统文化自身的现代价值，需要我们对其进行必要的改造，以当前社会存在对其进行创造性转化以及创新性发展，使其能够和当代先进文化、民主政治以及社会治理等社会存在相协调与匹配，并为其服务。这就需要提高文化在国家治理能力中的价值引领作用，使用文化力量实现中国梦。所以，对中国传统文化进行的创造性转化以及创新性发展是时代赋予的历史使命，值得我们努力奋斗。

### （二）实现自身再优化的要求

中华传统文化不仅具备继承性，也有一定的历史局限性。对于其自身的继承性研究，很多学者都已经进行了系统性的论述，并且逐渐达成了共识。但传统文化由于其本身具有的局限性，很多观点与我们现代所弘扬的主流意识形态不适应，因此，对传统文化进行加工和改造，实现创造性转化和创新性发展是必备之举。只有这样，我们才可以充分结合传统文化本身的特征，使用相对应的策略，推动其现代化的发展。

我们需要清晰地认识到传统文化的二重性特征。如果我们只看到传统文化的继承性，而看不到其局限性，就会夸大传统文化的功能，陷入对传统文化的过分崇拜；而如果我们只是看到了传统文化的局限性，无视其继承性，就会贬低传统文化本身的现实价值。由此可见，创造性转化和创新性发展传统文化需要努力克服其具有的历史局限性，充分发挥其历史继承性，改造其劣势，发扬其优势，使其能够在当代社会发展中发挥作用。

### （三）弘扬民族精神的需要

与时俱进不仅是时代精神，也是民族精神，值得弘扬、传承。依据与时俱进的相关理念，我们的思想观念要随时代的发展而不断发展。

面向全新的发展时代，着眼于未来时代的新要求与新发展。所有的一切都向我们昭示出，对传统文化所进行的创造性转化和创新性发展，是与时俱进民族精神的内在要求。只有这样，才可以让人类文明当中所存在的优秀文化基因和中国文化相匹配，和现代社会协调发展，从而弘扬超越国度、跨越时空和富有魅力的文化精神，为新文化的繁荣与发展贡献力量。

## 二、推动中华优秀传统文化创造性转化和创新性发展的可行性

### （一）当代中国现代化建设实践的有力推动

中华优秀传统文化的创造性转化和创新性发展实质上是中华优秀传统文化在中国现代化进程中与时俱进实现自身的现代转型，当代中国社会的深刻变革为中华优秀传统文化转化和发展提供了时代条件和现实资源。

一方面，当代中国现代化建设实践为中华优秀传统文化实现自身转化和发展提供了时代机遇。中华优秀传统文化要实现自身的转化和发展，离不开社会主义现代化建设的客观需要，离不开当代中国主流文化的自觉吸纳，离不开执政党的有力推动，离不开作为文化创造和文化享受主体的中国人民的自觉实践。在现代化进程中，中国共产党引领文化发展的能力不断增强，人们的文化素养不断提升、文化需求不断增长，社会主义先进文化健康发展，社会主义现代化建设有力推进，文化发展的社会环境整体优化，这些都为中华优秀传统文化在当代中国实现自身转化和发展提供了时代机遇。

另一方面，当代中国现代化建设实践为中华优秀传统文化实现自身现代化提供了现实资源。现代化实践是中华优秀传统文化实现自身现代化的丰厚社会土壤。在现代化建设过程中也会产生一些现代化的思想文化成果，这些优秀的思想文化成果会自觉纳入中国特色社会主义理论体系之中，并成为中华优秀传统文化实现现代转化的氧化剂。中华优秀传统文化是一种农业文明，现代文化是一种工业文明、信息文明，较于中华文明，现代化孕生出的思想、文化、理念等更加先进，它们能够为中华优秀传统文化提供新鲜元素，注入新鲜血液。

### （二）当代中华文化发展的社会环境整体优化

良好的社会环境是文化繁荣发展的重要条件，是中华优秀传统文化转化发展的重要现实基础，当代中华文化发展的社会环境呈现出不断优化的良好态势。首先，党和国家制定和形成了利于文化发展的方针政策，在顶层设计和政策引导上为传承弘扬中华优秀传统文化创造了良好的社会政治环境；其次，民众的文化需求不断提高，文化意识不断增强，文化行为更加积极，为中华优秀传统文化的创造性转化和创新性发展提供了强大的推动力量；最后，随着中国特色社会主义文化建设的科学推进，文艺创作持续繁荣，文化事业和文化产业蓬勃发展，文化理论更加成熟完备，社会主义核心价值观得到广泛弘扬，为中

华优秀传统文化实现自身转化和发展提供了良好的社会文化环境。

此外，中华优秀传统文化的一些内容已经在当代得到了传承和弘扬，而且一些内容已经在很大程度上实现了现代转型，这些内容会成为中华优秀传统文化进一步转化和发展的重要线索和根据。

### （三）中华优秀传统文化具有超越性和包容性特质

中华优秀传统文化本身具有超越性和包容性的特质，这是其能在当代实现自身创造性转化和创新性发展的内在条件和动力。

一方面，中华优秀传统文化蕴含的丰富思想理念、价值观念和精神追求是当代中国乃至当今世界所需要的价值启示，这些思想形成于历史的中国，但其蕴含着超越时空的价值，能够为当代人类解决诸多难题提供有益启发，创造性转化和创新性发展正是对其进行改造和扩展从而使其能够更好地发挥自身价值以服务当今时代发展；另一方面，中华优秀传统文化作为中华民族五千年历史的文明成果，其发展程度很高且具有很强的包容力，这种包容力使其在与外来文化交流时能够接受和吸纳外来文化的精华而实现自身发展进步。

## 第二节　中华优秀传统文化创造性转化和创新性发展的目标任务

明确的目标任务是科学高效推动中华优秀传统文化创造性转化和创新性发展的基础。其中，实现现代转型、发挥现实价值、提高国际影响力是目标指向，通过研究阐释提炼中华优秀传统文化思想精华、以中华优秀传统文化助推现代化建设实践、传播中华优秀传统文化为世界贡献中国智慧是基本任务。

### 一、推动中华优秀传统文化创造性转化和创新性发展的目标指向

2017 年，中共中央办公厅、国务院办公厅印发《关于实施中华优秀传统文化传承发展工程的意见》指出，要坚持中华优秀传统文化的创造性转化和创新性发展，不断赋予其新的时代内涵和现代表达形式，不断补充、拓展、完善，使中华民族最基本的文化基因与当代文化相适应、与现代社会相协调。这既是当前传承发展中华优秀传统文化的原则要求，也是推动中华优秀传统文化

创造性转化和创新性发展基本的目标指向。

### （一）实现中华优秀传统文化的现代转型

从中华文化历史发展的角度看，推动中华优秀传统文化创造性转化和创新性发展旨在激活中华优秀传统文化的生命力，使中华优秀传统文化在当代得以传承和弘扬并实现自身现代转型。只有实现中华优秀传统文化现代转型，才能促使其适应并融入现代社会之中并发挥出自身时代价值，其他更高层面的价值诉求才有意义。

实现中华优秀传统文化的现代转型是时代赋予中华优秀传统文化的发展要求。40多年的改革开放用事实证明了中国特色社会主义发展模式的科学性和生命力，中国模式正逐渐被世界认可，成为当今时代许多国家解决自身发展问题的有效思路。中国经济的发展是在一定的社会文化背景下进行的，中国经济既是当代中华文化形成的基础，也是当代中华文化引领塑造的产物。中华文化不仅要为中国经济发展提供现实土壤，也应为中国经济模式提供理性支撑，使中国经济实现从现象强大到精神强大的转变。这种提升需要文化对社会物质存在进行合乎规律性和价值性的阐释，使之具有历史合理性和时代超越性。实现民族复兴的关键是要实现“文化的复苏”和“精神的崛起”，而实现“文化的复苏”和“精神的崛起”的根本是要推动中华优秀传统文化实现现代转型。

实现中华优秀传统文化的现代转型要求中华优秀传统文化在内容和形式上与时俱进。一方面，从内容上看，中华优秀传统文化的现代转型要求其在内容上有所创新、有所创造，不仅要保留原来的合理成分，而且要结合当代实际，融入现代因素，赋予新的时代内涵，体现新时代的文化价值要求，服务新时代的文化建设需要；另一方面，从形式上看，中华优秀传统文化的现代转型要求在形式上有所改进、有所突破，要摒弃陈旧老套不合时宜的表达方式，结合现代技术和受众特点进行创新创造，使中华优秀传统文化拥有现代化的表达方式。内容和形式的现代转化是中华优秀传统文化现代转型的两个基本层面，且两者是彼此关联、相辅相成的，要整体看待和促进中华优秀传统文化内容和形式的现代转化，通过内容与形式的创新、创造实现中华优秀传统文化的现代转型。

实现中华优秀传统文化的现代转型是推动中华优秀传统文化创造性转化和创新性发展的根本目标，中华优秀传统文化现实价值的发挥与世界影响的增强是在自身逐渐实现现代转型的过程中完成的，只有通过现代转型首先实现自身超越，才能更好地接轨现实，发挥自身的价值与作用。

### （二）发挥中华优秀传统文化的现实价值

从中国特色社会主义现代化建设事业的角度看，推动中华优秀传统文化创造性转化和创新性发展旨在增强中华优秀传统文化的影响力和感召力，使中华优秀传统文化成为促进当代中国社会发展的重要力量。实现中华优秀传统文化的现代转型，是为了促使中华优秀传统文化更好地与当代文化相适应、与现代社会相协调，从而更好地服务现实，脱离当代实际的转化是难以实现的，背离现实需要的发展是没有意义的，中华优秀传统文化的转化发展必然要建立在现实的基础之上，而促进当代社会发展正是中华优秀传统文化创造性转化和创新性发展最核心的价值诉求。

中华优秀传统文化蕴含着丰富的价值理念，具有极为重要的现实价值。首先，从中华优秀传统文化的文化价值来看，其是当代中国先进文化建设的重要文化资源。一方面，通过促进中华优秀传统文化与马克思主义的对话交流，能够推进马克思主义中国化进程，巩固马克思主义在意识形态领域的指导地位，确保社会主义先进文化建设始终保持正确方向；另一方面，通过中华优秀传统文化涵养社会主义核心价值观，能够促进社会主义核心价值观深入人心，这对于提升全社会思想道德水平具有重要意义。此外，中华优秀传统文化还是发展文化事业和文化产业的重要资源，其丰富的文化内容能够转化为巨大的经济价值和社会效益，对提高国家文化软实力、增强民族文化自信、建设现代化文化强国具有重要意义。其次，从中华优秀传统文化的实践价值来看，其是助推现代化建设、实现现代化强国目标的重要文化力量。现代化强国目标的制定、推进和实现都离不开中华优秀传统文化的参与。中华优秀传统文化蕴含的价值理念体现了中华民族和中华儿女的理想追求，是国家发展目标制定的重要参照，且在目标实现的过程中，中华优秀传统文化蕴含的丰富的政治智慧能够为治国理政实践提供有益借鉴，蕴含的充沛民族精神能够凝心聚力助推现代化建设实践，而伴随着中华文化的复兴，中华民族伟大复兴的梦想也将成为现实。最后，从中华优秀传统文化的人本价值来看，其是提升国民素质、培育时代新人的重要文化途径。中华优秀传统文化蕴含着丰富的为人处世思想，能够为人们正确处理自身关系、社会关系和自然关系提供基本准则，是人们在现代社会生活中潜心静气、修身齐家、追求真我和成就自我的重要思想指引。

发挥中华优秀传统文化的现实价值是推动中华优秀传统文化创造性转化和创新性发展的核心目标，实现中华优秀传统文化的现代转型旨在发挥中华优秀传统文化的现实价值，没有现实价值的发挥，中华优秀传统文化的自身发展也将失去动力，现实的呼唤更是时代的使命，这赋予了中华优秀传统文化转化发展的时代依据和现实动力。

### （三）提高中华优秀传统文化的国际影响力

提高中华优秀传统文化的国际影响力是推动中华优秀传统文化创造性转化和创新性发展的重要目标，这是由中华优秀传统文化的价值与作用所决定的。一方面，立足国家民族发展未来，提高中华优秀传统文化的国际影响力是实现民族复兴的必然要求；另一方面，着眼世界文明发展大局，提高中华优秀传统文化的国际影响力是为世界文明贡献中国智慧和中国方案的必然选择。

文化复兴是民族复兴的根本，实现中华民族伟大复兴需要以中华文化复兴为条件，中华文化的复兴是以中华文化国际影响力的提高为标志的，要积极弘扬中华优秀传统文化，不断提高中华优秀传统文化的国际影响力，并以此作为推动中华优秀传统文化创造性转化和创新性发展的重要目标。从更开阔的视野看，中华优秀传统文化的创造性转化和创新性发展不仅具有中国意义，还具有世界意义。在当今时代，中国要担起大国责任，树立大国形象，为世界贡献中国智慧和中国方案，必然要借助中华优秀传统文化的力量，不断提高中华优秀传统文化的国际影响力，充分发掘中华优秀传统文化的思想理念来应对和解决全球问题，使中华优秀传统文化最大限度地发挥自身世界价值以贡献人类文明发展。

## 二、推动中华优秀传统文化创造性转化和创新性发展的基本任务

推动中华优秀传统文化创造性转化和创新性发展的基本任务是由现实状况和目标指向共同决定的。从现实状况来看，对中华优秀传统文化的地位、价值认识不够，中华优秀传统文化与当代中国社会实际存在诸多不适以及文化全球化趋势带来诸多机遇和挑战等都是影响中华优秀传统文化创造性转化和创新性发展的重要因素；从目标指向来看，实现现代转型、发挥现实价值和提高国际影响力是推动中华优秀传统文化创造性转化和创新性发展的目标指向。基于此，推动中华优秀传统文化创造性转化和创新性发展的基本任务主要包括以下内容。

### （一）研究阐释提炼中华优秀传统文化思想精华

中华优秀传统文化的价值作用蕴含在其丰富的思想内容之中，对其思想精华进行挖掘提炼是实现其现代转型、发挥其现实价值、增强其世界影响的根本前提，也是推动其创造性转化和创新性发展的首要任务。因此，我们要积极研究阐释，不断提炼中华优秀传统文化的思想精华。

从内容上看，中华优秀传统文化主要包括核心思想理念、中华传统美德和中华人文精神三部分。这些思想理念、道德规范和价值要求不仅对历史中国的发展发挥了重要作用，而且对于当代中国社会进步亦具有重要价值，其是中华优秀传统文化的精髓所在，是中华民族最宝贵的文明成果和最珍贵的历史遗产，必须充分尊重、积极继承和大力弘扬。

研究阐释提炼中华优秀传统文化思想精华要处理好“讲自己”和“自己讲”的关系，通过“讲自己”把握中华优秀传统文化的根本，实现对其继承；通过“自己讲”结合当代中国发展实际，实现对其超越。要处理好传统与现代的关系、历史与现实的关系、多元文化间的关系，科学认识中华优秀传统文化在当代中国社会发展全局中的位置。要阐释好中华优秀传统文化的历史今天、独特创造、价值作用，提炼出中华优秀传统文化的思想精华，为有效推进中华优秀传统文化的现代转型奠定基础。

### （二）以中华优秀传统文化助推现代化建设实践

中华优秀传统文化既是历史的，也是当代的，要把跨越时空、超越国度、富有永恒魅力、具有当代价值的文化精神弘扬起来，促使其融入并服务社会主义现代化实践，使中华优秀传统文化有力助推现代化建设实践。推动中华优秀传统文化融入社会主义核心价值观既是化解中华优秀传统文化与当今社会现实存在诸多不适的有效方式，也是发挥中华优秀传统文化服务现代化建设实践作用的关键所在。

中华优秀传统文化与当代中国社会现实存在诸多不适，而要化解这些矛盾，就要促使中华优秀传统文化融入社会主义核心价值观。当代中国的社会主义核心价值观体现了当前国家社会发展和现代化新人培育的基本要求，是中华优秀传统文化发挥自身时代价值最重要的现实依托。因此，我们要大力推动中华优秀传统文化融入社会主义核心价值观，既要深入挖掘中华优秀传统文化的思想精华并赋予其新的时代内涵和现代表达形式，积极促进其融入现代思想文化体系，自觉成为现代主流价值观念的组成部分，又要促进现代思想文化体系和主流价值观念自觉吸纳中华优秀传统文化的精华，只有充分发挥中华优秀传统文化和社会主义核心价值观两方面的积极性，才能真正科学高效地促使中华优秀传统文化融入社会主义核心价值观，而一旦中华优秀传统文化融入社会主义核心价值观之中，其就能真正成为当代中国社会主流意识形态的一部分并影响到国家社会发展，自觉成为助推现代化建设实践的历史资源和文化力量。

### （三）传播中华优秀传统文化为世界贡献中国智慧

推动中华优秀传统文化走出国门、走向世界既是顺应文化全球化潮流的必然选择，也是中华优秀传统文化为世界文明贡献智慧与力量的积极实践。中华优秀传统文化既是民族的，也是世界的，要把中华优秀传统文化传播出去，积极为世界文明的发展与进步贡献中华文化力量，不断提高中华优秀传统文化的国际影响力。

在经济全球化背景下，各国之间的文化交流也日益频繁，文化全球化越来越成为一种不可阻挡的潮流，顺应这一潮流，抓住机遇，应对挑战，是各国文化发展的必然要求。在文化全球化的时代大背景下，文化全球化一方面给中华优秀传统文化的转化发展创造了与世界其他优秀文化交流互鉴的有利机会，另一方面也给文化霸权主义提供了侵略渗透的空间。因此，我们要积极推动中华优秀传统文化走出国门、走向世界，积极融入全球文化交流交融的潮流之中，自觉借鉴先进文明成果来发展完善自身，主动传播和分享自身优秀文化内容来为其他文明提供借鉴，坚决抵制不良思想文化的侵蚀，保持自身文化的独立性，不仅要在与世界其他优秀文化的交流互鉴中实现自身发展，也要在与文化霸权主义的博弈中变被动为主动并取得胜利，从而不断增强中华优秀传统文化的世界影响，使其成为推动人类文明进步的坚定力量。

## 第三节　中华优秀传统文化创造性转化和创新性发展的原则要求

纵观当前发展形势，不难发现，随着中国特色社会主义实践的不断发展，中华优秀传统文化在其中发挥着越来越重要的作用。那么，为了顺应时代发展，我们对中华优秀传统文化的创造性转化和创新性发展也必定会提出新的要求。具体而言，实现中华优秀传统文化的创造性转化和创新性发展，必须坚持以马克思主义为指导的原则，多元并存、协同发展原则和古为今用、洋为中用原则。

### 一、坚持以马克思主义为指导

众所周知，马克思主义是由马克思和恩格斯共同创立的并且通过世界各国学者逐渐拓展与完善的科学体系，在人类社会的发展进程中发挥着至关重要的作用，不仅为人们认识世界提供了正确指导，而且为人们改造世界提供了重要的借鉴价值。习近平总书记曾在讲话中强调，无论何时何地，我们对于坚持马克思主义这一指导地位都不能够存在丝毫动摇。在中华优秀传统文化创造性转化和创新性发展的过程中当然也不能脱离这个前提，坚持以马克思主义为指导的原则可以说是其关键所在。

之所以要坚持以马克思主义为指导，就是因为两者之间存在着不少契合点，从某种意义上看也推动着中华优秀传统文化创造性转化和创新性发展。不可否认的是，虽然马克思主义与中国传统文化产生于不同的时代背景，发展的脉络也有所不同，但是两者在探析和判断世界、人类和社会等根本问题上却存在着相似之处。从总体上看，两者主要存在以下两个契合点：一方面，马克思主义所具有的世界性与开放性和中国传统文化的博大精深与包容发展可以说是相通的；另一方面，马克思主义和中国传统文化都不是一成不变的，它们都是始终随着人类社会的发展进步而逐渐丰富和完善的。

纵观我国马克思主义的发展历程，不难发现，中国共产党始终将马克思主义贯穿于革命、改革、社会主义建设等一系列实践中，在此过程中逐渐将马克思主义与我国具体实际相结合，推动了马克思主义中国化的进程。而坚持马克思主义的指导地位不仅仅是历史和人民的选择，在我们看来，也可以说是中华传统文化的选择。在中华民族崛起的过程中，马克思主义与中华传统文化逐渐相融合，在不同历史阶段分别产生了毛泽东思想、邓小平理论、“三个代表”重要思想、科学发展观、习近平新时代中国特色社会主义思想等重大科学理论成果，不仅推动了马克思主义中国化的进程，而且在很大程度上可以说是促进了中华传统文化的创新发展。毋庸置疑，创新发展中华优秀传统文化必然不能够脱离以马克思主义为指导这个前提，应该将马克思主义认识世界和改造世界的相关思想及方法灵活运用于中华优秀传统文化创造性转化和创新性发展中，准确把握其科学内涵，不断增强中华优秀传统文化的生机与活力。

## 二、多元并存，协同发展

推动中华优秀传统文化创造性转化和创新性发展需要坚持多元并存、协同发展的原则，这是由中华优秀传统文化与红色革命文化、社会主义先进文化的关系决定的。三种文化既各有特性、相互区别，又彼此联系、内在统一，能够并存于当代中国社会且共同服务于中国特色社会主义建设实践，因此，我们要协调处理三者关系，不能偏废一方，努力实现三者协同发展。

中华优秀传统文化与红色革命文化、社会主义先进文化在实质内涵、基本特性方面存在区别。首先，从实质内涵来看，三种文化形成于不同的历史条件下，具有各自不同的实质内涵。中华优秀传统文化是中华儿女长期进行农业生产生活实践和维护封建社会稳定而形成的各种物质产品、制度规范、思想价值观念和行为习惯等一切优秀成果的综合，其本质上是农业文明的成果，而且其能够适应现代社会需要，并为现代化建设提供服务。红色革命文化是新民主主义革命时期中国共产党在马克思主义指导下带领中国人民进行反对帝国主义、封建主义和官僚资本主义的斗争而形成的理论创新和文化创造成果，其本质上是社会主义革命文化。社会主义先进文化是改革开放后中国共产党在马克思主义指导下带领中国人民建设中国特色社会主义而形成的文化成果，其本质上是社会主义建设文化。由此可见，三种文化的实质内涵是不同的，这也是三者的根本区别所在。此外，从文化特性来看，三种文化由于具有不同的实质内涵，又各自呈现出不同的特性特征：一是三者的实践基础不同，中华优秀传统文化的实践基础是农业生产生活和封建社会政治，红色革命文化的实践基础是新民主主义革命斗争，社会主义先进文化的实践基础是社会主义现代化建设；二是三者的文化主体不同，中华优秀传统文化的文化主体是古代中国农民，红色革命文化的文化主体是近现代中国无产阶级革命人士，社会主义先进文化的文化主体是现当代中国社会主义建设者；三是三者的价值旨趣不同，中华优秀传统文化主要是为了维护社会稳定，红色革命文化旨在促进革命斗争，社会主义先进文化旨在服务现代化建设。

中华优秀传统文化与红色革命文化、社会主义先进文化彼此联系，互为一体。其中，中华优秀传统文化是红色革命文化和社会主义先进文化的根基，红色革命文化是中华优秀传统文化的传承与超越，是社会主义先进文化的基础和源头，社会主义先进文化是中华优秀传统文化和红色革命文化的继承发展和当代彰显。中华优秀传统文化内蕴的“自强不息”的奋斗精神、“公而忘私”的奉献精神、“革故鼎新”的创新思想等是红色革命文化和社会主义先进文化的重要思想资源。红色革命文化在继承中华优秀传统文化思想精髓的同时冲破其原有的思维禁锢，依据时代的新特点和新要求确立起新的革命价值观，从而实现了对中华优秀传统文化的超越，同时，红色革命文化内蕴的共产主义的理想信念、舍生取义的高尚情操、艰苦奋斗的优良品质、团结协作的处事风格等是社会主义先进文化形成和发展的重要基础和来源。社会主义先进文化继承了中华优秀传统文化和红色革命文化的思想精华并结合当今时代的特点和当下实践的需要进行了拓展提升，是中华优秀传统文化和红色革命文化与时俱进的重要体现和时代彰显。三者共同凝铸成中国特色社会主义文化，共同支撑起中国特色社会主义文化自信，共同服务于中国特色社会主义伟大实践，共同构成了中国特色社会主义建设实践的精神之根、精神之源和精神之魂，是推进国家现代化建设，实现民族复兴目标的精神动力和重要保障。

综合来看，中华优秀传统文化与红色革命文化、社会主义先进文化之间虽存在区别，但联系密切，彼此具有很强的关联性和统一性，因此，要推动中华优秀传统文化创造性转化和创新性发展，就要协调处理好三者的关系，发挥红色革命文化和社会主义先进文化对中华优秀传统文化的积极促进作用，将中华优秀传统文化的转化发展纳入中国特色社会主义文化建设发展全局之中，通过三者的有效互动，实现三者协同发展。

## 三、古为今用，洋为中用

推动中华优秀传统文化创造性转化和创新性发展要坚持古为今用、洋为中用的原则，这是由传统与现代以及中华优秀传统文化与世界文化的关系决定的。事实上，中华优秀传统文化进入当代中国社会并试图通过创造创新实现自身转化发展，其必然要与当代中国社会现实和当今世界外来文化对话，即面临“古今”“中外”的问题，其中，“古今”问题主要是指传统与现代的关系，对此要坚持古为今用、立足现实的原则；“中外”问题主要是指中华优秀传统文化与世界其他文化的关系，对此要坚持洋为中用、以我为主的原则。

传统与现代之间既具有异质性，又具有统一性。传统起源于农业生产实践，形成于封建社会生活，是一种农业文明，而现代根源于工业生产实践，形成于科技发达、文化进步、政治民主、社会法治的现代社会，是一种工业文明和信息文明，所以说，传统与现代由于各自生成的社会土壤不同而具有异质性。传统与现代还具有统一性，一方面，从历史发展的角度来看，传统是现代的基础和根源，现代是在继承和超越传统的过程中实现的。另外，随着历史的推进，现代又会成为新的传统，由此看来，传统和现代本身是相对概念，严格来说并不存在绝对的传统和现代，进行传统和现代的分析需要在历史的时间轴上参照进行。另一方面，从现代化建设的实践来看，传统和现代互为依据，相互促成。现代不能背弃传统，传统亦不能背向现代，现代的发展进步需要借助传统的有利因素才能更好实现，因此，要善于发挥传统的力量来推动现代社会向前发展。

中华优秀传统文化与当代中国社会发展建设的关系就是传统与现代的关系，其具有内在的统一性。遵循传统与现代之间双向互动的一般规律，决定了当代弘扬发展中华优秀传统文化的根本目的是为中国特色社会主义发展提供历史借鉴，要实现中华优秀传统文化的转化和发展离不开当代中国现代化建设实践的现实引导，所以说，要坚持古为今用、立足现实的原则。

中华优秀传统文化与世界其他文化之间具有不可分离、相互促成的内在联系，这种内在联系客观上决定了中华优秀传统文化要实现自身的转化和发展就必然要与其他异质文化交流对话，必然吸纳和借鉴其他文化的优秀成果来实现自我完善。就中华优秀传统文化而言，其不仅具有世界性还具有民族性。中华优秀传统文化的民族性要求其在与世界文化的交流互动中要坚持以我为主、为我所用的原则，即要明确和坚定文化立场，坚持民族文化的本色与特性，保持中华优秀传统文化的主体性和独立性，自觉抵御文化殖民主义、文化霸权主义的侵蚀，防止民族文化虚无主义和全盘西化错误倾向，不能割断历史、抛弃传统，不能妄自菲薄、崇洋媚外，要发展具有民族本性、富有开放精神、集合百家之长的中国现代新型文化。

## 第四节　文化自信视域下中华优秀传统文化的创造性转化和创新性发展的基本路径

对中华优秀传统文化进行创造性转化和创新性发展，这是习近平总书记在中国特色社会主义新时代下提出的弘扬中华优秀传统文化的重要思想。在新时代，面临着许多变化，需要对中华传统文化进行合理调整，以使其更加符合新时代的要求。中华优秀传统文化在无数次的社会变革中铸造出勇于创新的民族灵魂，创新精神渗透于全社会各时期的发展实践中，创新使得中华优秀传统文化更加充满生机与活力，有利于进一步提高文化自信。中华优秀传统文化的创造性转化和创新性发展是两个相互关联又有明显区别的环节。创造性转化的过程更多是从一个个具体的思想或理念入手，去进行一些学术研究和思想创造；而创新性发展的过程主要是以宏大叙事从整体维度对传统文化进行系统性的发展创新。基于以上认识，本书尝试分别就实现中华优秀传统文化创造性转化的基本路径和实现中华优秀传统文化创新性发展的基本路径进行探讨。

### 一、实现中华优秀传统文化创造性转化的基本路径

中华传统文化伴随民族历史的进程形成和发展，是各民族的生产实践和生活实践。民族历史在走向世界历史的过程中，全球化程度的不断扩大和加深给传统文化的发展带来了更多的挑战，如何将传统文化融入世界文化且还能保持其自身的独特性，这是一个需要深入思考和解决的问题。传统文化的发展需要新的思路来突破，在当代语境下从形式、内容、普及手段及社会实践的创造性转化来谈文化传承的突破性思路。

### （一）形式的创造性转化

辩证的否定观，即在事物发展过程中的“扬弃”，就是既克服又保留、去伪存真、去其糟粕取其精华的过程。这种哲学话语体系是在事物发展的原有基础上批判继承并创新发展，这一观点也贯穿于优秀传统文化创造性转化的每一步之中。

1.概念性阐释

首先，实现中华优秀传统文化形式的创造性转化，要尊重传统文化。对待传统文化的态度需要秉承谦虚恭敬，并以尊敬为前提更好地发展文化。毛泽东指出：“我们必须尊重自己的历史，但是这种尊重，是给历史以一定的科学地位，是尊重历史的辩证法的发展，而不是颂古非今，不是赞扬任何封建的毒素。”① 国家的现代化发展不是在白纸上任意涂画，更不是靠自我想象，而是会考虑本国以往的好的历史传统和现实国情的需要，从而做出符合本国实际需要发展的创新方式。所谓“站在巨人的肩膀上”也是在强调前人经验或传统的重要性，传统在历史和现实之间起到一个转接作用，就像一座桥梁一样，连接起了河的两岸。一旦国家或者民族完全地抛弃本国和本民族的传统，将会失去思想最深处的依托，久而久之必然会使行动陷入荒谬。传统文化与现代文化存在差异，但也有相通之处，不能简单地理解为对立关系，二者是一个经历冲突、融合、发展的过程。如何在矛盾冲突中实现融合发展是文化发展的关键，那么，尊重就是解决问题的钥匙和前提。

其次，实现中华优秀传统文化形式的创造性转化要对传统文化的内涵和概念进行理性分析。目前人们对传统文化的发展主要存在两种错误现象：一些人没有分清传统文化中的精华与糟粕，没有做到批判地继承，认为所有的传统文化都是好的，不分青红皂白一股脑地“学习”和“继承”，如当代对孝文化的理解，就出现了偏差，倡导孝敬老人的出发点是正确的，然而让孩子们刻板地学习二十四孝、背诵弟子规、穿汉服、行汉礼等内容却是荒谬的，这从根本上违背了我们继承传统文化的基本要求；还有一种情况就是没有用发展的眼光看待传统文化，某一传统文化在其所处的年代有其进步意义，但不代表它一直都有，有的之前没看出其进步意义，但是随着时代的发展又可能凸显出其进步意义，所以看待中华传统文化时要用发展的眼光，要做到“扬弃”。

---

① 毛泽东．毛泽东选集（第 2 卷）[M]．北京：人民出版社，1991：102.

基于当前的环境和时代发展的变化，中华优秀传统文化中包含着许多对社会发展非常有价值的内容，我们要学会理性分析它的概念和内涵，习近平总书记强调："中国优秀传统文化的丰富哲学思想、人文精神、教化思想、道德理念等，可以为人们认识和改造世界提供有益启迪，可以为治国理政提供有益启示，也可以为道德建设提供有益启发。"①

2.实践性运用

一方面，要实现中华优秀传统文化形式的创造性转化，对文化资源要做到活学活用。中华文化博大精深，蕴涵着丰富的传统资源，包括四书、五经、历史典籍等。最基本的文化传承方式是对历史和经典文献的解释。在中国悠久的历史中，对经史的尊重和传承是历代精英的责任。在传承和发展的进程当中，我们应该置身于时代，重新解读经典、诠释传统，从中表明个人的政治理想与改革思想。我们之所以要继续创新，是要继续发扬中国古典传统文化的魅力，以古今对话的形式来转变政治理念，调节经济杠杆，实现政治秩序的良性运转，从而为人民创造新的思想以及新的发展。因此，传统文化的传承和发展不是搬古书，更不是埋首故纸堆，而是将传统看成是解决问题的资源和经验，在传承传统文化的实践中依照时代发展的特点，以实际问题为出发点，采用传统和现代的方式方法，筛选出中华优秀传统文化中与之契合的内容，不断将中华优秀传统文化转变为以时代发展为基础的社会实践，这样才能解决问题。中华优秀传统文化是社会主义精神文明中重要的组成部分，只有结合中国的具体实际，给予中华优秀传统文化以新的诠释，才能使其内涵与价值被赋予崭新的意义。

另一方面，要实现中华优秀传统文化形式的创造性转化，对待中国传统文化应一分为二，要将传统文化有鉴别地加以对待，有扬弃地予以继承。对"鉴别"的理解，其词义并不是对某些事物的完全肯定与完全否定，而是对精华与糟粕成分的一种细致的识别，对于整个事物并不是完全发扬，也不是整个放弃，而是去粗取精，对其优秀的本质进行合理吸收。实现一分为二地看待中华传统文化，就必须融入古代哲学朴素辩证法、传统价值观以及唯物论思想……并采用当前科学的学科分析方法对其进一步提高与升华，从中获得新生动力，

① 习近平.从延续民族文化血脉中开拓前进推进各种文明交流交融互学互鉴——在纪念孔子诞辰2565周年国际学术研讨会暨国际儒学联合会第五届会员大会开幕会上的讲话[N].新华社，2014-09-24(1).

进而形成中国特色社会主义文化。

3. 创造性转化

创造性转化的科学内涵是指依据不同时代的发展特点，将富有时代意义的传统文化进行革新，赋予其形式和内容上的时代化含义及现代化表达方式，也就是实现中华传统文化的现代转型，包括在理念上、内容上、表达上、形式上等各层面。其内涵要求主要有三点：一是以现实为尺度，需要从时代环境要求、现代社会标准、中国人当下的思维进行转化；二是以服务于现实为旨归，注重与当今社会接轨、与人民的需要相契合，达到为当今现实社会所应用；三是以创造性为特征，并不是在原有基础上徘徊的，而是拥有新的创造能力，产生新的内涵与形式。如此来看，创造性转化的关键之处是以中华优秀传统文化本身而做出的努力为立足点，以转化为目标，以创造性为条件，以中华优秀传统文化为本体，以服务为宗旨。在创造性转化的过程中要注意避免两种错误倾向：一是历史虚无主义社会思潮完全隔断传统文化联系历史与现实的作用；二是赋予时代意义的传统文化也必须排除保守主义。如果割裂了传统文化的历史价值与时代发展的联系，它也就没有存在的意义了。

结合时代发展实现传统文化的表达转化，传统文化是与时俱进的。弘扬传统文化的时代魅力要致力于充分发挥其当代价值。于是，传统文化的生命不断在创新中得到新的生命力的注入。由此可见，将传统文化融入当代中国的建设和发展当中，以此为基础进行创造性转化，从而展现出更为绚丽多彩的中华文明。

### （二）内容的创造性转化

1. 坚持把握方向，在中国化马克思主义指导下实现转化

随着时代的进步和全球化的发展，马克思主义理论在当今主流意识形态中处于指导地位。但其话语权、主动权和领导权有待进一步加强。中国特色社会主义文化自信的优势日益凸显，这与传统文化在时代背景和历史语境中适应主流意识形态密不可分。这也要求继续发挥文化优势，要将中华优秀传统文化与中国的具体实际相结合，以实现其时代化、现代化的传承与发展。

在探寻马克思主义理论关于实践与社会理想同中华优秀传统文化的契合点时必须遵循去粗取精的原则，从而使传统文化实现现代化转型。通过感知、认同、实践不断推进中华优秀传统文化在社会主义核心价值观的转化，使两者能够更高程度地融合起来，这样才能更好地培育出高度自信的文化。

2. 紧跟时代步伐，致力于与社会主义核心价值观相融合

社会主义核心价值观的来源是中华优秀传统文化。伴随深入挖掘中华优秀传统文化精髓，社会主义核心价值观也深深植根于人民的心中。社会主义核心价值观与中华优秀传统文化互为表里、密不可分。

社会主义核心价值观是引导中国进行社会主义建设的指南针，而儒家文化是在中国五千年的历史进程中积淀下来的文化底蕴，蕴含丰富的普世价值。对中华优秀传统文化进行创造性转化的过程要紧跟时代的步伐，努力发掘和梳理中华优秀传统文化与社会主义核心价值观之间的内在联系，为创造性转化工作夯实基础，使两者共同促进，既能推动社会主义核心价值观的建设，又能促进中华优秀传统文化在新时代更好的发展。

3. 完善价值表达，增强中华优秀传统文化内容转化的当代活力

构建文化自信，就是要处理好中华优秀传统文化内容与形式的关系，关键是实现其话语转换，简而言之，就是在中华优秀传统文化传承发展的过程中，要不断创新传承的方式和方法。我们可以借助外在的工具尤其是科技手段和载体为内容服务，如依照古代的商贸通道“丝绸之路”，习近平总书记提出“一带一路”的倡议，旨对现代贸易交通沿线国家和地区的基础建议、资金、贸易、设施、文化等的交流合作方面，建立起全方面、立体式、更深层次、更高水平的远大构思。“丝绸之路”是中华传统文化的代表，“一带一路”倡议承载传统文化的包容、开放、合作的深层文化内涵。将古代语言阐述方式转换为现代化、大众化话语表达，就是将人民群众喜闻乐见的、普遍的表达方式推广开来并创新话语表达的方式和特点，实现话语体系的转变。

### （三）普及手段的创造性转化

1. 创新文化的话语表达

文化现代化的重要表现形式就是话语的现代化。在作为思想传达的主要载体中，话语是其重要的表达方式，是在人们的生产生活实践中形成的一种富有时代性和民族性的语言。话语的表达随着时代的不断变化而有所改变，在全球化发展的当今社会中，即使不同国家语言互不相通，但是话语之间也有着一定影响。在这些影响中，中国传统话语的传承发展面临着挑战。传统文化假如没有新的创造发展就将面临停滞以及被遗忘的可能，因此，重视当代文化的话语表达是当务之急。对于传统文化的发展需要与时代紧密相连，赋予传统文化以现代内涵，在推进传统话语当代转换中要特别注重对传统价值观的传承和

发展。

传统文化当代话语的转化和发展需要做好两方面准备：一方面，在传统古典话语的继承上要加强培养人们领略古典文化韵味的能力；另一方面，要推进现代话语体系对古典话语的创造性转化，以实现更好的继承。所以对话语表达上的创新就是关注时代的发展变化，找出文化发展的新特征，使传统文化的内涵更富有现代感，表达形式上更加新颖，内容更具价值和生命力。

2. 转变文化的传承方式

首先，从纵向来看，传统文化的历史传承，其表现出下一代人模仿上一代人并加以创新，因历史条件有限，许多主要的信息都是由口耳相传来进行的，包括传承社会的公序良俗以及传统美德等。虽然方式简单，但也可以实现文化以及价值观的传承和发展。其次，从横向来看，现代社会信息化的不断发展，文化的传播也逐渐成为全球范围的传播，文化的传承方式也发展为信息化、网络化，使得文化传播没有国界，并且高速发展。但是，横向传播的方式是否可以同纵向传承一样能够有效地实现传播本真的传统文化价值观，是当代人值得考虑的问题。所以，面对时代的变化，对于传承方式要有所创新，要学会顺应时代变化，推进传统文化对内传承和对外传播，实现传统文化纵向传承与横向交流的有机结合。

中华优秀传统文化在当代发展的关键是实现传承方式的转化和发展。一方面，发现可以合理利用的条件，巧妙运用其条件推进传统文化纵向的传承，依托现代网络与年轻人的兴趣相结合，使传统文化对年轻人更具有吸引力，避免文化断层出现；另一方面，加强国际文化融合交流，积极参与全球性的文化对话，不断促进中华优秀传统文化对外传播，不断学习国外优秀文化成果，以博大的胸襟包容不同的文化，让中华文化更加丰富，使其发展空间更为广阔。

3. 完善文化的发展环境

在不同民族的历史发展过程中，由于不同地域自然条件和社会条件的不同，会产生独特的文化，又因为不同民族受地域的限制，相互之间的交流较少，文化发展呈现出异质化特征。目前，世界范围内不同文化之间的交流与融合越来越密切，文化发展呈现出同质化趋势。但有一点是需要引起注意的，当代世界文化中存在一些不稳定因素，一部分人鼓吹文化霸权主义和“西方中心论”，这种关于“西方文化优越论”的论调，对中华优秀传统文化的传承和发展有一定的阻碍作用。因此，在与世界文化交融的过程中，中华优秀传统文化能否在传承和发展中保持自身的异质性，是我们必须考虑的问题。所以，我们要注重加强文化的多样性，尽量规避同质化的风险，推进中华优秀传统文化的当代认同。

传统文化必须在适宜的环境背景下才能实现良性发展。中国特色社会主义文化自信源于中华优秀传统文化，要大力弘扬以人为本、讲求诚信、崇尚正义、保持和谐、力求大同的核心价值观，营造积极健康的文化环境；要对当代的环境有一个全面的认知，在文化发展的大环境中，找准定位，学会规避风险。总之，准确分析和及时应对中华传统文化当代发展的困境，有助于增强中华传统文化创造性转化和发展的针对性和实效性。

4. 优化文化的传播途径

弘扬中华优秀传统文化是一项系统和复杂的工程，需要一种上下左右相互联动贯通的制度，这个制度的关键和基础是将中华优秀传统文化贯穿全国民教育的全过程，包括各环节与各领域；使整个文化传承与教育有机结合为一体，以教育的力量和重要的作用，使中华优秀传统文化能够有目的、有计划、循序渐进地朝着适应社会发展的社会主义文化的方向发展。

值得注意的是，文化的传播需要我们更加重视国际教育和对外交流，建立对外交流教育机制能使中华优秀传统文化形成更好的双向沟通。加强文化传播还要学会不失时机地进行国民教育，针对中华优秀传统文化进行有意义的“灌输”和“渗透”，尤其是不断强化青少年对于中华优秀传统文化的认知、认同、践行，这里的“灌输”不是机械地盲目地让学生接受，而是使学生能够由外及内地转化为自己的精神，不断提升自身的思想道德素养和水平。同时，加强海外文化交流，积极做好国际教育，特别是海外孔子学院，要多角度、全面地介绍中华优秀传统文化的魅力和精华，不断提升对其的价值认同。要重视教育的选择，运用先进的教育理念和教育手段实现文化传承。此外，将中华优秀传统文化与教育更好地融合并贯穿教育教学过程的各个方面更能显现出教育的差异性、适应性。

### （四）社会实践的创造性设计

我们可以因已有文化而自信，但从当下和未来的意义上讲，文化自信的支撑需要以文化的不断创新发展来实现。文化自信并非泛泛空谈，坚定文化自信同样需要落实到实践中。推进中国特色社会主义的建设必须坚持“五位一体”的战略总体布局，同时坚持“五位一体”也为实现人的全面发展与社会的和谐发展贡献中国文明和智慧。党的十九大对我国社会主义现代化建设做出新的战略部署，既反映出我们党对我国发展的新认识，也包含着深厚的中华传统文化底蕴，是中华优秀传统文化在新时代的发展和弘扬。新时代中华优秀传统文化发展的目标是“转化”，要求是“创造性”，旨归是“服务”。

用文化自信的角度审视中华优秀传统文化在“五位一体”的总布局中的重要性，指明实现创造性转化的目的是服务于社会主义建设。在努力实现中华民族伟大复兴中国梦的征程上，我们要深刻理解、把握好“五位一体”的传统文化内涵并自觉创造性转化，让中华优秀传统文化绽放出更夺目的光彩，这种践行始终是我们为之不懈奋斗的方向。

## 二、实现中华优秀传统文化创新性发展的基本路径

相较于创造性转化而言，创新性发展是一个较为抽象的总体性问题。从逻辑上看，创造性转化和创新性发展是两个前后相继、相互衔接的层次或阶段。因此，创新性发展的对象不是中国古代文化系统，也不是古代文化资源之中的文化要素，而是经过创造性转化之后的新的文化系统和文化要素。在这个意义上，创新性发展的对象不是既定的，而是一个会随着时代要求和时代问题变化的动态体系。同时，创新性发展含有弘扬、光大传统文化的内涵。因此，中华传统文化的创新性发展要求，坚持不忘本来、继承文脉，在传统与现代的融合之中推动中华优秀传统文化的现代转换；坚持立足现实、走进生活，使中华优秀传统文化在当代中国现实的实践检验中得到损益发展，从而推动现代文化的创造；坚持以文化人、走入人心，使中华优秀传统文化在人们心灵的交互与融合中真正成为当代中国人的安身立命之本；坚持吸收外来、走向世界，使中华优秀传统文化在与世界优秀文化交流互鉴的过程中得到综合创新；坚持面向未来，探究未知领域，使中华优秀传统文化在展望未来的过程之中走向新辉煌。

### （一）走进生活，接受实践检验

任何价值理念都必须通过社会实践才能转化为真正的价值力量。中华优秀传统文化的创新性发展，决不能停留在观念层面的阐释和演绎上，而必须通过社会实践将这种价值理念转变为当代社会的精神要素，通过核心价值观的价值引领，将这种精神要素转化为能够在社会现实中发挥作用的精神力量，并且在现实实践中接受检验和磨合，从而不断循环往复以致无穷。作为一种“力量”意味着某种精神文化通过现实中的人，在现实的社会生活中实实在在地发挥作

用，影响社会实践的发展，而不是停留在理论上的逻辑论证。正是在这个意义上，这种精神力量不能脱离现实的人和物质载体而单独存在。例如，在防疫过程中，中华民族平时隐而不显的顾全大局的民族精神就凝聚成了一股强大而可贵的现实力量。

相比较而言，西方基于原子式个人的文化积习至少在防控疫情的过程中是不利于社会组织统一管理的。有学者从文化哲学的角度指出，当代中国需要走向深层次的文化启蒙，从而“触及传统文化的根基和寓所——传统日常生活世界”①。马克思主义的实践性品格天然地要求当代中国的文化传承创新必须在日常生活批判的过程中走进社会生活、接受实践检验。也就是说，中华优秀传统文化当中的价值理念、传统美德、生活智慧、精神气度和气质神韵，只有融入现代中国人的日常生产生活之中，并且成为当代中国人生存方式的有机构成部分，才有可能在与现代社会的适应和协调的过程中重新发酵与成熟。这是激活中华优秀传统文化生命力，使其顺利转化为中华文化传统，从而实现真正传承的根本路径。

### （二）走入人心，重塑精神家园

文化存在具有多样性和立体性的特征，存在表层文化和深层文化之区分。前者是指那些显明的、可以通过物质载体而呈现的文化，后者是指那些虽积淀于人的心理结构、潜藏于人的观念世界，但对人产生重要影响和约束且难以被人自觉把握的文化。正是试图通过对深层文化的解释而阐明中国文化的独特性这一目的，李泽厚提出了基于“文化—心理结构”的“积淀论”。例如，他将中国儒家文化理解为一套已经渗透和融入中国人的思想观念、行为习惯、社会风俗、精神信仰、思维方式和情感状态之中的文化思想体系。儒家文化已经“自觉或不自觉地成为人们处理各种事务、关系和生活的指导原则和基本方针，亦即构成了这个民族的某种共同的心理状态和性格特征。值得重视的是，它由思想理论已沉淀和转化为一种历史的‘文化—心理结构’。”②基于这一认识框架，李泽厚认为，道德伦理的传承既不是任何具体内容的传承，更不是道德名词或伦理概念的传承，而是人类文化心理结构的传承。这一思想对于我们通过走入人心推动传统文化创新性发展很有启发性。

---

① 衣俊卿．文化哲学十五讲（第2版）[M]．北京：北京大学出版社，2015：280.

② 李泽厚．中国古代思想史论[M]．北京：人民出版社，1985：34.

问题的关键在于，如何走入人心。比如，在古代，普通的老百姓可能看不懂四书五经、百家经典，但是经典中的核心内容通过格言、谚语以及道德规范、风俗习惯等方式融入老百姓日常生活方式之中，成为约定俗成、习以为常、不需要加以强调的潜意识的行为，任何违背这些道德的人或行为都会受到社会舆论的指责和自身良心的谴责，最终逐渐融入了民族的血脉之中，并凝结为一种民族精神。在当代中国，通过走入人心推动传统文化创新性发展可以从以下几个方面着手。

一是通过理想信念建设。理想信念属于深层文化的核心和灵魂，是指导人们进行文化选择和价值判断的深层依据，是决定人们思想和行为的精神支柱。同时，理想信念承载着中华文化的精华，蕴含着文化中最深层次的内容，凝结着最深刻的精神传统与价值追求。经过创造性转化的传统文化资源，必然在当代中国人的理想塑造和信念培育的过程中彰显其时代性特征，为中华传统文化的创新发展提供动力。例如，中华传统文化中大同世界的理想追求，在当代中国人民追求全面小康社会的承诺中、追求“中国梦”的理想中、推进共享发展的实践中、打造人类命运共同体的倡导中，不断被赋予新的时代内涵，从而融入当代中国人的精神世界之中，实现创新性发展。

二是通过价值理念培育。价值观自信是文化自信的砥柱与硬核。习近平指出：“核心价值观承载着一个民族、一个国家的精神追求，是最持久、最深层的力量。”① 社会主义核心价值观是当代中国价值观念的高度概括和精练表达，必须在继续凝练社会主义核心价值观的过程中重新检视中华优秀传统文化。破解当代中国人面临的精神困境和价值观迷茫，迫切需要重建与中国特色社会主义现代化建设相拱卫、与当代中国人的精神需求相适应、与中国五千多年的传统文化相承续的价值体系。社会主义核心价值体系只有与中华传统的价值体系进行对接，从而成为涵养社会主义核心价值观的源泉，才能成为有“根”的东西。在这一过程中，综合审视中华传统文化的时代精神，发掘其对提升当代人精神境界的积极因素，以之凝聚实现社会主义现代化的力量，从而重新树立中国人的精神秩序，探寻现代中国人安身立命之本或寻求失落的意义世界。党的十九届四中全会也明确了“坚持以社会主义核心价值观引领文化建设制度”的基本文化创制原则。

① 习近平：青年要自觉践行社会主义核心价值观——在北京大学师生座谈会上的讲话[N].人民日报，2014-05-05(02).

三是通过道德伦理建设。道德作为文化形态和文化发展的一种重要力量，不仅能为社会发展提供秩序治理的应然取向和精神动力，也能为公民个体提供价值准则和精神归属。中华传统文化是以人伦关系为本位的，形成了中华民族特有的“文化习性”（杜维明语）或者是“深层结构”（孙隆基语），这种“习性”或“结构”作为一种不以人们主观意志为转移的客观存在，内在地决定了民族制度和文化秩序。因此，中华文化被认为是特别重视伦理道德的文化价值取向，使得中国人总是习惯于用道德的眼光和标准审视和评判一切，注重通过内心的自觉来“克己复礼”。因此，经过创造性转化的中华传统文化资源通过各种渠道的涵养，必须融入当代中国人对人伦价值、精神境界、国民性格、风俗习惯、心理素质、价值观念、理想人格的追求之中，只有这样，才能真正建立属于中国人的精神家园。如何运用好中华传统文化资源中富于整合和教化的力量，是当代中国人文知识分子义不容辞的时代使命。

### （三）走向世界，加强交流互鉴

创新性发展意味着空间视野的进一步拓展，即坚持中外文化的交流互鉴，辩证综合世界文明一切优秀成果。中华文化是在同其他文化交流互鉴的基础上形成的，在吸收和借鉴其他文明优秀成果的过程中不断彰显其海纳百川的文明特质。历史证明，对其他文化采取排斥对立的态度，自我封闭、孤芳自赏，最终必然导致自我毁灭。从这个意义上来看，将中华优秀传统文化纳入世界文明发展的谱系之中，在横向对照中取长补短、在交流互鉴中综合创新，是推动中华优秀传统文化创新性发展的重要路径。

中华优秀传统文化如何在清晰的自我理解和自我阐释的基础上走向世界？具体可从以下几方面着手。

第一，中华优秀传统文化走向世界不是强行的文化灌输，而是基于“和而不同”的交流对话。在中国思想史上，“和而不同”的文化立场贯穿于各个子文明交流融合的整个过程，是中华文化数千年绵延至今而没有中断的基因密码。“和而不同”有一个现实的基础和理论的预设，就是文化是多样的，文明是多彩的，即各个文明都是平等、独立而自成体系的，多彩多样的文明共同构成了世界文明共同体。只有以相互平等为前提、以相互尊重为基础的文明交流，才可能实现人类文明的创新性发展。“和而不同”反对充满西方中心主义的“文明优越论”。在当今世界，这种强加于人的逻辑表现为西方世界秉承

“主客二分”和“二元对立”的思维方式，借着资本增值扩张所带来的力量，试图将资本主义文明在某些国家的模式以所谓“普世价值”的名义强行拓展至全世界的各个角落。他们机械地、霸权式地将西方一些国家的制度模式和文明理念植入在他们看来不够“文明”的国家和地区，将“普世价值”包藏于贩卖本国原则的背后，使得这些国家和地区动乱不堪、社会分裂，从而导致“发展赤字、和平赤字、治理赤字”三大难题的滋生和蔓延。对于当代中华文化而言，试图用儒家文化的价值理念去代替其他的文化理念几乎是不可能的。面对当今世界文化各异的现状，我们今天只能在交流互鉴中展示中华文化的独特魅力，让不同文化在自觉自愿的基础上自主选择。

第二，中华优秀传统文化走向世界不是表层面的文化交流，而是深层次的价值观交流。这种价值观交流既是内在文化理念的深层次对话，又是价值理念的隐形博弈，只有在对话与博弈的辩证统一中才能真正将中华文化推向世界。在这个意义上，中华文化在走向世界的过程中就会焕发出新的生命力，很有可能激发出新的价值意蕴。同时，世界不同文化也会在中华文化当中得到启发，从而产生新的文化。例如，“己所不欲，勿施于人”的恕道之所以能被世界绝大多数人所服膺和认同，并成为写入联合国总部大楼的“黄金道德法则”，必然经历了复杂的交流互鉴的过程。首先，通过对“己所不欲，勿施于人”抽象精神的提炼、前提界限的澄清和思想内容的转化，使其成为融入时代精神的思想资源。其次，经过创造性转化的“己所不欲，勿施于人”还需要在中西文化差异的背景下“再度转译”，成为西方人可以理解的意义存在，在这个意义上的“己所不欲，勿施于人”才是真正与西方文化交锋的意义存在。在这一过程中，“己所不欲，勿施于人”实际上已经与西方文化（如基督教“己所欲施于人”的宗教热情）产生了深度的交锋、碰撞和融合，而成为一种具有更强的生命活力、具备更强的空间适应性的文化存在。这种新的文化存在还会反馈回到中华文化母体之中，并产生新的文化影响力。这样一来，“己所不欲，勿施于人”在新一轮的转化创新中重新走进当代中国人的日常生活，走入当代中国人的精神世界，并最终融入当代中华文化体系之中，实现创新性发展。这一过程并非是一次性的，而是随着实践的发展不断循环往复、螺旋式上升的。

# 第八章　坚定文化自信，推动中华优秀传统文化“走出去”

## 第一节　推动中华优秀传统文化“走出去”的重要意义

中华优秀传统文化“走出去”，也就是中华优秀传统文化的国际传播，是指通过文化交流活动，向世界各地传播中华民族的文化理念和文化形态，提供文化产品和文化服务。中华优秀传统文化的对外传播，于国内而言，有助于提高我国的文化软实力，进而提升综合国力；于国际角度而言，它有助于促进世界文化多样性的发展，扩大我国的文化影响力，提高并巩固我国的国际地位。

### 一、国内角度：提高文化软实力，提升综合国力

文化软实力的重要性不言而喻，为了加快我国建设社会主义文化强国的进程，扩大文化影响力，有效应对来自世界各国的文化入侵，提升综合国力，推动中华优秀传统文化“走出去”的意义便显得尤为重大。

推动中华优秀传统文化“走出去”，有利于提高文化软实力，增强文化自信。在漫漫的历史长河中，传统文化以其独有的魅力为中华文化的发展增添了不可或缺的一抹亮色。“百家争鸣”的盛况时至今日依旧是一场文化盛宴，其中尤以儒家对后世的影响深远持久；唐诗宋词元曲乃至明清小说的不断发展，塑造了我国传统文学的独特吸引力；四大发明、琴棋书画的涌现更是中华优秀传统文化的重要标识。如何最大限度地扩大中华优秀传统文化的魅力，将其转化为文化软实力，是现实所赋予的一个重大问题，也是增强文化自信的重要一步，这一问题不仅需要我国人民的尊重与推崇，更需要世界人民的了解与认可。唯有努力推动中华优秀传统文化“走出去”，挖掘其中所蕴含的精华并根

据时代要求进一步加以创新，才能提高我国的文化软实力，让中华传统文化重新焕发出新的活力与感染力，进而推动社会主义文化强国建设进程。

推动中华优秀传统文化“走出去”，有利于提升综合国力，增强文化竞争力。毫无疑问，各国文明之间的交流互鉴能够实现双方的互利共赢，历史已经证明，文明交流互鉴不仅是历史发展的必然趋势，更是推动本国发展的催化剂。中华优秀传统文化是无与伦比的文化宝藏，推动其“走出去”并向外传播，便是向世界人民展示我国形象的特色名片，也是提高我国文化软实力的必经之路。大力推动中华优秀传统文化“走出去”，才能在激烈的国际竞争中占据一席之地，才能逐步提升我国的综合国力，增强中华优秀传统文化的竞争力，这是一项任重而道远的任务，仍需在当前的大环境之下得到极大的重视与关注。

## 二、国际角度：扩大文化影响力，巩固国际地位

中华优秀传统文化“走出去”，不仅对国内的发展有着不可替代的重要作用，对国际社会同样产生了非比寻常的影响。这一举措的重大意义首先在于促进了世界文化多样性的发展，其次也有利于扩大我国的文化影响力，这二者之间相辅相成、相得益彰。

推动中华优秀传统文化“走出去”，有利于促进世界文化多样性的发展。“尚和合、求大同”是中华优秀传统文化的重要内容，是中华文明的思想精华。《礼记·中庸》中有“万物并育而不相害，道并行而不相悖”的朴实写照。从历史维度看，中华民族即便具有浩瀚精深的文化宝库，也从来不排斥其他文化类型和文明形态，相反，更加认同各种文明形态和文化呈现的意义与价值。正是内在具备文化多样性的自知自觉，中华优秀传统文化才能历经五千多年而长盛不衰，中国才能成为一个坚持协和万邦、尊重他国文明的国家。从长期趋势看，文化全球化是主流趋势。全球化本质上是全球性的共同生产生活，而文化全球化是超越主权边界的共同生产生活的文化诉求和表达。这意味着各国优秀传统文化是有其存在意义和价值的。现阶段，伴随着文化冲突与文化共生的矛盾性场景，出现了文化单极化与多元化复杂交错并存的局面。按照“和而不同”的“道并行而不相悖”的共处、和处原理，中华优秀传统文化“走出去”有利于助推世界文化多样性发展。

推动中华优秀传统文化“走出去”，有利于扩大我国的文化影响力，巩固

我国的国际地位。就当前的国际背景而言，我国在经济领域已取得了长足的发展，然而与之形成鲜明对比的却是文化领域方面的发展相对滞后。这不仅受限于当前国际环境下西方媒体对我国的歪曲报道，使得我国在中西文化交流中处于劣势地位，也由于我国的文化精华还未充分挖掘展示，导致世界人民对我国的文化还不够了解。中华优秀传统文化“走出去”可以为世界人民展示泱泱大国从古至今的魅力，潜移默化地影响其对我国文化的喜爱程度，从而扩大我国的文化影响力。同时，也能够在文化交流与文明互鉴的过程中，扭转西方媒体对我国的歪曲报道，扩大文化传播的深度与广度，巩固我国的国际地位。这不仅是全球化背景下中华优秀传统文化发展的必然趋势，更是我国为推动构建人类命运共同体所做出的不懈努力。党的十九大报告呼吁“各国人民同心协力，构建人类命运共同体，建设持久和平、普遍安全、共同繁荣、开放包容、清洁美丽的世界”。推动中华优秀传统文化“走出去”对于构建人类命运共同体具有极其重要的意义。

推动中华优秀传统文化“走出去”，有利于促进世界各国民心相通。国之交在于民相亲，民相亲在于心相通。世界各国国际关系的发展既需要经贸合作的“硬”支撑，更离不开文化交流的“软”相连。民心相通在“一带一路”建设“五通”中具有重要的基础性作用。中华优秀传统文化强调“己所不欲，勿施于人”和“人之所欲，施之可行”，即想人之所想、急人之所急、欲人之所欲，站在对方的角度想对方需要什么，而不会连自己都不愿意要的还要强加于别人。中华优秀传统文化里处理人际关系的格言与人类命运共同体的理念一脉相承，也只有这样，各国人民之间才有共同关切、共同语言，中国倡导的构建人类命运共同体的理念才能感人肺腑、动人心弦。在中国推动构建人类命运共同体的过程中，通过文化交流与合作，可以让各国人民产生共同语言、增强相互信任、加深彼此感情，这与西方式的全球化布局与运作模式截然不同。近年来，中国与世界各国的文化交流内容越来越多、中国文化影响越来越大，尤其是民间交流越来越频繁，密切了中国同世界各国人民的友好感情，夯实了中国同这些国家合作的民意基础和社会基础。

## 第二节　推动中华优秀传统文化“走出去”的基本历程

党的十八届三中全会明确指出：“提高文化开放水平，坚持政府主导、企业主体、市场运作、社会参与，扩大对外文化交流，加强国际传播能力和对外话语体系建设，推动中华文化走向世界。理顺内宣外宣体制，支持重点媒体面向国内国际发展。培育外向型文化企业，支持文化企业到境外开拓市场。鼓励社会组织、中资机构参与孔子学院和海外文化中心建设，承担人文交流项目。”可见，我国实施文化“走出去”战略，是一个系统性工程，不仅需要依靠政府组织，还需要调动企业、社会组织和民间个人等一切力量。因而本节对中华优秀传统文化“走出去”的发展历程的探讨主要是以文化传播主体来进行划分的。

### 一、政府层面的文化走向世界

改革开放之后，随着我国文化步入世界文化潮流，文化走向世界已经成为我国文化发展的重要战略，政府的重视和支持是实现中华文化“走出去”的首要保障，政府在文化“走出去”中发挥着主导作用。

我国政府层面的文化“走出去”主要是通过中央政府、各省市自治区政府、各州市政府三个层面垂直领导、协调配合、有序实施。这是一种大部署、大计划、大协调的“大兵团作战”的方式。[①] 这是我国在目前国情下，实施文化“走出去”的最主要途径。政府层面文化走向世界的方式多种多样，主要的传播方式有开展综合性文化交流活动，文化艺术团出访演出，设立海外文化中心，举办展览、文化论坛，设立对外文化贸易基地等。

综合性文化交流活动主要包括两个层面：一是国家层面的“中国文化年”，一是地方政府层面的文化月、文化周、文化节等活动。中外互办文化年已经成为对外文化交流的重要手段，“中国文化年”加深了各国人民对中国文化的认识，成为中华文化走向世界最为直接的方式。近年来，“中国文化年”在世界很多国家举行，如 2002 年 4 月中日韩三国政府共同主办的“中日韩文化交流

① 吴卫民，石裕祖．中国文化“走出去”路径探析 [J]. 学术探索，2008(12)：110.

年”系列活动，2003 年、2004 年中法互办“文化年”，2006 年、2007 年中俄互办“文化年”，2010 年意大利“中国文化年”，2016 中埃文化年、2016“中拉文化交流年”等，随着中国经济实力和国际影响力的提高，越来越多的国家开始关注中国，比以往更加迫切想了解中国，举办“中国文化年”成了形势发展的迫切需要。“中国文化年”的举办，很大程度上促进了我国文化、经济、政治、外交等方面的全面发展。“中国文化年”文化项目，以国家文化的大视角向全世界人民诠释了中华文化，淋漓尽致地反映出了中华民族精神和文化价值观，推动了中华文化走向世界。

文艺团体访问演出是世界上大多数国家普遍采用的文化交流形式，其最大的特点是普及性、艺术性和直观性，能在最短时间内拉近与国外受众的距离，让外国受众认识了解该国文化，起到最佳的文化传播效果。在我国，文化艺术团出访演出是中华人民共和国成立后发展起来的传统文化“走出去”的方式。这一方式能使我国的文化艺术直观地走入国外受众的视野。文艺团体访问演出大体可以分为两种模式：一种最直接的方式是由政府直接派出艺术团到别国演出，作为文化外交手段之一；另一种是由政府引导的半官半民形式的文化艺术团出访演出。由政府直接派出艺术团演出一般在进行外事访问或举办大中型综合文化交流活动时采用；文化艺术团出访演出除了上述政府层面“走出去”的形式之外，还有由政府引导的半官半民的文化“走出去”，这种形式介于政府层面和非政府层面的文化“走出去”之间，是政府引导和扶持文化“走出去”的途径。

举办展览是最为直接的文化“走出去”方式，是中华人民共和国成立后发展起来的一种传统的、最为普遍的对外文化交流形式。我国在世界上大多数国家都举办过各种层次、各种内容的展览，在文化传播技术欠发达的历史时期，起到了关键而重要的文化交流作用。一般情况下，大型的、综合性的文化展览，是由各省、自治区、直辖市、特别行政区及其贸促会为主承办。专业性的文化展览一般由各外贸总公司、商会、专业联合会为主承办。其主要的展览形式是通过在国外展出文物、书画、艺术作品等，达到文化传播与交流的效果。随着我国“走出去”工程的不断推进，国外举办展览已经成为我国政府组织文化走向世界的重要手段，并通过举办展览取得了良好的文化宣传效果。

文化论坛是中华文化走向世界的高端形式之一，一般来说，论坛的参与者大都是知识界和文化界的专家、学者和相关领域的社会精英，对带动中华文化的价值观、文化理念等高层次文化进入国外上层社会有着非常积极的意义。促进文化“走出去”的论坛，最典型的模式是中外文化论坛。文化论坛是文化走向世界中的最佳对话机制之一，出席论坛的多是中外文化高层次的专家、学者和艺术家，他们在自己的学术和艺术范围内具有相当的号召力和代表性，与会者的交流对促进诸国人民间的相互了解具有高屋建瓴的重要作用。通过论坛这类对话机制探讨文化艺术发展的方式，加深了彼此相互认知、认可的程度，深化了国家之间的文化交流与合作。

海外中国文化中心是我国政府主导的文化走向世界战略的重要组成部分。2002 年以来，我国又先后在埃及、法国、马耳他等国设立了中国文化中心，一大批国家签署了设立文化中心的政府文件。中国海外文化中心设立的目的是将海外中国文化中心打造成开展日常文化活动、向驻在国提供全方位资讯的国家信息服务中心、推广和教授中国文化及技能的国家培训中心、促进国内外文化机构和人才在多领域的深度交流及项目开发的联合研发基地。其主要的文化推介形式有：与国内相关机构合作，通过举办演出、展览、文化节、影视周、图书节、旅游推介会、体育赛事、产品展示会，与驻在国开展图书、信息交流与合作，向公众提供中国信息咨询与服务，面向公众组织国家水准的语言文字、文化艺术、体育健身等培训项目，定期举办沙龙、研讨会和专题学术交流会，发展客座创作、联合制作等长期学术合作项目等专题性或综合性的文化活动，弘扬中华优秀传统文化，推介当代优秀艺术成果，推动中国文化产品、主流文化人驻在国主流文化视野，进入驻在国社会生活和公众的情感世界，增进驻在国公众对中国文化作品、社会现象以及价值观的了解、理解和认同。

对外文化贸易基地在国家对外文化传播中起着创新示范区的良好带动作用，作为国家级文化贸易口岸、中华文化“走出去”的能力培养区和艺术品交易市场，以更便捷的形式支持中国文化产品走向世界。在新的国际形势下，世界主要国家都把设立对外文化贸易基地作为国家文化战略的重要一环。

## 二、非政府组织层面的对外文化交流

我国文化走向世界是一个综合性的系统工程，既需要通过官方渠道，由政府部门主导进行推动，也需要通过民间渠道，由社会团体、社会组织等非政府组织力量来共同实施。当前，通过非政府组织实施对外文化交流已经成为国际文化交流的主要渠道。与政府组织不同，非政府组织具有更强的灵活性，且因为长期从事同一性质的工作而更具专业性，同时具备了“半官方”和“半民间”的性质。

我国对外文化交流的非政府组织起步比较晚，但发展较快。我国各类与文化相关的非政府组织近年来在国际上活动频繁，将中华文化推向海外，成为我国文化“走出去”的重要力量。非政府组织的活动方式通常都比较灵活，而且能够开展得比较专业，通过专业的交流引起双方的共鸣。非政府组织的活动不太容易引起对方的反感，因为意识形态和政府行为比较弱，因此容易融入当地民众中去，从而产生较好的传播效果。例如，1986 年 7 月成立的中国对外文化交流协会是我国对外文化交流活动中影响非常大的非政府组织，其宗旨是通过开展同各国之间的民间文化交流与合作，繁荣人类的文化事业，增进中国人民同世界各国人民之间的相互了解与友谊，是从事国际文化交流的全国性社会团体。另外一个对外文化交流组织——中国国际文化交流中心，也是从事对外文化交流的全国性社会团体，其宗旨是：通过民间的国际文化交流，加强中国人民与世界各国、各地区人民的相互了解和友好合作，为我国经济发展、科学进步、文化繁荣服务，为促进世界和平做出贡献。

### 三、文化企业层面的对外文化输出

文化企业层面的对外文化输出从根本上丰富和拓宽了我国文化“走出去”的内容和途径，并且，随着文化企业在市场经济中不断发展壮大，已经成为我国文化产业发展的中坚力量。它们在国际市场运作中所获得的经验，不仅使其自身快速成长，也推动了国内文化产业的发展与成熟，加速了国内文化产业与国际文化市场的接轨。

我国文化企业引导文化走向世界的形式最主要有两种：一是向海外输出文化商品，文化商品是指文化产业加工的、用于销售的文化产品，如图书、音像制品、影视作品、文学作品等各种文化艺术品，这是企业层面文化“走出去”的主要渠道之一。文化“走出去”是为了传播我国优秀的传统文化，是文化传播和融合的内在需求，文化走向世界需要借助于文化商品所承载的文化符号和文化信息，传播本国的文化价值理念。二是对外文化服务。文化服务是指政府、非政府组织、文化企业和机构、文化工作者或个人取得文化利益或满足文化需求的活动。文化产业领域把非生产制成品的经济价值量，如设计、展览、表演、咨询、培训等向其他国家销售称为文化服务。与第一类传统的以实物为基础的文化产品出口相比，文化服务贸易在文化贸易中的比重正呈现上升趋势，发展势头良好。除了这两种主要渠道之外，企业层面文化“走出去”的形式还包括合作投资，主要包括合作研发、国外直接投资、战略合作、委托代理等。

## 四、孔子学院的对外文化传播

孔子学院的创办是解决我国文化走向世界过程中语言障碍的一种方式，也是我国文化走向世界的一种独特而重要的组织形式。随着中国综合国力与国际地位的提高，国际交流与合作的日益深入，汉语越来越受到各国政府、各跨国公司、国外大学、教育机构和国外大学生的关注，全球“汉语热”高潮迭起。可以说，孔子学院是“汉语热”全球升温的结果，它的诞生与兴起为中华文化的对外传播与交流开辟了一条新的途径。

目前，孔子学院已成为推广汉语教学、传播中华文化的全球品牌和平台，为发展中国与世界其他国家的友好合作关系，增进世界各国人民对中国语言、中国文化的理解，提供了方便、优良的学习条件。孔子学院作为汉语的国际传播机构，在实现汉语国际化和对外传播中华文化的过程中扮演着重要角色和承担着重要任务。

## 五、纯民间层面的对外文化交际

纯民间层面的对外文化交际是指以民间的个人或社会团体开展对外文化的活动。民间的对外文化“走出去”是我国总体“走出去”战略的重要组成部分，通过民间友好工作，广交朋友，以民促官，为我国整体文化“走出去”创造条件。民间层面的文化走向世界具有以下三个特点。

一是方式灵活多变，建立的信任度高。民间交往一般不讲求礼遇规格，交往形式更贴近生活，更具人情味。这种自由灵活的形式使得外国友人亲身接触中国文化人并有利于双方建立起良好情谊，这类具有私人性质的友谊在关键时候能发挥极大作用。同时社会组织的民间身份和非营利性等特点，使得它们在开展文化交流活动时更具亲和力，更容易实现交流和理解并相互建立信任，使得文化“走出去”的效率更高。

二是受国际环境和国家关系变化的制约少。无论国际形势和国家关系如何变化，民间友好交往是长期不断的，相互间建立的情谊是稳定的，可靠度是较高的。国家关系逆转时，两国人民之间的友好交往仍然可以进行，并且常常可以成为扭转局势的契机。

三是接触面广，交往内容广泛。民间交往的对象多样，包括民间组织、政党、社会团体、个人等。就交往内容来说，民间交往内容广泛，无论是阳春白雪还是下里巴人，都可列入其中。 但随着民间组织的不断壮大以及国家的政策日渐鼓励支持，我国各类民间组织不断发展，也在对外文化交流活动中发挥着不可替代的作用。

## 第三节　推动中华优秀传统文化“走出去”的主要成就

随着文化“软实力”为各国政要尤其是发达国家所重视，文化领域的竞争已成为国际经济、政治博弈的焦点之一。复杂因素的叠加致使文化博弈既是“软实力”的较量也是“硬实力”的竞争。在国际环境上，随着我国综合国力不断增强，国际影响日益提升，“中国热”“中华文化热”持续升温，为文化“走出去”提供了有利的国际氛围和时机，但西方成熟的市场经济体系和文化产业的高端形态，使其他文化难以进入西方主流社会。在此境遇下，中华文化“走出去”取得了一些成绩和经验，也面临更加激烈的国际竞争环境和更加复杂的国际市场因素。

### 一、“和谐世界”理念引起积极反响

中国在融入世界的过程中，继承传统文化“和为贵”“和而不同”的思想精髓，在国际文化舆论环境中倡导世界多元文化相互补充、相互借鉴、相辅相成。和谐共生是事物存在、发展的基础和前提，和平与发展也是当今世界的时代主题。

从中国古人主张“协和万邦”，到新中国提出“和平共处五项原则”作为解决国与国之间冲突的原则主张，表现了中华民族爱好和平的优良传统，是中华文化中“和”的思想在民族、国家、文化层面上的重要体现。2005 年 12 月 31 日，胡锦涛通过中国国际广播电台、中央人民广播电台和中央电视台，发表了《携手建设持久和平、共同繁荣的和谐世界》的新年贺词，对“和谐世

界”理念进行了进一步的阐释。在这篇讲话中，胡锦涛指出：“中国人民既通过争取和平的国际环境来发展自己，又通过自己的发展来促进世界和平。中国人民愿同世界各国人民一道促进多边主义，促进经济全球化朝着有利于实现共同繁荣的方向发展，提倡国际关系民主化，尊重世界多样性，推动建立公正合理的国际政治经济新秩序。”[①] 2015 年，习近平运用与时俱进的“和”文化理念，讲述中国故事、传播“和合”智慧，引领国际新秩序，构建人类命运共同体。习近平总书记以其深厚的国学积淀，在国际舞台上展示中华“和”文化之精髓，倡导世界不同文明的包容互鉴，促进世界各国“和平发展，和谐相处、合作共赢”。

和谐，既是体现社会主义特征的价值观，也是人类普遍的追求。当前，国际霸权主义和恐怖主义、极端宗教势力和民族分裂主义威胁和阻碍着世界的和平与发展。“和谐世界”理念指导各国以和平发展为原则，更多采用协商、谈判等方式解决争端，建立共同的利益基础。从长远来看，“和谐世界”理念的提出必将对中国“软实力”的提升产生深远影响。《印度教徒报》在一篇《从“恐华症”到“中国热”》的文章中，赞扬中国的“和谐世界”理念在世界上赢得了广泛的朋友，中国所倡导的“和谐世界”理念，必将推动全球多元文化的共同发展，成为引领国际关系发展的新潮流。中国提出的“和谐世界”理念和主张，引起国际社会的强烈反响。英国《经济学家》、德国《法兰克福汇报》等国外主流媒体给予了积极评价，认为中国通过挖掘传统文化价值，提出了有别于西方价值观的国际关系新理念，向世界展现了独特的文化魅力。

国与国之间的斗争和矛盾是永恒存在的，特别是全球化条件下，不同民族、不同文化、不同的利益诉求使得国际关系更为复杂。一些局部的矛盾和争议更加尖锐和突出。 在国际交往中提出和睦、和平、合作的和谐世界理念，实际上深刻蕴涵着和不弃争、以和济争、以争求和的思想。倡导不同文化和平相处，共生共长，用“和而不同”“求同存异”的理念指导处理国际问题，是中华民族在处理国际关系问题上贡献的智慧。它在现实性上，是对强权政治、文化霸权主义与“零和博弈”的批判性否定，主张在世界多样化的发展中实现人类的共同繁荣，有利于世界的和平与稳定。它将使世界格局更为平衡，国际社会更为安全。

---

① 李柱．携手建设持久和平、共同繁荣的和谐世界[J]. 中学政史地（初中政治），2006(4)：55-56.

## 二、汉文化圈的文化认同得以加强

公元前 4 世纪后，汉字就相继传入朝鲜、越南、日本等国，成为这些国度的通用文字。随着汉字的流传，中国的典章制度及哲学、宗教、科技、文学艺术亦传播于各国，对周边国家形成了深刻的影响，形成了具有共同文化要素的东亚文化圈或汉文化圈。近代以来，东亚文化圈经历了中衰和裂变，日本、韩国、越南等国都接受了西方文化的巨大影响，中国原来占统治地位的儒家思想也被马克思主义所替代。但当前汉文化圈的文化认同得以加强，正如亨廷顿教授所说，亚洲人相信东亚将保持经济的快速增长，相信这种经济成功在很大程度上是亚洲文化的产物，亚洲文化优越于其他文化，尤其是社会上颓废的西方文化。他们认为亚洲成功的原因从根本上讲是儒家文化的优点——秩序、纪律、家庭责任感、勤奋工作、集体主义、节俭等。[①] 周边国家的文化认同是中华文化“走出去”最有利的条件，因为语言和文化的差异一直被认为是文化交流和国际交往中的最大障碍。文化差异越小，共同的意义空间就越大，交流的障碍就越少，“走出去”也就更容易。

随着中国的经济、军事的崛起，中国的大国地位获得了西方乃至整个世界的认同，尤其是亚洲汉文化圈国家对于东方文化的整体性自觉，使中华文化和语言重新获得了周边国家的重视。对东方文化的整体自觉和回归已然成为中国周边国家逐渐明晰的基本文化战略。2009 年 1 月上旬，韩国 20 位历届总理将他们联名签署的建议书送进青瓦台总统府，以敦促总统李明博尽早在小学实施汉字教育。这份建议书强调，半个世纪以来，由于“韩文专用”的文字政策，韩国陷入了“文化危机”。为从根本上解决这一问题，在小学正规教育过程中，应让学生分阶段学习汉字；不应将汉字视为外语；汉字应和韩文一起被视为“国字”来实施教育。之后，韩国科学技术与教育部计划让韩国各小学从 2011 年新学年开始，教小学生学习汉字。日本也在“脱亚入欧”的喧嚣后让日本学生重新开始学习汉语，每年都有数万日本学生接受汉字水平考试。

中国在东南亚各国的文化影响历史悠久，领域广泛，华人华侨在促进文化交流中做出了巨大的贡献。印度尼西亚总理阿里 · 沙斯特罗阿米佐约曾指出：

① 亨廷顿 . 文明的冲突与世界秩序的重建 [M]. 周琪，刘绯，张立平，等译 . 北京：新华出版社，1998：108.

“远在我们两国第一次通航有海上贸易以来，印度尼西亚便和中国一直是友好的邻邦。中国的航船不仅带来了货物，随之而来的还有许多中国商人、手工业者，他们在我国定居下来，带来了中国的技术和古老的文化。直到现在，我国许多岛屿上还保留着这些文化的精华。”[①]新加坡政府针对经济腾飞而道德水准下降的国情，在20世纪70年代末开始有意识地利用儒家的伦理道德医治道德水准下降的社会弊端。在20世纪80年代后期将儒家的核心价值孝顺、效忠、谦虚、诚实、勤劳、节俭等吸收为新加坡文化。1991年新加坡政府在《共同价值白皮书》中明确提出国家的核心价值观：国家至上，社会为先；家庭为根，社会为本；关怀扶助，尊重个人；求同存异，协商共识；种族和谐，宗教宽容。这一核心价值观有着典型的东方儒家伦理特点。2019年是新加坡“讲华语运动”40周年，新加坡总理李显龙在参加该活动的周年庆典时表示，推广华语是一项坚持不懈的工程。在全球掀起“汉语热”的背景下，新加坡也不能失去自己的双语优势，为了抓住中国发展带来的机会，就必须掌握这种语言。

可以说，在东亚汉字文化地区，中华文化的影响力至今依然根深蒂固。汉文化始终渗透在东亚国家的民族文化底蕴中。东亚儒学底蕴深厚，留有大量文化遗产，在国际政治文化中的地位独树一帜。所有这些都表明，中华文化“走出去”在周边国家有着较好的认同基础。

## 三、文化对外交流的形式日趋多样

### （一）重大对外文化项目成功举办

近年来，文化和旅游部集中力量，突出重点，抓好具有重大影响的对外文化项目工作，节目质量和展演档次不断提高，获得了相关国家的认同和欢迎。其中，成功举办的“中法文化年”更是影响深远。从2003年10月到2004年7月举办的“中法文化年”，300多个项目，上千万人参与，此项被业界称作“决策层次高、时间跨度大、交流领域广、覆盖面积大、项目质量精、合作程度深”的活动，以空前的规模和宏大的气势，以“古老的中国，多彩的中国，现代的中国”为主题，多侧面展示了中国悠久、灿烂的古代文化，绚丽多彩的民间传统和艺术以及不断创新发展的当代文化精神，以大文化的视角诠释了中

① 刘继宣，束世澂．中华民族拓殖南洋史[M]．台北：台湾商务印书馆，1971：135.

国，反映了中华民族精神，在法国乃至欧洲引起了广泛的反响。2016 年 1 月 26 日，由中华人民共和国文化和旅游部主办，中国对外文化集团公司承办的 2016“中拉文化交流年”活动在北京正式发布。这是中国政府第一次在拉美地区举办的覆盖范围广、持续时间长、层次水平高的多边文化交流活动，包括“请进来”和“走出去”两大主线，共有数百个项目，通过举办演出、展览、论坛、电影展映、图书节、经典互译等多类别文化交流活动，扩大中华文化在拉美地区的影响力和亲和力，同时也向中国民众介绍拉美优秀文化艺术，通过文明互鉴增进中拉友谊。

另外，政府还通过制订文化交流计划来推动项目的执行，重视文化领域的多层次互访，加强与发展中国家、周边国家、发达国家和友好城市间的文化交流。交流包括主动开展对外文化合作、学术交流与研讨、对外培训项目、海外商业拓展计划等活动；鼓励我国文艺界人士或团体走出国门，参与国际展演和赛事；进一步组织参加好各类国际文化艺术活动，在国外举办中国文化节、文化周、艺术周、电影周、电视周和文物展等。此外，我国还着力打造具有鲜明民族特色和国际水准的文化品牌。例如，利用春节、国庆日、建交日等重要节日、纪念日，组织举办高水平文化交流活动，增进世界对中国的了解，春节品牌、国庆品牌等做得比较有声势。自 2010 年春节起，文化部会同国家相关部委、各地文化团体和各地中国文化中心在海外共同推出“欢乐春节”系列大型文化交流活动。活动倡导欢乐、和谐、共享、祈福的理念，突出“欢乐春节，和谐世界”的主题，旨在与各国人民共度中国农历春节，共享中华文化，共建和谐世界。“欢乐春节”活动自从开办以来，受到了国内外人民的广泛欢迎和积极参与，规模越来越大，反响越来越热烈。中国符号、中国文化、中国精神越来越受到西方主流社会和全世界人民的认同、接受和喜爱。

### （二）孔子学院、文化中心的创设

语言输出是文化交流沟通的一个重要的途径。作为国家汉语推广政策的执行机构，中国国家汉语国际推广领导小组办公室继开办孔子学院之后，又在开办孔子教室。孔子学院至今已有多种类型、多种特色，分布广泛，具有极强的社会影响力，教学、培养效果优良，对中华文化“走出去”发挥了不可磨灭的作用。

孔子学院作为一个非营利性文化教育传播机构，其宗旨是增进世界人民对中国语言和文化的了解，发展中国与外国的友好关系，促进世界多元文化发展，为构建和谐世界贡献力量。孔子学院在汉语教学、开展汉语考试、培训汉语教师和汉语教师资格认证、开展中外语言文化交流活动等方面已取得了显著的成果。作为中外文化交流的平台，孔子学院也正成为中国与世界各国商贸往来和民间交流的重要渠道。

在长期的意识形态对抗中，大部分西方普通群众对中国的印象都是通过西方媒体了解的，存在不同程度的误解。美国蒙莫斯大学张巨岩在发表于《公共关系评论》的一项研究表明：美国三大报纸《纽约时报》《华盛顿邮报》和《洛杉矶时报》中关于中国的报道，负面新闻远高于正面、中性或者平衡的报道。孔子学院通过和普通民众的直接对话，释放中国的善意，使其更加了解真实的中国，从而在一定程度上塑造了中国积极的负责任的大国形象。但是，与其他国际语言推广机构相比，孔子学院目前没有统一的教材，教学方法在一定程度上也不能有效地针对国外的留学生，并且专业性的教师资源存在大缺口，与国际语言推广机构多年的办学经验相比，孔子学院在办学实践中还存在不少问题。

除了孔子学院，中国还在开罗、巴黎、首尔等地建立了 8 个海外文化中心，提供文化、教育、信息服务。通过在文化中心组织和开展艺术展览、学术研讨会、文艺演出、电影招待会、文化讲座等文化活动，充分利用出借图书、期刊、教材等手段为读者提供信息服务，普及和传播中国语言和文化。文化中心已成为国外民众了解中国的重要途径之一。

## 四、对外文化贸易取得良好成效

通过文化贸易的方式也就是通过我国的文化产品和文化企业“走出去”来推动文化“走出去”，跟我们过去计划经济条件下开展的“走出去”有很大的不同。当前，国家积极发展对外文化贸易，实施文化产品和服务出口促进计划，培育了一批文化产品出口重点企业，推出了一批在国际市场具有一定影响力的知名品牌，打造了一批具有国际竞争力的跨国文化集团公司，发展了一批能进入国际文化市场的演出、展览、艺术中介机构，建立完善了以中国（深圳）国际文化产业博览交易会为龙头的中国文化产业博览会网络，改变了我国文化贸易严重逆差的被动局面，扩大了文化产品和服务在国际市场的占有率。

优秀的传统文化是在中华民族源远流长的岁月中积攒下来的奇珍异宝。中国传统文化中蕴藏的核心价值观，是中国文化“走出去”时必须传递给世界的声音。而在商贸方面，显示传统文化魅力的许多“老字号”，在几经努力之后，终于成长为硬品牌，在世界市场上大放异彩。瑞蚨祥的事例正是说明在传统与现代的交汇中，“老字号”基于中华传统文化，汇入世界文化的光辉之中。“老字号”在快节奏时代坚持商贸信仰，将每一件产品都当作工艺品仔细雕琢，始终将客户体验放在第一位，积极与外国知名品牌开展正向合作，紧跟时代潮流不断创新。我国对外文化贸易近就发挥汉字文化圈的影响辐射作用，远则极大发扬中华文化兼容并包的重要特征。

中国的商贸文化走向全球，不仅仅是制造业文化、新型服务业文化“走出去”，还应该从中国商贸的源头出发——那些饱经时代打磨的“老字号”，也能够带着中国最原汁原味的特色，走遍世界的每一个角落。

## 第四节　推动中华优秀传统文化“走出去”的未来展望

习近平总书记在中共中央政治局第三十次集体学习时强调：“要更好推动中华文化走出去，以文载道、以文传声、以文化人，向世界阐释推介更多具有中国特色、体现中国精神、蕴藏中国智慧的优秀文化。”当今世界正经历百年未有之大变局，世界范围内各种文化交流、交融、交锋更加频繁。面对复杂的国际环境，实现从文化大国到文化强国的跨越，是当代中国面临的重大课题。党的十九届五中全会把社会文明程度得到新提高、中华文化影响力进一步提升作为“十四五”时期经济社会发展主要目标之一，并提出到2035年建成文化强国，国家文化“软实力”显著增强。推动中华文化“走出去”，提升中华文化影响力，需要将中华文化对外传播内容的丰富性、传播途径的多样性、文化影响的持久性进行有机整合。

### 一、创新中华文化传播路径，提升国际传播能力

习近平总书记指出，“要深刻认识新形势下加强和改进国际传播工作的重要性和必要性，下大气力加强国际传播能力建设，形成同我国综合国力和国际地位相匹配的国际话语权，为我国改革发展稳定营造有利外部舆论环境，为推动构建人类命运共同体作出积极贡献”。向世界展示真实、立体、全面的中

国，让中华文化走向世界，创新传播路径是关键。这需要我们融合内力、巧借外力，发挥各自特色和优势开展工作，不断提升中华文化的国际传播能力。

发挥主流媒体的主导和优势作用。媒体是争取国际话语权和实现文化“走出去”的重要载体。习近平总书记要求，“优化战略布局，着力打造具有较强国际影响的外宣旗舰媒体”。大数据、人工智能、云计算等新兴技术的涌现，呼唤着传播载体和传播技术的革新。应推动传统媒体和新兴媒体在体制机制、政策措施、流程管理、人才技术等方面加快融合步伐，尽快建成一批具有强大影响力和竞争力的新型主流媒体，逐步构建网上网下一体、内宣外宣联动的主流舆论格局，抢占信息传播制高点。同时，加强与不同国家和地区主流媒体在资源、平台、技术等方面的交流协作，借助国际传播平台开展中华文化对外宣传，着力打造具有强大引领力、传播力、影响力的国际一流新型主流媒体，建设中华文化国际传播的新高地。

多措并举促进中华文化多层次、立体化传播。文化文艺工作者要坚持不忘本来、吸收外来、面向未来，在继承中转化，在学习中超越，创作更多既体现中华文化精髓、反映中国人审美追求、传播当代中国价值观念，又符合世界潮流的优秀作品，让我国文艺以鲜明的中国特色、中国风格、中国气派屹立于世；哲学社会科学工作者应自觉加强话语体系建设，善于提炼标识性概念，打造易于为国际社会所理解和接受的新概念、新范畴、新表述，做到中国故事、国际表达，通过学术交流表达中国的价值观念和思想文化；海外华侨华人以饮食、服饰、建筑、民俗等为媒，展现中华文化的独特魅力与时代风采，以侨为桥，采取国外受众乐于接受的方式、易于传播的话语，在日常交流、庆典仪式、展览赛事中润物无声地传播中国价值观念，将富有时代意蕴的中华文化推向国际舞台。

## 二、培育优质文化产品，打造中华文化品牌

文化产品是文化的重要承载和表现形式。加快培育优质文化产品，持续打造中华文化品牌，是焕发中华文化生机活力、提升中华文化影响力的必然要求。为此，我们要着力在以下两个方面下功夫。

一方面，要在调研上下功夫，提升中华文化传播的针对性与实效性。开展世界文化市场动向调研，了解国际社会对中华文化的认知度、需求度，补短板扩优势；开展国外受众调研，深入研究国外不同受众的文化传统、价值取向与

思维习惯，紧扣不同人群的关注点、兴趣点和共鸣点，切实做到因人制宜和因地制宜、因时制宜，开发富有表现力和感染力的文化产品；开展追踪调研，持续关注国外受众对文化产品的体验，对标内容是否体现中华文化精髓和符合世界进步潮流，对标路径是否符合市场规律和国际惯例，优化调整产品设计与产品推介方式，生产出适销对路的优质文化产品，以中华文化产品研发助力中华文化品牌建设。

另一方面，要在品牌建设上下功夫，提升中华文化传播的深远性和持久性。挖掘品牌核心价值，着力打造个性鲜明、开放包容的中华文化品牌形象。坚持以中华文化作为塑造品牌核心价值的活力源泉，提炼贴合中华文化核心价值的精神标识，构筑中华文化品牌的核心竞争力，让中华文化中具有中国特色、世界意义的文化精髓走向世界。坚持把握大势、区分对象、精准施策，紧扣品牌核心价值，深度谋划品牌架构，持之以恒地对品牌建设进行分区、分众、分阶段的谋篇布局。适应文化的多样性发展需求，以中华文化品牌建设为抓手，打造系列文化产品，助力中华文化持续发挥影响力，在世界舞台展现出独到的魅力与风采。

# 参考文献


[1] 耿超，徐目坤．文化自信：中国自信的根本所在 [M]. 桂林：广西师范大学出版社 ,2019.

[2] 李程骅．文化自信 [M]. 南京：江苏人民出版社 ,2018.

[3] 陈晋．中国道路与文化自信 [M]. 北京：学习出版社 ,2019.

[4] 中共贵州省委宣传部．文化自信的传统源泉 [M]. 贵阳：孔学堂书局 ,2018.

[5] 李建德，杨永利．中国道路的文化自信 [M]. 北京：研究出版社 ,2018.

[6] 陆通．中华优秀传统文化与文化自信 [M]. 长春：吉林出版集团股份有限公司 ,2018.

[7] 张波．新时代走向“强起来”的文化自信研究 [M]. 长春：吉林大学出版社，2020.

[8] 蒋海．中华民族：积淀五千年的文化自信 [M]. 北京：北京人民出版社 ,2017.

[9] 蔡武．筑牢文化自信之基：中国文化体制改革 40 年 [M]. 广州：广东经济出版社 ,2017.

[10] 刘明洋，王景强．转化与发展：走进新时代的中华优秀传统文化 [M]. 济南：山东人民出版社 ,2018.

[11] 张忠纲．中华优秀传统文化 [M]. 济南：山东文艺出版社 ,2019.

[12] 王卫平．中华优秀传统文化 [M]. 苏州：苏州大学出版社 ,2018.

[13] 朱康有．中华优秀传统文化与马克思主义 [M]. 重庆：重庆出版社 ,2019.

[14] 张岂之．张岂之谈中华优秀传统文化 [M]. 南京：江苏人民出版社 ,2019.

[15] 赵坤．中华优秀传统文化当代价值 [M]. 桂林：广西师范大学出版社 ,2019.

[16] 张绍元．文化自信：中华优秀传统文化核心思想理念读本 [M]. 北京：中国言实出版社 ,2018.

[17] 刘波，肖茜尹，尹申，等 . 中华优秀传统文化与新时代高校青年学生文化自信 [M]. 成都：四川大学出版社 ,2019.
[18] 郭齐勇 . 中国思想的创造性转化：中国传统文化与当下 [M]. 上海：上海教育出版社 ,2018.
[19] 夏锦文 . 制度自信 [M]. 南京：江苏人民出版社 ,2018.
[20] 梁凯音，王宇航，陆闯 . 对外开放新理念与中华文化走出去经典案例选编 [M]. 北京：对外经济贸易大学出版社 ,2017.
[21] 王志文，牛继舜 . 中华文化传承与传播策略研究 [M]. 北京：经济日报出版社 ,2017.
[22] 章伟文 . 中国传统价值观及其当代转换 [M]. 成都：四川人民出版社 ,2018.
[23] 李秀珍，王慧 . 文化传统与当下 [M]. 济南：山东人民出版社 ,2012.
[24] 管宁 . 文化强国：理念、经验与构想 [M]. 镇江：江苏大学出版社 ,2017.
[25] 钱海 . 中华传统文化当代价值论 [M]. 贵阳：孔学堂书局 ,2019.
[26] 赵建华 . 社会主义核心价值观与中华优秀传统文化传承 [M]. 石家庄：河北美术出版社 ,2016.
[27] 姚晓红，冉冉，任霏 . 中华优秀传统文化与当代大学生社会主义核心价值观的构建 [M]. 石家庄：河北人民出版社 ,2017.
[28] 钟永圣 . 传承与复兴：社会主义核心价值观的中华传统文化解读 [M]. 北京：中国青年出版社 ,2015.
[29] 房广顺，刘辉 . 社会主义核心价值观与中华传统文化 [M]. 北京：人民出版社 ,2015.
[30] 高欣 . 马克思主义文化观视域下的中华优秀传统文化“双创”研究 [D]. 贵阳：贵州师范大学 ,2021.
[31] 周寿楠 . 新时代中国特色社会主义文化自信研究 [D]. 吉林：东北电力大学 ,2021.
[32] 贾锦涛 . 从文明互鉴角度谈中华优秀传统文化走出去路径选择 [J]. 延边党校学报 ,2020,36(6):73–78.
[33] 王亚雄 . 中华优秀传统文化视域下文化自信研究 [D]. 延安：延安大学 ,2020.
[34] 廉爽 . 新时代中华优秀传统文化对外传播研究 [D]. 延吉：延边大学 ,2020.
[35] 王梅琳 . 中华优秀传统文化融入中国共产党治国理政的机制研究 [D]. 曲阜：曲阜师范大学 ,2020.

[36] 周颜玲 . 我国主流意识形态建设视域下传承弘扬中华优秀传统文化研究 [D]. 济南：山东大学 ,2019.
[37] 张佳欣 . 中华优秀传统文化的对外传播研究 [J]. 边疆经济与文化 , 2019 (7):102–104.
[38] 霍强 , 王丽华 . 人类命运共同体视阈下的中华优秀传统文化走出去研究 [J]. 生产力研究 ,2019(6):117–120,141.
[39] 徐萍萍 . 中华优秀传统文化自信构建研究 [D]. 大连：辽宁师范大学 ,2019.
[40] 郭亚苹 . 坚定文化自信的中华优秀传统文化根基研究 [D]. 哈尔滨：哈尔滨商业大学 ,2019.
[41] 张宏 . 用中华优秀传统文化培育文化自信研究 [D]. 沈阳：辽宁大学 ,2019.
[42] 陈智荣 . 文化自信与中华优秀传统文化对外传播关系探究 [J]. 西部广播电视 ,2018(14):33–34.
[43] 张莹莹 . 文化自信视域下中华优秀传统文化创造性转化路径研究 [D]. 桂林：广西师范大学 ,2018.
[44] 李明 . 文化自信与中华优秀传统文化的对外传播 [J]. 改革与开放 , 2018 (10):137–138.
[45] 许小凡 . 以弘扬中华优秀传统文化坚定文化自信 [D]. 济南：中共山东省委党校 , 2018.
[46] 江运东 . 中国特色社会主义文化自信研究 [D]. 成都：电子科技大学 ,2017.
[47] 程为民 . 当代大学生中华优秀传统文化认同研究 [D]. 武汉：武汉大学 ,2017.
[48] 郑晶晶 . 社会主义核心价值观的中华优秀传统文化底蕴研究 [D]. 大连：大连海事大学 ,2017.